자녀의 마음에 주어야 할
가장 중요한 3가지

Parenting at Its Best
by Fred A. Hartley III

Copyright ⓒ2003 by Fred A. Hartley III
Originally published in English under the title:
Parenting at Its Best
by Fleming H. Revell,
a division of Baker Book House Company,
Grand Rapids, Michigan, 49516, U.S.A.
All rights reserved.

Korean translation copyright ⓒ 2003 by Timothy Publishing House
Kwan-Ak P.O.Box 16, Seoul, Korea

이 책의 한국어판 저작권은 Baker Book House Company와의 독점판권 계약에 의해
도서출판 디모데에 있습니다. 저작권법에 의하여 한국 내에서 보호를 받는 저작물이므로
무단 전재와 무단 복제를 금합니다.

자녀의 마음에 주어야 할
가장 중요한 3가지

프레드 A. 하틀리 3세 지음 | 오현주 옮김

동료 잭 브루스(Jack Bruce)와 그의 아내 줄리(Julie)에게 이 책을 바친다. 그들은 네 자녀 앰버(Amber), 세스(Seth), 리디아(Lydia)와 안나(Anna)를 양육하면서 이 책에 쓰인 많은 것들의 모범이 되었다. 잭의 사무실 벽에는 그의 아들 세스가 직접 손으로 쓴 영감을 주는 글이 걸려 있다.

특별한 기억들

작년 어느 날 우리는 플로리다의 해변으로 갔지요.
우리는 거기서 사흘 동안 있었어요.
마지막 날 아주 이른 아침이었어요.
아버지와 나는 부둣가에 낚시하러 갔어요.
우리는 오랫동안 낚시를 했어요.

나는 물고기를 스물한 마리나 잡았어요.
아버진 서른한 마리를 잡았지요.
그런 다음 우리는 함께 점심을 먹었어요.

우리는 호텔로 돌아오면서
이야기하는 좋은 시간을 가졌어요.
나는 그것이 특별한 기억이라고 생각해요.
아버지와 함께한 시간이었거든요.

2000년 11월 16일

차례

저자의 부모인 알과 허마인 하틀리의 머리말 … 9
들어가며 … 11
서론: 우리 아이들에게 새 부모가 필요하다? … 13

1부. 수용의 필요 채우기- 너는 내 자녀란다 … 33
1장. 나는 너를 내 마음에 품고 있단다 … 37
2장. 나는 너를 이해한단다 … 63
3장. 나는 너를 존중한단다 … 89

2부. 애정의 필요 채우기- 나는 너를 사랑한단다 … 111
4장. 나는 너를 좋아한단다 … 115
5장. 나는 너를 사랑한단다 … 137
6장. 나는 너를 무조건 사랑한단다 … 155
7장. 내가 너를 지켜줄게 … 179

3부. 지지의 필요 채우기- 나는 너로 인해 기쁘단다 … 193
8장. 나는 네가 자랑스러워 … 197
9장. 너를 떠나보낼게 … 213
10장. 네게 힘을 실어줄게 … 225

주 … 241

머리말

우리 아들은 삶과 가치관이 아주 급격하게 변하던 60년대에 자랐다. 그 시기에는 자녀 양육이 하나의 도전이던 시기였다. 우리는 그 시기에 신앙에 대해 엄청나게 많은 것을 배웠고, 잘못을 지적하는 손가락보다는 무릎으로 훨씬 더 많은 일들을 이루었다.

고등학교 3학년 가을에 프레드는 미식축구를 하다가 머리에 심한 부상을 입었다. 예비 검사를 마친 의사들은 아들의 뇌가 얼마나 심각한 손상을 입었는지 말해주었다. 우리가 할 수 있는 일은 오직 아들의 상태를 놓고 초조해하고 걱정하거나, 아니면 그를 하나님께 맡기고 고쳐달라고 간구하는 것뿐이었다. 우리는 아들을 하나님께 맡겼다. 하나님은 항상 우리의 병을 고쳐주시는 것은 아니지만 이번 경우에는 그렇게 하셨다. 하나님은 프레드를 만지시고 기적적으로 그를 고쳐주셨다. 그것은 프레드의 인생에서 전환점이 되었다.

우리 아들이 책에 쓴 내용 그대로 살고 있다고 말할 수 있어 감사하다. 아들의 가족은 인생의 큰 모험들을 기쁘게 맞이한다. 오래 전에 우리는 아들을 하나님께 바쳤으며, 그는 지금 그의 은사와 재능을 많은 사람들을 섬기는 데 사용하고 있다. 최선을 다해 자녀를 양육하기 원한다면 이 책은 분명히 당신에게 도움이 될 것이다.

알과 허마인 하틀리(Al and Hermine Hartley)

들어가며

지난 25년 동안 나는 자녀 양육에 대한 책을 써달라는 요청을 겸손히 거절해왔다. 내가 누구길래 남에게 충고를, 그것도 개인적인 주제에 대한 충고를 할 수 있겠는가? 그것은 전문가들이 해야 할 일이라고 생각했다.

나는 아직 전문가가 아니고, 자녀 양육을 하는 데는 저마다의 개성이 있으며 자녀들 역시 그들 각자만이 갖고 있는 필요가 있음을 존중한다. 이 책을 쓰면서도 나는 여전히 자녀 양육에 대해 배울 것이 많은 학생일 뿐이다. 내가 좋아하는 영화 가운데 하나인 〈레이더스〉의 주인공 인디아나 존스는 "우리가 지금 어디로 가고 있나요?"라는 질문을 받으면 이렇게 대답한다. "내가 어떻게 알아요? 같이 가면서 아는 거죠." 나 역시 부모로서 그런 생각을 자주 한다.

무엇이 내게 자녀 양육에 관한 글을 쓸 수 있게 하는가? 솔직히 말해, 나는 그 질문을 아직도 나 자신에게 하고 있다. 그럼에도 이 책이 세상에 나올 수 있었던 몇 가지 이유가 있다.

- 내 아내 쉐리(Sherry)는 훌륭한 어머니이고, 나는 아내의 성품과 자녀 양육법들을 바로 옆에서 관찰해왔다.
- 나의 네 아이들 각자가 이 아버지에게 상당한 인내심을 보여주었다. 그들은 나를 사랑하고 내게 매우 많은 것을 가르쳐주었다.

- 나의 부모님은 내 인생에 계속해서 축복의 흔적을 남기고 계신다.
- 나는 조부모, 외조부모 모두와 특별한 관계를 즐겨왔다.
- 우리 부부는 처음 결혼할 때부터 효과적인 자녀 양육이 어떤 것인지 계속 보았고, 그 주제에 대한 책들을 폭넓게 읽었다.
- 나는 신앙인이다. 하나님과의 친밀한 관계를 통해 나는 인생에 열정을 가진 자녀들을 키우는 주요 원리들을 배웠다.

부모인 당신은 압박감과 도전 그리고 죄책감을 어깨에 충분히 짊어지고 있다. 여기에 스트레스를 더할 마음은 없다. 책장을 넘길 때마다 당신에게 용기와 존엄성, 영예를 안겨주는 것이 나의 목표다. 그것은 나의 약속이기도 하다. 이 책을 다 읽고 나서도 자녀 양육에 대해 조금 더 마음이 가벼워지지 않고, 조금 더 확신이 들지 않으며 더 많이 흥분되지 않는다면 내가 할 바를 다하지 못한 탓일 것이다. 내가 역할을 제대로 했다면, 당신은 자녀 양육이라는 두렵지만 놀라운 나날들을 걸어가는 동안 낡아서 편한 청바지나 믿을 만한 친구처럼 책장 모서리가 접힌 마음의 친구를 얻게 될 것이다.

서론
우리 아이들에게 새 부모가 필요하다?

> 그들은 무시무시한 속도로 자라도록 '고속 감기'에 고정된 세대다.
> 무엇이든 최신식을 원하며 그 어느 세대보다 부유하기 때문에
> 장사꾼들에게 매력적인 존재이기도 하다. 부모들은 어떻게 해야 하는가?
> 「뉴스위크(Newsweek)」(1999년 10월 18일)

> 영혼들로 가득 찬 콘크리트 세계에서
> 천사들은 온종일 뿔나팔을 분다네.
> 분주한 세상은 못 본 척 지나가는 것 같아.
> 그들의 음악을 누구 하나 듣는 사람이 있소?
> 누가 들으려나 하오?
> 밥 딜런(Bob Dylan)

맏아들과 나는 빌린 턱시도를 입고 나란히 섰다. 오늘은 아들의 결혼식 날이다. 지금은 식이 시작되기 2분 전, 시간은 계속 흐르고 있다. 결혼식 날 사람들 앞에 나서기 전, 그 흔치 않은 순간에 우리는 서로의 눈동자를 응시하며 지난 30년 동안 나누었던 기억의 창고를 보았다. 함께 자동차로 달렸던 거리거리들, 수많은 유소년 야구 경기들, 해변으로의 여행, 트림 시합, 늦은 밤에 먹던 피자와 밤의 대화 등 재미있고, 쑥스럽고, 다정하고, 서로의 모습을 만들어

가며, 가르침이 있던 모든 순간들을 기억했다. 청바지에 티셔츠 차림으로 분만실에서 아들의 파란 눈동자를 처음 경이롭게 바라보면서 아버지와 아들로 연결된 게 그리 오래된 일같지 않았다.

우리는 그 순간을 조금이라도 더 길게 느끼려고 서로를 감싸 안았다. 나는 아들의 등을 두드리면서 "넌 진짜 남자야, 프레드"라고 말했다.

"아뇨, 아버지, 아버지가 진짜 남자예요. 아버지야말로 최고의 남자예요" 하며 그는 내 눈을 깊이 들여다보며, 아니 더 깊이 내 삶을 들여다보며 말했다.

그 말에 내 가슴은 뛰었고 온 몸의 세포들의 깨어나듯 자부심을 느꼈다. 그 말은 마술과도 같았고 영적으로 나를 충만케 해주었다. 아들에게 백만 달러짜리 수표를 받는 것보다 훨씬 더 부자가 된 것 같은 기분이 들었다. 아들의 부탁으로 나는 그의 공식 베스트 맨(best man, 신랑과 가장 가까운 남자 들러리 - 역자 주)으로 예식에 참여했다. 아들이 남은 인생을 시작하는 그 순간에 그의 옆에 서는 것은 얼마나 큰 영예인가! 사실 그것보다는, 그가 내 눈을 들여다보면서 "아뇨, 아버지, 아버지야말로 최고의 남자예요"라고 한 말이 내 마음 한복판에 박히며 무언가 크고 부드러운 것을 건드렸다. 그는 단순히 아버지로서 내가 결혼식에서 맡은 역할에 대해 말한 게 아니라 인생에서 내가 그의 멘토였음을 확인해준 것이었다.

부모들은 이와 같은 순간에 빨대를 꽂아 그들을 가치 있게 해주는 모든 것을 빨아들이길 갈망한다. 왜 그렇지 않겠는가? 자녀 양육은 그런 만족함을 우리에게 주지 않는가? 자녀의 눈동자를 처음 보는 순간 우리는 자녀 양육의 숭고함, 영예 그리고 위엄을 맛본다. 갓 낳은 딸이나 아들을 들여다보며 눈의 즐거움을 누리는 것은 우리 인생에서 흔치 않게 경험하는 참으로 경이로운 사건들 가운데 하나다. 어떠한 바다 풍경도, 일몰이나 산맥도 이보다 더 웅장하고 영광스러우며 경외심을 불러일으키지 못한다. 아이를 보는 것만으로도 우리는 풍요로워진다. 놀랍게 기운이 솟는가 하면 동시에 감당할 수 없을 정도로 두려워진다. 빨려 들어가는 듯한 힘을 느끼지만, 그 무거운 책임으로 인해 도망치거나 숨고 싶은 마음도 든다. 그러다 곧 자신이 아버지와 어머니로서 성스럽고 진지한 신뢰를 받고 있다는 인식이 든다. 너무나 많은 것들이 자녀들 안에 들어 있다. 아이의 눈은 우리의 영혼을 엑스레이나 MRI보다 더 깊이 비추어주는 전신 거울이다. 그 영상은 정말 형용할 수 없을 정도로 매혹적이고, 만족스럽고, 흥미진진하며, 중독성마저 있어 다시는 그것 없는 삶을 살고 싶지 않게 된다.

문제는 단 하나가 있을 뿐이다. 우리 가운데 많은 사람들이 오랫동안 자녀양육이라는 주전자에 담긴 성취의 물을 흡족하게 들이키지 않는다는 것이다. 자녀를 키우다보면 어느 시기에선 자녀 양육이 지닌 경외감과 장엄함, 위엄이 토한 젖으로 더러워진 옷과 젖은 기저귀, 구급 통지서, 과속 스티커에 묻혀버릴 수 있다. 지금 이 시간에도 어떤 부모들은 자녀 때문에 입이 바짝바짝 타들어가고 있을지도 모른다. 테일러 대학의 전 총장인 제이 케슬러(Jay Kesler) 박사가 말한 것처럼 "젊은이들은 으레 성장의 고통을 겪지만, 오늘 그들이 겪는 문제들은 더 깊고, 더 심하고, 더 복잡하다."

자녀 양육을 간소화하라!

자녀 양육이 너무 복잡해졌다. 대부분의 부모들이 자녀들을 너무 다양한 방향으로, 때로는 서로 다른 방향으로 끌고 가려는 경향이 있다. 우리는 좋은 부모가 되기를 원하며 이를 위해 지나치게 노력한다. 자녀들의 필요를 잘 알고, 그 필요를 채워줄 일차적인 책임을 느끼면서 막대한 시간과 에너지 그리고 자원을 투자한다. 숨을 한번 깊이 들이 마시고 우리가 자녀들의 인생에 열광적으로 채워주려고 하는 몇 가지 필요들을 생각해보라. 학업, 운동, 재정, 음악,

사회, 지성, 심리, 오락, 문화, 예술, 도덕, 윤리, 과외 활동, 대인 관계, 직업, 감정, 결혼, 종교, 성 그리고 영적인 것들…. 와! 우리 자녀들이 너무 많은 방향으로 이리저리 휘둘린다고 느끼는 것도 당연하다.

한 부모가 최근에 말했다. "우리 아이는 축구 팀 두 팀과 육상 팀 선수이고, 학교 밴드부에선 트럼본을 연주하는 데다 교회 성가대 활동도 해요. 아이의 어린 시절을 다람쥐 쳇바퀴 돌 듯이 만든 것은 아닌지 모르겠어요."

앞으로 보겠지만 좋은 부모가 되는 것은 우리가 생각하는 것만큼 복잡하지는 않다. 자기 평가를 위해 다음의 조사를 해보자. 당신 자녀의 삶에 필요한 것 가운데 지금 가장 많은 시간과 에너지를 요구하는 것은 무엇인가? 아래의 목록을 보고 당신이 시간과 에너지를 투자하는 정도에 따라 왼쪽 빈칸에 1에서 5까지의 수를 적어 넣으라. 가장 많은 시간과 에너지를 투자하면 1을, 가장 적으면 5를 적으면 된다.

___학업___   ___과외 활동___   ___심리___
___예술___   ___재정___   ___오락___
___운동___   ___지성___   ___종교___
___직업___   ___대인 관계___   ___성적___
___문화___   ___결혼___   ___사회___
___감정___   ___도덕___   ___영성___
___윤리___   ___음악___

가장 많은 시간과 에너지를 투자하는 정도에 따라 왼쪽 빈칸에 표시를 했으면, 이제는 오른쪽 빈칸에 자녀의 인생에 당신의 자원을 투자해야겠다고 생각하는 정도에 따라 1에서 5까지의 숫자를 적어 넣으라. 당신의 가치 체계에 따르면 어떤 필요에 더 많은 시간과 에너지를 들여야 한다고 결과가 나왔는가?

위에 나열된 각각의 필요들은 말할 것도 없이 중요하다. 그 중 어떤 것은 다른 것들보다 훨씬 더 중요하다고 할 수 있다. 하지만 이들 중 어떤 것도 당신의 자녀에게 꼭 필요한 중심적인 필요들, 즉 자녀의 모든 세포벽에 새겨져 있으며 유전인자처럼 자녀의 정신이 깊이 박혀 있는 필요들은 아님을 다음 장에서 곧 보게 될 것이다. 우리는 자녀들의 삶에 가장 근본적인 세 가지 필요들을 보여줄 것이다. 그러한 필요들을 어떻게 인식하는지 알려줄 뿐만 아니라 어떻게 채울 수 있는지도 가르쳐줄 것이다. 이러한 필요들은 늘 분명하게 존재하지만 자주 무시되고 있는 것이 사실이다. 너무나 많은 부모들이 자녀 양육을 성공적으로 수행하지 못하는 이유가 바로 이 세 가지 기본적인 필요들을 인지하지 못하는 데 있다. 우리 부모들은 자녀들에게 무언가 부족한 것이 있음을 본능적으로 알지만 그것이 무엇인지는 집어내지 못한다. 무언가 잘못되었다는 것은 알지만 그것이 무엇인지 실마리를 찾지 못한다.

나는 무언가를 원해요!

스탠포드 대학에 다니는 한 여학생이 봄방학을 맞아 말리부 해안에 있는 집에 돌아와 자기 방에 들어가 방문을 걸어 잠그고 사흘 내내 울기만 했다. 부모가 아무리 방문을 두드리고 애원하며 "애야, 무슨 일이니?"라고 물어도 소용이 없었다. 돌아온 것은 침묵뿐이었다.

"우리는 네게 모든 것을 주었잖니." 여전히 아무 대답도 없었다.

"우리는 너를 최고의 대학에 보내주었어. 너는 친구도 많잖니. 성적도 좋고 새로 산 자동차도 있어. 그런데 뭐가 문제니? 우리가 주지 못한 뭔가가 있는 거니?"

마침내 딸은 자포자기하듯 외쳤다. "나는 무언가를 원해요. 하지만 그것이 무엇인지 모르겠어요!" 흐느끼는 소리가 더욱 높아졌다. 그런 다음 조용해졌다.

많은 가족들은 침묵, 확실한 답의 부재, 혼란 그리고 그 모든 시간과 에너지를 투자했음에도 불구하고 돌아오는 게 거의 없는 상태를 경험하고 있다. 수많은 자녀 양육이 무위로 끝나는 것을 보면 슬프다. 부모들은 자녀 양육을 망쳤다고 느끼기가 쉽다. 자녀에게 거절당한 어머니는 고통을 느낀다. 딸의 말이 어머니의 가슴을 아주 깊이 도려낸다. 아들의 분노는 식염수 주사기처럼 어머니를 찔러댄다. 수백만 달러의 이윤을 남기는 회사 사장인 아버지도 그와는 말조차 하지 않는 아들과 그를 조롱하는 딸 때문에 좌절한다. 아버지 노릇과 어머니 노릇은 행복을 약속한다지만 실상은 너무나도 잦은 충돌과 상처를 안겨주기도 한다.

분명히 말하지만, 위에서 나열한 모든 필요들은 현실적이며 채워줄 만한 가치가 있는 일들이다. 아들과 딸의 삶에서 이러한 필요들을 보살펴주지 않는다면 우리는 궁색한 부모가 되고 말 것이다. 하지만 모든 자녀들에게는 반드시 필요한 세 가지 중심적인 필요가 있는데, 이것들은 위의 모든 필요들보다 훨씬 더 중요하다. 아무리 자녀의 삶에서 다른 모든 필요들을 채워주더라도 이 세 가지 필요를 채워주지 못할 수 있다. 하지만 다른 필요들 대부분을 채워주지 않으면서 이 세 가지 필요를 채워주는 것은 불가능하다. 이것은 우선순위의 문제이며 본질의 문제다. 자녀의 삶에서 가장 큰 필요는 그의 내면에 반영되어 있으며, 바로 이것이 우리가 가장 우선순위를 두고자 하는 부분이다.

자녀가 부모의 어깨를 툭툭 치며 "훌륭한 교육에 신탁 예금, 운동 연습, 음악 수업에 대해선 고맙게 생각하고 있어요. 하지만 나의 더 깊은 필요들은 언제 채워주실 건가요?"라고 말할 가능성은 전혀 없다. 이런 일은 결코 일어나지 않는다. 그렇다고 해서 그런 필요들이 없다고 스스로를 속이지 말라. 이 책에서 당신은 마음의 세 가지 탄원이 자녀의 성장과 성숙 그리고 자녀 양육의 효율성에 얼마나 깊이 관련되어 있는지 보게 될 것이다. 피상적인 필요들 너머 부모들이 감히 가보려 하지 않는 깊숙한 곳에 우리가 온전히 관심을 기울여야 할 세 가지 근본적이고 전략적인 핵심 필요들이 있다. 이 필요들을 간단히 서술하면 다음과 같다.

수용의 필요, 애정의 필요, 지지의 필요

얼마나 어리든 컸든, 얼마나 느리든 빠르든, 얼마나 사교적이든 내성적이든, 얼마나 우뇌적이든 좌뇌적이든, 얼마나 의욕적이든 그렇지 않든, 얼마나 동부적이든 서부적이든 아니면 중부 내륙적이든, 얼마나 랩이나, 펑크, 또는 R&B나 발라드를 좋아하든 아니면 헤비메탈을 좋아하든 상관없이, 태어나서 죽을 때까지 우리의 자녀들은 조용히(아니면 조용하지 않게) 이 세 가지 축복들을 간절히 원하고 있다. 정말 그것들은 축복들이다. 자녀들은 이 세 가지 핵심 필요들을 채우기 위해 대개는 당신을 바라본다. 당신이 온 몸으로 수용과 애정, 지지를 표현해주기를 원한다. 자녀들은 단백질과 탄수화물보다 이 세 가지 필요들에 더 주려 있다.

이 책은 3부로 구성되어 있으며 각 부는 자녀의 핵심 필요들을 하나씩 다룬다. 나의 목적은, 이러한 세 가지 필요들을 인지하는 방법을 알려줄 뿐 아니라, 더 중요하게는 이것들을 어떻게 채울지 실제적인 통찰을 주는 데 있다. 그 가운데 당신은 부모 된 영혼으로서 많은 격려도 받게 될 것이다.

세 가지 기본적인 필요들

이 세 가지 내면의 필요들을 살짝 맛보기로 하자.

수용의 필요는 자녀들의 뱃속 깊은 곳으로부터 울려 나온다. 자녀들은 자신의 뚜렷한 정체성, 자신만의 목적, 가치를 절실하게 알고 싶어 한다. 그것을 말로 표현하든 표현하지 않든 "나는 괜찮은가? 나는 정상인가? 나는 조금은 좋은 사람인가?"라는 질문을 끊임없이 한다. 아니면 좀더 깊은 단계에 들어가 "나는 가치가 있나? 나는 딸이 될 가치가 있나? 나는 표준인가?"라고 묻는다. 이런 질문들을 끝까지 파고 들어가 보면 "나는 수용되고 있나?"라는 질문이 나온다. 더 확실하게 말하면 이렇게 묻는 것이다. "당신은 나를 받아들이고 있나요?" 2장, 3장과 4장에서 이러한 질문들에 답하고, 우리가 그들을 수용하고 있음을 어떻게 효과적으로 전달할 수 있을지 살펴보자.

애정의 필요는 표현하기가 한층 더 어색한 경우가 많다. 자녀들이 항상 사랑 표현을 편하게 생각하는 것도 아니다. 그것을 요구하는 일은 더욱 불편해 자칫 볼썽사납고 서투르게 들릴 수도 있다. 사랑을 표현하는 모습을 통해 자녀의 관계 가능성, 우정 가능성, 가정생활과 친밀감의 가능성을 가늠해볼 수 있다. 수용의 필요는 다른 사람들과는 상관없고 자녀의 자기 가치와 상관있는 반면, 애정의 필요는 타인들과의 관계에서 자녀가 지니는 가치와 상관이 있다. 이것은 피상적으로 "다른 사람들이 나를 어떻게 생각할까?"라고 생각하는 수준을 훨씬 넘으며, 궁극적으로는 "나는 사랑받아도 되는 사람인가? 나는 친구가 될 가치가 있는 사람인가?"라는 질문을 하게 만든다. 수용의 필요는 "나는 아들이 될 만한 가치가 있는가?"라는 질문을 하지만, 애정의 필요는 "나는 당신의 아들이 될 만한 가치가 있는가? 나는 너의 친구가 될 만한 가치가 있는가? 나는 사랑받아도 되는 사람인가?"라는 질문을 한다. 내면 깊숙한 곳에서 자신이 '사랑받고 있는지' 알고 싶은 것이다. 더 개인적으로는 '나는 당신에게 사랑받고 있는지' 알고 싶은 것이다. 5장, 6장, 7장, 8장을 통해 우리는 자녀들이 갈망하는 사랑을 그들에게 쏟아부어줄 수 있게 될 것이다.

자녀의 세번째 내면의 갈망은 지지의 필요다. 이것은 효율성, 성공 그리고 자녀의 잠재력 성취와 상관이 있다. 처음 두 가지 필요는 자녀의 존재에 관한 것이지만, 이 세번째 필요는 자녀가 하는 일을 다룬다. 자녀들은 해야 할 과제, 숙제, 책임을 가지고 있으며, 지지를 통해 연속해서 내적인 평가를 한다. 문신과 시끄러운 음악 너머 어딘가에서 우리의 자녀들은 "나는 효과적인 사람인가, 생산성이 있는가, 유능한가? 무언가 가치 있는 일을 하고 있는가?" 하는 사실을 알고 싶어 한다. 자녀들은 모두 마음속으로 자신이 그 가능성에 다가가고 있는지, 그에 필요한 것들이 자신에게 있는지 알고 싶어 한다. 성공을 어떻게 정의하든 상관없이 그들은 그것이 성취할 만한 것인지 알고 싶어 한다. 9장, 10장, 11장은 우리가 자녀들에게 건강한 지지, 활력을 주는 지지를 쏟아부어줄 수 있도록 그 저장고가 되어줄 것이다.

이 세 가지 필요들이 결합되면 그것은 무엇보다 자녀들에게 안녕감을 선사한다. "나는 무언가를 원해요. 하지만 그것이 무엇인지 모르겠어요"라고 울부짖은 캘리포니아 여대생의 경우에서 본 것처럼, 다른 모든 필요들이 충족되어도 이 세 가지 필요가 빠지면 자녀들은 여전히 공허함을 느낄 가능성이 있다. 수용, 애정, 지지, 이 세 가지 마음의 부르짖음은 모든 사람들이 품고 있는 본질적인 갈망이다.

어쩌면 이 세 가지 기본 필요들은 추상적으로 느껴질 수 있다. 즉 파악하기 어렵고, 애매모호하고, 다루기 어려우며, 실마리를 찾기 힘든 일들처럼 보일지 모른다. 자녀의 내면세계를 자동차 계기판처럼 읽을 수 있다고 상상해보라. 우리는 계기판을 점검하는 법과 남은 연료와 배터리 충전 정도를 보여주는 게이지를 읽을 줄 안다. 경고등이 켜지면 재빨리 행동을 취해야 한다는 것도 잘 안다. 이와 비슷하게 자녀의 내면세계를 가리키는 계기판 읽는 법도 배워 보자. 연료, 오일, 배터리 충전이 아니라 자녀의 수용 레벨, 애정 탱크, 지지 게이지가 나와 있는 계기판을 보게 될 것이다. 우리는 자녀의 삶 후드 아래에 있는 이 세 가지를 볼 수는 없지만 크고 필수적인 탱크들이 거기에 묻혀 있음을 이해할 필요가 있다. 자녀들은 본능적으로 끊임없이 이 탱크들을 감시하고 있으며, 그것이 얼마나 차 있는지 예리하게 알아낸다. 그 탱크들이 가득 차 있을 때 삶은 행복하다. 그것들이 거품을 내면서 바닥을 드러낼 때 삶은 지옥이 될 수 있다. 그리고 그 게이지들을 감시하고 자녀의 탱크가 항상 가득 차 있도록 돕는 것은 적어도 부분적으로는 부모인 우리의 책임이다.

그럴 듯한 이 예를 과용하는 위험을 무릅쓰고라도 이 비유를 계속 사용하겠다. 자녀들이 부모의 무조건적인 수용을 느끼지 못한다면 그는 연료가 부족하게 될 것이다. 만일 부모의 긍정적인 애정을 느끼지 못한다면 그는 부모가 엔진 경고등에 불이 들어온 것을 보았든 못 보았든 후드 아래에서 과열될 것이다. 또 자녀의 지지 배터리를 계속 재충전하지 않으면 아이는 급하게 속도를 잃게 될 것이다. 이는 가속을 할 수 없거나 고무가 타 버리는 정도의 문제가 아니다. 자칫 발화 장치(스파크)를 잃게 될 수 있다. 엔진이 점화되지 않는 것이다. 아니 시동이 전혀 걸리지 않게 될 수도 있다.

반면 자녀가 엔진의 모든 실린더를 가동하는 것을 보는 것만큼 흥분되고 기운이 나며 만족스러운 것도 없다. 내스카(NASCAR, 미국 개조 자동차 경기 연맹)는 잊어버려라. 자신이 수용과 사랑과 지지를 받고 있다는 사실을 알 때, 즉 자녀의 탱크들이 가득 차 있을 때 그의 삶은 행복하다.

모든 자녀가 간절히 듣고 싶어 하는 것

모든 자녀가 지닌 세 가지 솔직한 내면의 갈망은 다음의 세 문장으로 요약된다. 그 말은 간단하고 직선적이며 직접적이다. 사실 너무 간단하여 진부하게 들릴지도 모르지만 그렇다고 자신을 속이지 말라. 그 말은 심오하고 참신하며 생명을 준다. 그것은 자녀의 탱크에 든 연료이고, 엔진 오일이며, 내면세계의 배터리 충전을 의미한다. 이 세상에서 살고 있는 모든 영혼은 이에 목말라한다. 내면세계의 후드 아래 깊숙한 곳에서 모든 자녀는 이 말을 간절히 듣고 싶어 한다. 지금은 우리가 그 말을 잘 배워 자녀들의 안녕감을 만족할 만한 수준으로 올리는 데 사용할 때다. 사람들마다 이를 다르게 표현하는데 우리는 이를 우리 자신의 말로 배울 것이다. 말보다 더 중요한 것은 행동이므로 이를 어떻게 행동으로 광범위하게 바꾸어 표현할지도 배울 것이다. 우리는 이를 자녀들이 이해할 수 있는 방법으로 자주 그리고 효율적으로 표현하는 법을 배워야 한다.

설령 이 말이 익숙하지 않더라도 여기에 자녀의 인생이 달려 있는 양 이를 주의 깊게 읽어보라. 실제로 어느 정도는 여기에 우리 자녀의 인생이 달려 있다.

너는 내 아들(딸)이란다. 나는 너를 사랑해. 나는 너를 기뻐해.

신앙이 있는 사람이라면 이 말이 어디서 왔는지 알아차렸을 것이다. 이것은 원래 아버지 하나님께서 그분의 아들에게 했던 말씀이다. 예수님께서 공생애를 시작하는 순간이 왔을 때 아버지 하나님은 조심스럽게 이 말을 사용하셨다. 한번 생각해보라. 하나님은 명령 하나로 모든 상상 가능한 말씀을 하실 수 있었다. 어떤 문장이나 구절도 구성하실 수 있었다. 책을 만들거나 시를 쓰실 수도 있었다. 하지만 아버지 하나님은 그분의 아들에게 무엇이 필요한지 아셨다. 아버지는 장차 아들의 힘을 소진시켜버릴 그 모든 도전들에 대해 알고 계셨다. 또한 그분의 시선을 아들의 내면세계를 가리키는 게이지에 두시고 그의 저장 탱크를 어떻게 채울지도 아셨다.

공생애를 시작하기에 앞서 광야에서 40일 동안 열심히 하나님을 찾기 바로 전에 예수님은 첫번째로 중요한 순간을 맞이하셨다. 공생애를 시작하는 의식으로 세례를 받음으로써 자발적으로 순종하는 삶을 보여주신 것이다. 예수님은 아버지께 순종하기 위해 세례를 받으셨다. 순종의 한 단계라고 할 수 있는 세례를 통해 예수님은 다른 사람들은 이해하지 못할 수도 있는 그분의 소명에 순종할 것을 자인하신 것이다. 사실 기록을 보면 다른 사람들은 이를 이해하지 못했음을 알 수 있다. 하지만 예수님은 궁극적으로 그런 다른 목소리들에 신경 쓰지 않으셨다. 왜냐하면 조롱을 견딜 수 있으셨기 때문이다. 그분은 아버지가 들려주는 확인의 목소리만 듣기 원하셨고, 아버지는 아들의 내면세계에 가장 중요한 탱크들을 채워줄 말씀만 하길 원하셨다.

머리에서 요단강 물이 뚝뚝 떨어지는 가운데 예수님께서 생애의 소명을 완수하기로 결단하실 때, 우리는 아버지가 그분의 아들에게 이렇게 속삭이는 소리를 듣게 된다. "너는 내 사랑하는 아들이라 내가 너를 기뻐하노라"(막 1:11). 네 명의 복음서 기자들은 모두 예수님의 생애에 너무나도 중요한 이 순간을 기록했다(마 3:13-17, 눅 3:21-22, 요 1:32-34도 보라). 아버지 하나님이 그분의 아들을 부르며 신중하게 선택하신 이 말씀에 우리 자녀들의 내적 필요에 관한 모든 기본적인 것들이 포함되어 있는 게 당연하지 않겠는가?

아버지 하나님이 사용하신 그 말씀 하나하나가 모든 자녀들의 세 가지 근본적인 내면의 필요들에 바로 해당한다는 사실에 놀라지 말라.

수용의 필요 : "너는 내 아들(딸)이라."
애정의 필요 : "사랑하는"
지지의 필요 : "내가 너를 기뻐하노라."

나는 처음 이 연관성을 발견하고 나서 온 몸에 전율이 일어났다. 중요한 어떤 것, 부모인 아내와 내게 도움이 될 무언가를 발견했음을 깨달았다. 예수님께 이런 말이 필요했다면 우리의 자녀들 역시 그러할 것이다. 이 책의 각 부를 통해 우리는 예수님의 삶에서 이 구절들이 얼마나 중요했는지 살펴봄으로써 자녀 양육에 대한 통찰을 이끌어낼 것이다.

아버지 하나님께서 부드러운 목소리로 이와 똑같은 말씀을 다시 아들에게 하신 때가 있었다. 그것은 예수님의 사역이 중기에 이르렀을 즈음이었다. 예수님은 이미 열두 제자들을 효율적인 관리 팀으로 멘토링하고 계셨다. 그분은 귀신 들린 사람을 고치시고, 수천 명을 먹이는 기적을 베푸시며, 셀 수도 없이 많은 병든 자들을 고치시고, 대중을 가르치시며, 영적 지도자로서 괄목할 만한 평판을 이루어내셨다. 하지만 그 모든 노력을 기울인 결과 그분은 무엇을 얻으셨는가? 그분에게 돌아온 것은 분노와 거절, 좋지 않은 압박이었다. 더욱이 그분은 자신이 생애의 가장 중요한 순간, 즉 십자가에서 참혹하게 죽음을 맞이할 순간이 다가오고 있음을 아셨다. 그러한 마당에 아들은 아버지로부터 무슨 말씀을 들어야 했을까?

아버지는 아들에게 어떤 말씀이 필요한지 아셨다. 그분은 "이는 내 사랑하는 아들이니 너희는 저의 말을 들으라"(막 9:7)고 말씀하셨다. 아버지께서 아들의 탱크를 다시 채우기 위해 이 말씀을 하신 것이다.

"이는 내 … 아들이니" : 수용

"사랑하는" : 애정

"너희는 저의 말을 들으라" : 지지(예수님의 말은 귀 기울일 가치가 있다.)

이 대화를 가장 가까이서 엿들었던 사람 가운데 하나는 예수님의 가까운 동료인 베드로였다. 이 거친 어부는 아버지의 이 말씀을 들은 후 온전히 새로

서론 **25**

워진 예수님의 모습을 보고 그것이 뇌리에 박혔던 게 틀림없다. 베드로는 생애가 거의 끝날 무렵 신약의 베드로후서를 기록하면서 이 압도적이고 평생 잊지 못할 극적인 순간에 대해 광범위하게 언급한다.

> 우리 주 예수 그리스도의 능력과 강림하심을 너희에게 알게 한 것이 공교히 만든 이야기를 좇은 것이 아니요 우리는 그의 크신 위엄을 친히 본 자라 지극히 큰 영광중에서 이러한 소리가 그에게 나기를 이는 내 사랑하는 아들이요 내 기뻐하는 자라 하실 때에 저가 하나님 아버지께 존귀와 영광을 받으셨느니라 이 소리는 우리가 저와 함께 거룩한 산에 있을 때에 하늘로서 나옴을 들은 것이라(벧후 1:16-18).

아버지의 말씀이 예수님께 어떤 효과를 끼쳤는지 베드로가 기록하면서 "이러한 소리가 그에게 나기를 저가 하나님 아버지께 존귀와 영광을 받으셨느니라"고 말한 것에 주목하라. 이는 아버지의 수용과 애정, 지지의 말씀을 들은 후에 예수님의 얼굴에 확연히 다른 무언가가 보였음을 의미한다. 이 기록은 예수님이 아니라 베드로가 한 것임을 기억하라. 어떤 의미에서 그는 예수님께서 아버지의 말씀을 듣고 보다 더 활기를 띠게 되었음을 말하고 있다. 간단히 말해, 아버지의 말씀으로 예수님의 탱크가 가득 차게 된 것이다.

이것이 바로 우리가 자녀들에게 바라는 바가 아니겠는가? 우리의 말과 행동으로 자녀들의 탱크를 가득 채우는 것. 아버지 하나님이 아들 하나님에게 하신 이 말씀들은 아주 잘 선택된 것들로서 자녀들이 우리 부모에게 듣고 싶어 하는 말들을 대표한다고 보는 게 타당하다. 이 말씀들은 일반적으로 아버지가 아들에게 하는 말들 중에서 무작위로 뽑은 것이 아니다. 그것들은 아버지가 아들에게 하신 말씀 가운데 유일하게 기록으로 남아 있는 말씀이다. 베드로의 묘사에 의하면 예수님은 '거룩한 산'에 있을 때 이 말씀을 들으셨다. 그렇다면 우리의 자녀들도 '거룩한 산'에 있을 필요가 있다. 우리의 자녀들도 활력을 주는 메시지를 담은 부모의 목소리를 들을 순간이 필요하다.

자녀 양육에 대한 열정

돈을 벌거나, 섹스를 하거나, 사회에 영향력을 발휘하려는 욕구보다 더 깊이 부모들 마음속에 들어 있는 것이 자녀 양육을 잘 하고 싶은 욕구다. 우리는 자녀들이 우리 자신보다 오래 살고, 자녀를 낳고, 후손들을 보며, 가장 사랑하는 것들에 자신을 투자하고 좋은 이름, 즉 유산을 남기기를 원한다. 어떤 사람들은 자기 이름이 건물이나 기념물, 명예의 전당 또는 두툼한 유가 증권에 있는 것을 보며 만족을 느낀다. 그러나 우리 영혼 저 깊은 곳은 우리의 이름이 물질적인 것보다는 더 귀중한 것에 속해 있다는 것을 안다. 우리는 중요한 다른 사람에게 자신을 투자해 그 사랑하는 사람을 성숙에 이르게 하려는 욕구가 있다. 우리는 그것을 자녀 양육이라고 부른다.

당신은 자녀 양육하면 어떤 생각이 드는가? 당신이 만약,

- 갓난아이를 병원에서 집에 데리고 왔던 때로 돌아가고 싶지만 8년이 지난 지금 연료가 다 떨어진 생각이 든다면,
- 자녀 양육을 망쳤다는 생각이 든다면,
- 십대 자녀를 키우는 게 죽도록 두렵다면,
- 자녀 양육이 더 이상 재미가 없다면,
- 비효율적인 자녀 양육에서 오는 좌절을 극복하고 아들이나 딸에게 자신을 투자함으로써 성취감을 느끼고 싶다면,

이 책은 당신을 위한 것이다!

자녀 양육은 한 사람이 책임을 다해야 할 근력 단련실 그 이상의 의미를 지닌다. 그것은 인생 최고의 보상이 걸려 있는 가장 큰 도전을 맞이하는 스타디움이라고 할 수 있다. 당신은 지금 자녀 양육을 망쳤다고 느끼고 있을지도 모른다. 자녀들이 너무나 멀게만 느껴져 자녀 양육이 어디 먼 나라의 얘기처럼 들릴 수도 있다. 어쩌면 자녀들이 이미 성장하고 집을 떠나 있어 크리스마스가 돌아와도 카드 한 장이나 받을 수 있는지 확신조차 하지 못하는 처지일 수도 있다. 이제 자녀가 청소년이 되어 3차 세계대전을 치르는 듯 가정생활을 하고 있는지도 모르겠다. 아들이 아직 아기여서 설득하고 말고 할 처지가 아닐 수도 있다. 아니면 이제는 자녀를 낳을 수는 없지만 당신을 역할 모델로 보는 아이들이 있음을 고통스럽게 인식하고 있는지도 모른다. 상황이 어쨌든 그 스타디움을 떠나겠다는 생각은 아예 하지도 말라. 자녀 양육이라는 스타디움에서 조금은 실패를 기록했더라도 괜찮다. 그것을 연습 경기로 여기라. 당신은 아직 그 경기에서 승리할 수 있다.

부지런한 자녀 양육이라는 미명 하에 우리는 비현실적인 기대의 쳇바퀴 속에 자녀들을 너무 쉽게 올려놓을 수 있다. 그것은 의도와는 달리 자녀의 삶을 풍요롭게 하기보다는 그들의 마음을 고갈시켜버린다. 과외 활동들로 인해 자녀들이 활력을 받는 게 아니라 오히려 관심이 분산되어 에너지가 약화될 수 있다. 지금은 호각을 불고 타임아웃을 선언하고 우리의 삶을 단순화할 때다. 다음 장들에서 우리는 자녀 양육에 따르는 갖가지 의무들에서 자녀들의 인생에 근본적으로 필요한 세 가지에 집중된 세 가지 의무들만 추출할 것이다. 그럴 때 우리는 자녀들의 삶을 단순하게 만들 수 있다.

감당할 수 있는 것보다 더 많은 책임을 지고 있으며 직장에서 일이 끝나도 아이들의 삶에 쏟아 부을 에너지를 조금이라고 남기려고 자신을 관리하는 모든 편모와 편부들, 그들은 더 많은 것을 자녀들에게 주지 못한다는 비난을 받아서는 안 된다. 대신 그들은 어디서도 받지 못한 격려를 이 책에서 받게 될 것이다. 이 책에서 격려의 원천이자 친구, 영혼의 동반자를 발견하게 되기를 바란다. 한 가지 확실한 것은, 이 책이 인생에서 가장 중요한 몇 사람을 위해 중요한 몇 가지 일을 하도록, 그것도 잘하도록 당신을 도울 것이라는 점이다.

머리를 쥐어뜯으며 "도와주세요! 우리 아이들은 새 부모가 필요해요!"라고 부르짖는 부모들에게 정말 좋은 소식이 있다. 당신이 바로 자녀들이 필사적으로 원하는 부모라는 사실이다. 오직 당신만이 그들의 탱크들을 채워줄 무언가를 가지고 있다. 이 책은 자녀들의 게이지를 읽는 방법뿐만 아니라 그들의 탱크가 항상 가득 차 있도록 하는 몇 가지 확실한 방법을 가르쳐줄 것이다. 부모인 우리의 안녕이 자녀들의 안녕과 직접 연결되어 있다는 것은 피할 수 없는 사실이다. 자녀들의 탱크가 가득 차 있을 때 우리는 그 충만함을 나누게 될 것이고, 자녀들의 탱크가 조금밖에 차 있지 않을 때 우리 역시 목마름을 느끼게 될 것이다.

성공적인 자녀 양육에 깊숙이 빨대를 꽂고 그 양분을 빨아올리기 원하지만 입만 바짝바짝 타들어가는 부모들에게도 희망은 있다. 이 책은 부모의 위엄에 목마른 모든 이들을 위한 책이다!

이후 각 장마다 햇빛이 들어오는 채광창처럼 나의 네 자녀들이 쓴 이야기가 등장하며, 그 모든 장들은 그 이야기로 시작된다. 서론의 마지막을 장식하기 위해 나는 가장 마음에 드는 글을 아껴두었다.

자녀의 마음으로 들어가는 창

고등학교 2학년이 되기 바로 전 여름에 아버지와 나는 콜로라도 주 버팔로스 스타디움에서 열린 남자들을 위한 컨퍼런스 '약속을 지키는 사람들(Promise Keepers)'에 참가하기 위해 볼더로 떠났다.

콜로라도 로키산맥으로 둘러싸인 길을 따라 자동차를 타고 가는 도중에 나는 장래에 대해 생각하면서 혼란스럽고 두려운 마음이 들기 시작했다. 나는 과연 어느 대학에 가고 어떤 직업을 갖게 될까? 인생의 많고 중요한 결정들을 해야 할 청소년기의 정점을 맞이하면서 나는 진로와 관련해 진지한 조언이 필요했다. 아버지는 내 마음을 알고 계셨는지 성경의 잠언을 펼치라고 하셨다. 그리고는 잠언 1장 7절의 "여호와를 경외하는 것이 지식의 근본이어늘 미련한 자는 지혜와 훈계를 멸시하느니라"는 말씀을 보게 하셨다.

내가 무슨 생각을 하고 무엇이 필요한지 아버지는 어떻게 아셨을까? 아버지는 긴 말씀을 하지는 않으셨다. 분명한 것은 아버지가 내게 관심을 갖고 계시다는 것이었다. 그분은 시간을 내어 나에 대해 생각하셨다. 우리는 즐거운 시간을 가졌다. 대화를 나누었다. 함께 돌아다녔다. 육신의 아버지는 내게 하늘의 아버지와 견고한 관계를 추구하라고 격려하셨다. 이 얼마나 놀라운 생각인가!

나는 그 다음에 나오는 두 구절을 읽었다. "내 아들아 네 아비의 훈계를 들으며 네 어미의 법을 떠나지 말라 이는 네 머리의 아름다운 관이요 네 목의 금사슬이니라." 이 구절을 읽으면서 나는 자녀 양육의 중요성을 깨달았다. 그날 오후 나는 렌트카의 앞좌석에 앉아 나의 미래에 관한 모든 염려와 두려움을 예수님의 발아래 내려놓기로 결심했다. 그것은 내 삶에서 획기적인 순간이었으며 아버지는 그 자리에 나와 함께하셨다.

어린 시절부터 청소년기에 이르기까지 나의 성장 비디오를 보면서 내 삶에 명백히 깃든 하나님의 손길을 볼 수 있었다. 그 과정에서 아버지는 나의 가장 좋은 친구셨다. 그리고 아무리 일이 바빠도 관리만 잘하면 자녀들과 함께하는 귀중한 시간을 결코 빼앗기지 않을 수 있음을 보여주셨다.

프레드 A. 하틀리 4세(Fred A. Hartley IV), 25세

1부

수용의 필요 채우기

너는 내 자녀란다

수용. 그것은 별 것 아닌 말로 들려서 간과하기가 쉽다. 그러나 이에 속지 말라. 그것은 젊은이들의 으뜸가는 마음의 탄원이다. 취학 전 모든 아동들이 그것을 갈망하고 있다. 거의 모든 청소년들이 과연 그것이 존재하기는 하는지 회의를 갖고 있다. 그리고 너무나 많은 부모들이 그것을 당연하게 받아들인다.

"수용이 뭐가 대단한가요?"라고 질문하는 부모도 있다. "나는 아버지입니다. 내 아이는 내 성을 따랐어요. 우리는 같은 주소를 쓰고 있습니다. 그게 수용이 아닙니까?"

아버지 하나님께서 예수님에게 "너는 내 아들이라"고 말씀하신 데는 이유가 있다. 예수님은 당신이 하나님의 아들이라는 사실을 잊지 않으셨다. 그 사실을 머리로 알고 계셨다. 그러나 그것을 다시 들을 필요가 있었다. 느낄 필요가 있었던 것이다. 그분은 가장 존경하는 음성, 즉 아버지의 음성으로 그 말을 들을 필요가 있었다.

33

"너는 내 딸이야." "너는 내 아들이야." 이는 모든 아이가 부모로부터 간절히 듣고 싶어 하는 말이다. 그 말은 아이의 유일한 정체성을 확인해준다. 그것은 가치와 존엄성, 명예, 존중, 고결함, 완전함, 균형 그리고 진실에 대해 말해준다. 부모가 자녀를 수용하고 있음을 어떻게 자녀에게 잘 전달하느냐에 따라 효과적으로 자녀의 자존감이 형성되고 자아 가치가 서게 된다. 다음에 이어지는 세 장들은 당신의 눈에 자녀가 좋게 보인다는 사실을 자녀들에게 어떻게 효과적으로 보여줄 수 있는지 도울 것이다.

자녀의 마음으로 들어가는 창

수용

아버지!

마스터즈 골프 대회에서 아버지와 보낸 지난 주말은 최고였어요! 저와 함께하기 위해 하루 반이라는 시간을 내주셔서 고맙습니다. 정말이지 잊지 못할 특별한 시간이었어요. 지난 몇 년 간 아버지와 함께한 좋은 일들을 생각해보았는데 얼마나 많은지 몰라요. 제가 나이가 들어가면서 그런 시간들이 짧아지고 횟수도 줄어들었지만, 저는 여전히 아버지와 함께했던 모든 순간들에 푹 빠져 있답니다. 그렇게 훌륭한 아버지가 되어주셔서 고맙습니다! 마스터즈는 언제나 멋진 대회였지만, 이제 그것은 우리가 함께한 경험이기에 제게 더 큰 의미가 있습니다.

사랑합니다, 아버지!

프레드 4세

1장
나는 너를 내 마음에 품고 있단다

미국의 가정이 싸구려 스웨터의 올이 풀리는 것처럼 풀어지고 있다.
역사적 사실 하나를 일깨워주겠다.
가정의 해체가 일어난 나라치고 지속된 나라가 없었다.
일단 가정이 해체되면 나머지 것들이 해체되는 것은 시간 문제다.
하워드 헨드릭스(Howard Hendricks)

그 누구도 온전한 섬으로 존재할 수 없나니 모든 개인은
대륙의 한 조각이며 전체를 이루는 일부다.
존 던(John Donne)

'너는 내 살과 피란다. 너의 DNA에는 나의 유전 인자가 들어 있어. 우리는 같은 우편번호를 쓰고 있지. 같은 주소에 같은 전화번호와 성을 가지고 있어. 하지만 실용적인 면에서 너와 나 사이에 공통점은 전혀 없단다.' 우리의 자녀를 들여다보며 조용히 이런 생각을 하다보면 오싹한 느낌이 든다.

결혼에 대한 유명한 책인 「화성에서 온 남자 금성에서 온 여자(Men Are from Mars, Women Are from Venus)」는 남성과 여성 사이의 근본적인 차이들을 제시하고 있다. 가끔은 우리가 낳은 자녀가 해왕성이나 명왕성에서 온 것처럼 보일 때가

있다. 우리는 자녀의 언어로 말하지 않으며, 자녀 역시 부모의 언어로 말하지 않는다. 음악, 라디오 프로그램 그리고 주말 활동에서부터 옷, 수염, 문신, 귀걸이, 피어싱 그리고 여기 시간을 즐기는 방법에 이르기까지 자녀와 부모 간의 차이는 광범위하다. 때로는 부모 자식 간에 그랜드캐니언만큼이나 넓디넓고 확연한 차이가 날 때도 있다. 그랜드캐니언 절벽 끝에 서 본 적이 있는가? 나는 있다. 북쪽 끝에서 렌트카를 운전해서 남쪽으로 여섯 시간이나 간 후에야 비로소 나는 그 끝에 도착할 수 있었다.

남쪽 끝에 서서 북쪽 끝에 있는 자녀를 양육하려 한다고 상상해보라. 믿지 못하겠지만 10년 전 나는 맏아들에 대해 분명히 그렇게 느꼈다. 그 아이와 나는 같은 이름을 가지고 있다. 나는 프레드 3세이고 그 아이는 프레드 4세다. 분명히 우리는 똑같은 남성이다. 그리고 비슷한 버릇을 가지고 있다. 하지만 내 눈에 우리는 실제로 공통점이 거의 없다. 나는 나서기를 좋아하지만 그 아이는 뒤로 빼는 편이다. 나는 일 지향적이지만 그 아이는 사람 지향적이다. 나는 운동을 좋아하지만 그 아이는 전형적인 카우치 포테이토(couch potato, 게으르고 비활동적인 사람 - 역자 주)다. 나는 영적인 표현을 하는 편이지만 그 아이는 영적인 표현을 잘 하지 않는다. 마음 깊숙한 곳에는 하나님에 대한 사랑이 있겠지만 겉만 보아서는 그 아이의 영적인 맥박조차 잡을 수 없었다. 우리가 함께했던 여행이 기억난다. 그때 우리는 불과 40센티미터 가량 떨어져 앉아 있었다. 500킬로미터를 넘게 달리는 동안 나는 엄청난 노력을 들인 끝에 그 아이로부터 단지 두어 번의 불평소리와 열두 마디 정도의 말을 이끌어낼 수 있었다. 고통스러운 경험이 아닐 수 없었다.

그 아이는 9년 뒤 자신의 결혼식에서 내게 제1의 들러리가 되어달라고 청한 바로 그 아들이다. 나와 함께 마스터즈 대회에서 선수들을 따라다녔으며, 이 장을 연 편지를 쓴 아들, 이제 나를 가장 좋은 친구라고 부르는 바로 그 아들이다.

무엇이 변했을까? 어떻게 이런 일이 일어났을까? 간단히 말하자면, 우리는 공통된 기반을 찾아냈다. 뿐만 아니라 그 공통된 기반을 기뻐하는 법을 배웠다. 그것은 저절로 된 일은 아니었다. 이 생명을 주는 자녀 양육의 원리를 파고들기 전에 「스포츠 일러스트레이티드(Sports Illustrated, 미국의 스포츠 전문 잡지 - 역자 주)」에 나온 보 잭슨(Bo Jackson)의 일생을 살펴보자.

보는 자녀 양육이 무엇인지 알고 있다

보 잭슨은 프로야구와 프로 미식축구 두 종류의 프로 경기에서 활동하는 세계 일류의 운동 선수였다. 그는 1989년에 캔자스시티 로열스에서 뛰면서 서른두 개의 홈런을 쳤고, 105득점을 올렸으며, 올스타 경기의 최우수 선수로 뽑혔다. 그는 메이저 리그 야구 선수 중에서 처음으로 경기 중에 뜬공을 쫓아가 맨손으로 받았고, 삼진 아웃을 당한 후 무릎으로 야구 방망이를 부순 적이 있으며, 야구 방망이로 헬멧을 부순 적도 있었다. 야구 시즌이 끝나고 열흘 후 그는 미식축구 팀 LA 레이더스에 들어가 열한 번의 NFL 경기를 치르면서 950야드를 전진했다. 다음 시즌에는 올스타 경기인 프로볼 선수로 선발되었다.

1991년 엉덩이 부상으로 프로 선수 생활을 그만두게 되었지만, 그후에도 전국을 다니며 출연료가 높은 곳에 공식 출연을 했고, 잊지 못할 나이키 광고를 찍기도 했다. 그는 자기 소유의 할리 데이비슨과 바이퍼, 벤츠 운전을 즐겼다. 얼마 지나지 않아 그는 야구를 아는 보, 미식축구를 아는 보, 축구를 아는 보 그리고 모든 것을 아는 보로 유명해졌다. 아니 적어도 우리는 그를 그렇게 생각했다.

1995년 10월 「스포츠 일러스트레이티드」의 표지에는 잘 생긴 보 잭슨의 얼굴 사진과 함께 흥미 있는 질문이 게재되었다. "얼마 전까지만 해도 보 잭슨은 미국에서 가장 유명한 사람이었다. 그런데 그런 그가 갑자기 사라졌다. 보는 무엇이 되었을까?"[1]

스포츠팬이 아닐지라도 보가 아버지에 대해 쓴 글에 모두들 공감할 것이다.

아버지, 아버지는 내가 당신을 어떻게 생각했는지 아세요? 한 달 반에 한 번씩 집에 와서는 탁자 위에 20달러를 놓고 가는 남자… 아버지는 내가 프로야구나 미식축구 경기에서 뛰는 것을 한 번도 본 적이 없으시죠. 나는 아버지와 관계를 가지려고 노력했고 전화번호를 주면서 이렇게 말했죠. "아버지, 전화하세요. 제가 비행기로 모실게요." 상상이 되세요? 이른바 이 나라에서 몇 손가락 안에 꼽히는 운동선수 보 잭슨이 경기가 끝난 후 라커룸에 들어온 자기 아버지와 함께 이야기하며 맥주를 마시는 동료를 바라보며 질투하는 모습이…[2]

보가 무슨 말을 하고 있는지 들리는가? 경기장에서 환호하는 수많은 팬들도 수용을 원하는 그를 만족시킬 수 없었다. 그는 아버지의 수용을 받고 싶어 했다. 라커룸에서 나누는 동료애도 사랑을 갈구하는 그의 필요를 채우지 못했다. 그의 마음은 아버지의 사랑을 바라며 아파했다. 나이키 사로부터 받은 수백만 달러짜리 수표도 아버지의 지지를 받고 싶은 그의 필요를 채우지 못했다. 그는 마음 깊이 아버지의 축복을 갈망했다. 그의 영혼에는 상처, 즉 공허한 내면이 있었다.

그러한 보는 자녀들에게는 자신이 아버지로부터 한 번도 받은 적이 없는 것을 주려고 노력했다. "시간이 날 때마다 아이들과 함께 하루 종일 시간을 보냈습니다." 그는 적극적으로 참여하는 아버지가 되려고 애썼다. "아이들에게 내 사랑을 부어주겠어"라고 그는 아내 린다에게 정열적으로 약속했다.[3]

하지만 그의 노력들은 자녀들에게 전혀 효과가 없었던 것 같다. 그를 많이 닮은 아들 닉은 아버지가 집에 없을 때 어머니에게 순진하게 물었다. "왜 아빠는 집에 계신 적이 없어요? 더 많은 아이들이 있는 또 다른 집이 있나요?" 이 말이 빈볼(bean ball, 투수가 타자의 머리 부근에 겨누어 던지는 공 - 역자 주)이 되어 그의 머리를 치는 것 같아 그는 야구 헬멧을 영원히 부수어버렸다. 그는 운동장의 먼지를 움켜쥐고 그것을 자신에게 뿌리면서 즉시 은퇴를 선언했다. 어느 한 순간 보는 우리가 앞으로 배울 자녀 양육의 원리를 깨달은 것이다. 자녀들은 부모가 여가 시간을 함께 보내준다고 해서 감동하지 않는다. 그들은 우리의 시간을 우선적으로 갖기를 원한다. 오랜 세월 동안 자녀에게 우선적으로 시간을 할애할 때 우리는 부모 자식 간에 공통된 기반을 발견하게 될 것이다.

바로 그날 보 잭슨은 대리인과 스폰서들에게 전화해 일을 그만두겠다고 말했다. 더 이상의 장기 출장도, 연기된 귀가 일정도, 아버지의 부재도 없게 되었다. 그는 자녀들이 결코 갖지 못했던 것, 즉 보살펴주는 아버지, 원래의 자리에 있는 아버지, 귀 기울여 들어주고, 함께 웃고, 적절하게 어루만져주는 아버지가 되기를 원했다. 어떤 면에서 그는 자녀 곁에 항상 있어주는 아버지가 되기 위해 일찍 은퇴를 한 것이다.

이런 말을 하는 사람이 있다. "차고에 멋진 자동차가 여러 대 있고, 은행에 예금해놓은 게 많다면 일찍 은퇴해서 자녀들과 온종일 있고 싶지 않은 사람이 어디 있을까? 하지만 내겐 해당 사항이 없는 것 같군."

그렇지 않다. 확실히 누구나 다 자신의 일을 그만둘 수 있는 것은 아니지만 초점은 바꿀 수 있다. 기억하라. 보는 자녀들이 여가 시간이 아닌 우선 시간을 필요로 한다는 것을 깨달았다. 당신의 마음속에 어떤 동기가 들어 있는지 자녀들은 1킬로미터 밖에서도 그 냄새를 맡을 수 있다는 사실을 잊지 말라. 자녀들은 당신의 눈이 무엇에 번쩍 뜨이는지 알고 있다. 당신이 어떤 일에 머리를 굴리고 심장 박동이 빨라지는지 알고 있다. 자녀들은 자신들이 그 일이 끝난 후에야 관심을 받는 대상이 아니라 바로 그런 행동을 일으키는 존재가 되고 싶어 한다.

우리는 보가 야구를 알고 미식축구를 안다는 사실을 알지만 자녀 양육도 안다는 사실을 알아두는 게 좋겠다. 어쨌거나 그의 자녀들은 환호성이 넘치는 스타디움의 열기를 다시는 느끼지 못하게 되었다. 그 점은 보도 마찬가지였다. 고가의 자동차들은 그에게 즐거움을 선사했지만 그를 충족시켜주지는 못했다. 수천 명의 어린이들 방에 걸린 그의 포스터조차 그의 자녀들이 원하는 것은 아니었다. 그들이 원한 것은 그들과 함께 시간을 보내고, 같이 놀아줄, 우연히 보 잭슨이라는 이름을 갖게 된 아버지였다. 그들의 입장에서 볼 때 다행히 보는 자녀들과의 사이에 공통된 기반을 찾으려면 무엇이 필요한지 배우고 있다.

공통된 기반

공통된 기반이란 간단히 말해, 특정한 관계를 뒷받침하기 충분할 만큼 공통된 무언가를 나누는 것이다. 여기에는 공통된 흥미, 공통된 활동, 공통된 일정, 공통된 언어 그리고 공통된 마음이 포함된다.

비즈니스 세계에서는 공통 분야가 있으면 거래를 협상할 수 있는 여지가 생긴다. 국제 관계에서 공통 분야는 독립 주권을 가진 두 나라가 평화 조약으로 나갈 수 있는 포인트가 된다. 법정에서 '기반(grounds)'은 법적인 입장을 나타내는 용어로서, 논거를 가져올 또는 정당한 이유를 댈 권리를 말한다. 컴퓨터에서 공통 기반은 한 컴퓨터가 사고함으로써 다른 컴퓨터와 소통하는 언어다. 그리고 자녀 양육이라는 광대한 세계에서 공통 기반은 자녀와 부모가 공통 언어로 소통함으로써 둘 다 말로 표현된 것을 이해하고 건강한 공통 관계로 연결되어 있다고 느끼면서 함께 걸어가는 터전이다.

　이런 공통 기반이 없으면 우리는 말할 것도 없이 아주 초조해지거나 좌절하며 신경이 날카로워질 수 있다. 우리는 이렇게 생각하는 경향이 있다. '뭐하러 공통 분야를 찾으러 다녀야 하지? 그것은 그냥 주어지는 것인데. 자녀가 스스로 노력해서 부모가 갖고 있는 것을 알아내고 그것에 자신을 맞춰야지. 나는 윗사람이고 자녀는 아랫사람이니까.' 자녀들 가운데 10-15퍼센트에게는 이런 생각이 통할 수도 있다. 하지만 당신의 경우에는 어떨까? 당신이 여기에 해당한다면 스스로 행운아라고 생각하며 다음 장들을 대충 훑어보라. 그러나 나머지 85-90퍼센트에 해당한다면, 당신의 딸이나 아들을 당신 곁으로 오게 할 몇 가지 아주 유용한 단계가 있다는 점에 기뻐해도 좋다.

　공통된 기반을 발견하는 것은 효율적인 자녀 양육에 꼭 필요한 일이다. 그래야 자녀와 소통하고, 관계를 형성해가며, 동기를 부여해주고, 영향력을 발휘하고, 감동을 주고, 연결될 수 있기 때문이다. 공통된 기반이 없다면 부모가 어떤 말을 해도 자녀에게는 쇠귀에 경 읽기 식이 될 것이다. 우리의 충고는 무시되고 아무리 노력해도 무위로 돌아가고 만다. 어디서 많이 들어본 소리인가? 그러나 다행히도 피할 길이 있다.

듣기

　우리는 혀가 몸에서 가장 중요한 자녀 양육 도구라고 생각하기 쉽다. 그것으로 우리는 충고와 교정, 조언을 한다. 그것으로 격려하고, 타이르고, 권면하고, 경고하며, 꾸짖기까지 할 수 있다. 의심할 여지없이 혀는 중요한 자녀 양육 도구다. 그러나 우리 몸에서 가장 중요한 도구를 들라면 나는 귀라고 말하고 싶다. 숫자상으로도 귀는 두 개이고 혀는 하나이므로 귀가 우위에 있다.

오늘날 듣기는 사라져가는 기술이 되고 있다. 성경도 현명한 충고를 한다. "사람마다 [부모들을 포함하여] 듣기는 속히 하고 말하기는 더디 하며 성내기도 더디 하라"(약 1:19).

잘 들어주는 사람들이 오르는 명예의 전당이 있다면 나는 나의 아버지를 후보로 추천하고 싶다. 60-70년대에 자란 나는 가정 문제, 생활양식의 문제, 정치 문제, 도덕적 문제, 영적 문제 그리고 재정적 문제 등 참 많은 것들을 가지고 아버지에게 도전했다. 아버지는 B-17 폭격기로 유럽 전역을 누빈 2차 세계대전 참전 용사였다. 나는 양심적인 전쟁 반대자로서 이에 대한 문제를 제기했다. 아버지는 밴드 그룹과 스윙 음악에 빠져 있었지만, 나는 밥 딜런과 산타나, 무디 블루스를 좋아했다. 아버지는 빌더 세대(builder generation, 1923-1945년에 태어난 사람들로서 독서와 라디오를 들으며 자라난 조용한 세대를 가리킴 - 편집자 주)지만, 나는 부머 세대(boomer generation, 1946-1964년에 태어난 사람들로서 텔레비전을 보고 자란 '자기중심 세대'를 가리킴 - 편집자 주)다. 아버지는 할아버지가 연방 하원의원이자 '태프트 하틀리 법(the Taft-Hartley Act)'의 공동 입안자였을 때부터 보수적인 공화당원이었다. 하지만 나는 진보적인 독립당원이었다. 아버지는 군사 찬성론자였지만 나는 베트남 전쟁 반대자였다. 아버지는 중산층의 가치 체계를 가지고 있었지만 나는 그렇지 않았다. 아버지는 짧은 머리를 했지만 나는 그야말로 장발이었다. 아버지는 면도를 즐겼지만 나는 구레나룻을 좋아했다. 아버지에게 시간 엄수는 중심 가치였지만 내게 그것은 짜증의 근원이었다. 아버지는 절제를 미덕으로 여겼지만 나는 자유로운 정신을 지향했다. 그러니 우리 사이에 그랜드캐니언 같은 거리가 있었음을 알 수 있지 않은가.

아버지는 포도알 뭉개듯 나를 으스러뜨릴 수 있었다. 화가 나서 구둣발로 나를 짓밟는다 해도 아무도 알아차리지 못했을 것이다. 그러나 아버지는 나를 학교에 데리고 가서 '듣기' 과목을 수강하게 하셨다. 아버지는 세계 최고의 질문자가 되어 내 마음속에 있는 것들을 끌어내고 내 의견과 느낌을 표현할 안전한 장소를 마련하셨다. 아버지는 내 방에 들어와 내가 듣고 있던 스테레오 이어폰을 귀에 꽂고, 음반을 펴보며, 음악을 듣고, 가사를 읽고 나서 내가 좋아하는 음악인들과 작곡가들의 철학에 대해 토론을 벌이셨다. 뒤돌아보면 그것이 내게 인생에 대해 말할 권리를 준 아버지의 듣기 능력이었음을 깨닫는다. 나는 고등학교에서 배운 것들보다 도어즈, 더후, 롤링 스톤즈, 비틀즈, 블러드 스위트 앤 티어스 밴드와 딜런의 음악에 대해 밤늦도록 아버지와 나눈 토론을 통해 세계관과 삶에 대한 철학을 보다 더 많이 형성했다.

친구 집에 있을 때 그들의 부모들이 "그 소음 좀 줄여라!" 또는 "그 쓰레기 같은 음악 끄지 못하겠니?"라고 소리 지르는 것을 옆에서 들으면서 '우리 집에선 저렇게 모질고 심한 말은 들어본 적이 없어. 그러고 보면 우리 아버지는 대단하신 분이야!'라고 생각했던 것이 기억난다.

들어준다는 것은 "나는 너를 존중하며 네 생각에 가치를 둔단다. 너의 관점을 존중해. 듣는 귀라는 선물을 네게 주고 싶고, 또 시간이란 선물도 주고 싶구나. 서두를 필요는 없다. 나는 네가 무슨 생각을 하는지가 궁금하다. 네 생각은 내게 중요하니까. 나는 있는 모습 그대로 너를 받아들이고 있단다. 네게는 항상 말할 가치가 있는 무언가가 있지. 네 목소리를 듣는 게 흐뭇하단다. 너는 내가 가장 좋아하는 사람들 가운데 하나야. 우리가 서로를 이해하는 데 얼마만큼의 시간이 걸리든 너는 그럴 만한 가치가 있어. 설령 네 의견에 동의하지 않는다 하더라도 너의 지성이 택한 논리적 과정을 존중한다. 네게 존엄성을 전해주고 싶구나. 네 말을 듣기 전에 아무것도 모르면서 무언가 말을 하고 싶지는 않다. 속단하기 싫거든. 네가 옳을지도 몰라. 우리의 취향이 다르고 선호하는 스타일이 다를지라도 나는 네가 어떤 생각을 갖고 있는지 알고 싶다"라고 말하는 것이다.

우리는 실제로 이 말들 하나하나를 자녀들에게 명확하게 전해주고 싶어 하는데, 이 모두를 더하면 '수용'이라는 답이 나온다. 이외에도 우리가 자녀들의 말을 듣기 위해 멈춰 서서 귀 기울일 때마다 수용은 전달된다. 그러니 귀야말로 얼마나 중요한 자녀 양육의 도구인가!

듣는 데는 시간이 든다. 고전인 「여백(Margin)」의 작가 리차드 스웬손(Richard Swenson)은 내 사무실에 앉아 이렇게 말했다. "개인적으로 누군가의 말을 들어주려면 조급하지 않은 여유를 가져야 합니다. 여유는 시간에 관한 문제가 아니라 정신에 관한 문제입니다. 너무 바쁘고 일정이 빡빡할 때 나는 제대로 듣지를 못합니다. 하지만 하루의 삶에 여유를 두면 들을 수 있는 시간은 많습니다."

귀와 함께 수용을 전달하는 데 편리하게 사용되는 눈도 중요한 자녀 양육의 도구다. 사실 귀와 눈은 많은 것을 공유한다. 주위를 개조시키려는 혀와는 달리 눈과 귀는 단순히 수용만 한다. 이 둘은 모두 정보를 받아들인다. 귀는 청각 자극을, 눈은 시각 자극을 받는다. 아무리 최선을 다해 자녀를 평가하려 해도 자녀가 거의 입을 떼지 않을 때 눈은 가장 유용한 도구가 될 수 있다.

아들에게 무엇을 줄 수 있나?

당신은 아들에게 무슨 선물을 주는가?
멋진 경기, 번쩍거리는 장난감,
깎는 칼, 퍼즐 상자,
구불구불한 선로를 달리는 기차?
보이 스카우트 책, 살아 있는 애완동물?
아니다. 그와 같은 것을 위한 시간은 많다.
아들에게 그만이 누릴 수 있는 날을 주라.

아들과 아버지 둘만의

숲속 산책, 공원에서의 게임,

새벽부터 늦은 밤까지의 낚시 여행.

오직 당신만이 줄 수 있는 선물,

'아버지'와의 교제를 주라.

아이가 성장하면 게임에 흥미를 잃고 장난감은 녹슨다.

하지만 아이는 부모가 그에게 준 하루를 결코 잊지 않는다.

작자 미상

현명하라

십대를 둔 부모들은 모두 자신이 '충격 흡수자'라는 생각을 흔히 할 것이다. 그것은 아주 작은 글씨이지만 분명히 우리의 직무 기술서에 쓰여 있다. 하지만 자신을 충격 흡수자로 부르는 것은 기뻐할 일이 전혀 아니다. 그 말은 듣기는 좋지 않지만 솔직한 표현이다.

십대들이 일부러 잔인하거나 비열한 말을 하는 것은 아니다. 그저 그런 말들이 때때로 자연스럽게 나오는 것이다. 십대들이 적대적인 표현을 하는 것은 실제로 당신을 그렇게 생각해서 하는 것은 아니다. 그런 표현을 하는 중고등학생들의 마음속 많은 부분에는 소리 내어 말하지는 않지만 '그렇지 않다고 내게 말해주세요'라는 뜻이 담겨 있다. 십대와 부모 사이에 벌어지는 많은 열띤 논쟁을 통해 자녀들은 다음과 같은 말을 간접적으로 하는 것이다. '정말 그렇게 생각하는 것은 아니에요. 그저 그렇게 생각해보는 거죠. 학교에서 듣기는 했지만 그 문제를 누구에게 가져가야 할지 모르겠어요. 그러니 부모님이 생각하는 바를 알려주세요.'

상식적으로 알고 있는 잠언 "유순한 대답은 분노를 쉬게 하여도"(15:1)는 십대 자녀를 가진 부모를 염두에 둔 말씀이 틀림없다. '유순한 대답'은 충격 흡수의 다른 말이다. 십대 자녀가 호르몬이 치솟아 건방진 태도로 당신에게 대들 때 당신은 선택할 수 있다. 현명하게 대할 수도, 미련하게 대할 수도 있는 것이다. 당신은 힘을 과시하고, 지위를 이용해 당신의 뜻을 강요하고, 누가 윗사람인지 보여주고, 목소리를 더 높이고, 포도알 으깨듯 자녀를 눌러버릴 수 있다. 원하면 당신은 그렇게 할 수 있지만 그것은 미련한 일이다. 그와는 반대로 당신은 현명하게 처신할 수도 있다. 듣고, 질문하고, 자녀의 생각을 끌어내고, 자녀의 느낌과 분노, 심지어 무지까지 표현하도록 하는 것이다. 자녀에게 인내, 친절, 이성, 존중, 영예, 보살핌과 감수성이라는 선물을 주라. 선택은 당신의 몫이다. 당신이 결정할 일이다.

미련한 처사	현명한 처사
소리 지른다	듣는다
답을 준다	질문한다
더 크게 말한다	더 부드럽게 말한다
찡그린다	미소 짓는다
존경을 요구한다	존중해준다
화를 낸다	유순하게 대한다
반응을 보이지 않는다	섬세한 반응을 보인다
비이성적으로 대한다	이성적으로 대한다
품위 없게 대한다	품위 있게 대한다
교만하게 대한다	겸손하게 대한다
무례하게 대한다	예의 바르게 대한다

| 통제한다 | 권한을 준다 |
| '이미 끝난 일'이라는 태도를 보인다 | 토론할 여지를 남긴다 |

자녀의 말을 듣기 위해 치러야 할 대가에는 시간도 들어간다. 그것은 듣기의 장점이자 단점이기도 하다. 듣기 위해 우리는 속도를 줄이고, 문제를 정리하고, 생각하며, 대화하고, 반응한다. 그 결과 공통된 기반을 갖게 된다.

좋은 질문들

듣기가 효과적인 자녀 양육에 꼭 필요한 기술이라면 좋은 질문은 자녀 양육에 쓰이는 도구다. 우리는 이 사실을 알아야 한다. 자녀가 아플 때 우리는 의사에게 자녀를 데려가는데, 그때 의사들은 중요한 질문을 한다. "기분이 어떠니? 어디가 아프니? 이것 때문에 얼마나 힘이 드니?" 의사나 간호사가 "입 벌리고 '아―' 해봐"라고 말하는 순간부터 병원비를 치르고 병원을 나올 때까지 그들은 질문, 그것도 좋은 질문들을 계속해서 한다.

왜 우리는 그 질문들이 우리 자녀가 다른 모든 성장들과 관련해 당면한 도전들과 다르다고 생각하는가? 우리 자녀들은 적절한 진단을 수반한 지속적이고 일반적인 관리가 필요한데, 그런 관리를 하다보면 가끔 표면에 떠오르는 특별한 문제들이 있다. 효과적으로 질문하는 법을 배우기 위해 심리학 학위가 필요하지는 않다. 오로지 자녀에 대한 진실한 사랑과 존중 그리고 자녀가 가장 관심을 두는 일을 함께하겠다는 자발성이 필요할 뿐이다.

그럴 때 좋은 질문들이 나올 수 있다. 부모는 그 질문들을 통해 존중과 신뢰와 존엄성을 전달한다. 좋은 질문들은 자녀를 격려하고 지지해주는 우정의 팔이다. 잘 다듬어진 질문은 아름답게 들리는 법이다. 타이거 우즈(Tiger Woods)

가 골프채를 휘두르거나 마이클 조던(Michael Jordan)이 공을 골인시키는 것을 보는 것과 같다. 아무리 연습해도 덩크슛이나 홀인원을 할 수 있는 사람이 그리 많지는 않겠지만, 우리 모두는 좋은 질문 하는 법은 배울 수 있다. 부모들이라면 방과 후 자녀가 늘어놓는 불평과 저녁 식탁에서의 단답형 대답에 지쳐 있을 것이다. 그렇게 된 데에는 부모가 던지는 맥 빠진 질문에 어느 정도 문제가 있을지도 모른다. 부모들은 자녀들이 매일같이 하는 상투적인 대답에 지쳤을지 몰라도, 부모가 자녀들에게 똑같이 상투적인 질문을 하는데 어떤 대답이 돌아오길 기대하겠는가?

대답에 변화를 주려면 다음 몇 가지 질문을 한번 해보라.

학교생활에 관한 창의적인 질문들

- 무슨 과목이 가장 힘드니? 그 이유는 뭐니?
- 어느 선생님이 가장 좋니? 그 이유는 뭐니?
- 친구들이 자기 부모님에게 너에 대해 어떻게 말하는지 아니?
- 학교에서 못살게 구는 아이가 있니? 조금 그랬니 많이 그랬니? 어떻게 하다가 그런 일이 일어났니? 기분이 어땠니? 그래서 너는 어떻게 했니?
- 학교에서 싸운 적이 있니? 말다툼이었니? 언제 그랬니? 무슨 일이 일어났니? 기분이 어땠니?
- 너의 어떤 가치관이 친구들의 것과 다르니? 같은 것은 뭐니?
- 학교 친구들 중에 다른 친구의 조롱이나 놀림을 받아도 자기 확신을 굳게 지킨 친구가 있니? 그런 친구들을 보면 어떤 느낌이 드니? 네가 그런 위치에 선 적이 있니?
- 너 혼자 견디어야 할 상황에 처해본 적이 있니? 언제였니? 그때 기분이 어땠니?

- 네가 가진 확신을 타협하도록 압력을 받은 적이 있니?

주말에 할 수 있는 창의적인 질문들

- 지난 한 주간 동안 얼마나 스트레스를 받고 피곤했는지 1부터 10까지 등급을 매겨보렴(1=새처럼 자유롭다, 10=응급실에 실려 갈 정도다).
- 다음의 빈칸을 채워보렴.

  이번 주말에 나는 ＿＿＿＿＿＿＿＿을 하고 싶다.

  내가 무슨 말이든 할 수 있는 한 사람은 ＿＿＿＿이다.

  문제가 생겼을 때 내가 찾는 사람은 ＿＿＿＿이다.

  상처 받았을 때 내가 가고 싶은 장소는 ＿＿＿＿이다.

  세상에서 단 한 사람과 하루를 같이 보낼 수 있다면 그 사람은 ＿＿＿＿＿＿이다.

  역사상 존재했던 한 사람과 하루를 같이 보낼 수 있다면 그 사람은 ＿＿＿＿＿이다.

휴일에 할 수 있는 창의적인 질문들

- 네 자신을 어떤 동물로 비교하고 싶니? 그 이유는 뭐니?
- 나를 어떤 동물로 비교하고 싶니? 그 이유는 뭐니?
- 네 어머니(또는 아버지)를 어떤 동물로 비교하고 싶니? 그 이유는 뭐니?
- 우리 가족생활 중에 내가 가장 좋아하는 것은 ＿＿＿＿이다.
- 우리 가족생활 중에 내가 바꾸고 싶은 것은 ＿＿＿＿이다.
- 아버지(어머니)에게 하고 싶은 충고 한마디는 ＿＿＿＿이다.
- 우리 가족에게 유익한 아버지(어머니)의 최고 기술은 ＿＿＿＿이다.
- 어머니(아버지)의 ＿＿＿＿가 가장 감탄스럽다.

- 언니(오빠)의 _____가 가장 감탄스럽다.

식사 시간에 할 수 있는 창의적인 질문들

(한 주에 한 번씩 식사 시간에 다음 질문 가운데 하나를 해보라.)

- 세상 어디든지 여행할 수 있다면 어디를 가고 싶니? 그 이유는 뭐니?
- 우리 가족이 백만 달러짜리 복권에 당첨된다면 그 돈으로 무엇을 할까? (가족 모두가 돈을 어떻게 쓸지 또는 투자할지 동의한다는 가정 하에)
- 우리 가족이 비용에 구애받지 않고 어디든 갈 수 있는 3주짜리 휴가를 받았다면 그 시간을 어떻게 보내고 싶니?
- 우리 가족이 세계의 문제 한 가지를 해결할 수 있다면 어떤 것을 해결하고 싶니?
- 절대 실패하지 않고 성공할 것을 안다면 어떤 일을 하고 싶니?
- 내가 가장 좋아하는 음식은 _____이다.
- 내가 가장 좋아하는 영화는 _____이다. 그 이유는?
- 내가 가장 좋아하는 책은 _____이다. 그 이유는?
- 나와 가장 친한 친구는 _____이다. 그 이유는?
- 고등학교를 졸업하면서 사람들이 나의 자질 가운데 _____을 가장 잘 기억해주면 좋겠다.

음악 감상과 관련된 질문들

- 이 노래에서 어떤 점이 네게 와 닿니?
- 이 노래를 들으면 어떤 느낌이 드니?
- 이 음악이 왜 즐겁니?
- 작곡가는 이 곡을 쓰면서 무슨 생각을 했을까?

- 이 노래에 어떤 메시지나 의미가 있니? 그것이 네게 무슨 의미를 주니?
- 이 노래의 의미나 철학, 관점에 동의하니?
- 이 음악이 내게 어떤 영향을 주는지 말해도 될까?

마음에 관련된 질문들

- 학교에서 누가 너를 욕한 적이 있니? 무슨 욕이었니? 그때 기분은 어땠니?
- 살면서 가장 행복한 순간은 언제였니? 가장 행복한 일 가운데 하나는 뭐였니? 가장 최근에 행복했던 순간은 언제였니?
- 살면서 가장 슬펐던 순간은 언제였니? 가장 슬픈 일 가운데 하나는 뭐였니? 가장 최근에 슬펐던 순간은 언제였니?
- 네 인생에 무슨 꿈이나 포부가 있니? 네가 달성하고 싶은 목표는 뭐니? 고등학교 때 이루고 싶은 일은 뭐니? 대학 때 이루고 싶은 일은?
- 화가 나서 견디기 힘든 적이 있었니? 그때 정말 화가 났니? 화난 채로 잠든 적이 있니? 화난 채로 잠에서 깬 적은? 욕이 나올 정도로 화가 났니? 무슨 일로 화가 났니? 그래서 어떻게 했니?
- 성공하지 못할지도 모른다는 두려움을 딛고 어떤 일을 시도해본 적이 있니? 어떤 일이었니? 그래서 어떻게 되었니?

이 질문들 가운데 몇 가지는 하기가 다소 무리인 것처럼 들릴지 모르지만 그렇지 않다. 이들 모두는 좋은 질문들이지만 맞는 상황에서 사용할 필요가 있다. 송어 낚시에 다양한 종류의 미끼가 쓰이는 것과 같다. 어떤 미끼로든 송어를 잡을 수는 있지만 상황에 따라 맞는 미끼를 선택할 필요가 있다. 당신은 그런 점에서 나보다 아니 다른 누구보다 당신의 자녀에 대해 잘 알고 있다. 당신만큼 당신의 자녀에게 낚싯줄을 드리워 끌어올리는 일을 잘할 사람은 없다. 하지만 '스마트' 하게(현명하게) 해야 한다. 우리는 그것의 철자를 S-M-A-R-T라고 쓴다.

S_ Sensitive(민감한)
M_ Mature(성숙한)
A_ Alert(기민한)
R_ Responsive(반응하는)
T_ Trusting(신뢰하는)

또 다른 스타일의 자녀 양육도 있다. 우리는 그것을 '스투피드'(어리석은), S-T-U-P-I-D라고 쓴다.

S_ Selfish(이기적인)
T_ Thickheaded(둔한)
U_ Unreasonable(비합리적인)
P_ Petty(마음이 좁은)
I_ Inflexible(완고한)
D_ Defensive(방어적인)

공통된 기반 쌓기

다음에 이어지는 몇 장에서 우리는 공통된 기반 위에 어떻게 건강한 관계를 쌓아 올리는지 배울 것이다. 이 기반은 아들이나 딸에게 우리의 수용과 애정, 지지를 전달하는 데 사용된다. 어떤 의미에서 그밖의 모든 것들이 이 공통된 기반에서 자란다. 달리 말하자면, 견고한 공통 기반을 수립하지 않고는 어떤 관계도 세울 수 없다는 뜻이다. 그런 이유로 이 주제에 대해 너무 말을 짧게 하는 것은 아닌지 못내 걱정된다. 우리는 먼저 여기서 좋은 발판을 만들어야 한다.

송어 떼가 있는 곳에 바른 미끼를 달아 낚싯줄을 던지는 것처럼 일단 적절한 질문을 하고 우리의 아들이나 딸이 그것에 관심을 갖는 순간, 우리는 그들을 관계적으로 끌어올리기를 원한다. 자녀가 무슨 말을 하고 무슨 말을 하지 않는가를 주의 깊고 직관력 있게 들음으로써 그들을 우리 옆에 끌어다 놓기를 원한다. 민감한 듣기란 다른 사람의 영혼에 갈라진 틈을 손가락으로 문질러주는 것과 같다고 했다. 듣기를 하면서 호의를 얻어내거나 논쟁에서 이기거나 우정을 얻으려는 것은 아니다. 다만 공통된 기반을 찾아내고자 할 따름이다.

우리는 어떤 점에서 서로의 관계를 뒷받침해줄 만한 큰 공통점을 찾아낼 수 있을까? 나는 아들을 보면서 사실상 공통으로 나눈 것이 없다는 사실에 고통스러웠고 겁이 나면서(창피했다고나 할까?) 당황하기 시작했다. 어디로 가야 할지 몰랐다. "주님, 도와주세요! 어디서부터 관계를 세워가야 합니까? 제게 공통된 기반이 필요합니다. 그것을 어디서 찾을 수 있을까요?"라고 나는 기도했다. 하나님께서 이 기도를 어떻게 응답하셨는지 당신은 상상할 수 없을 것이다.

비교적 조직적이고 매사에 최선을 다하는 편인 내가 맏아들과의 공통된 기반을 어디서 처음으로 발견했는지 아는가? 처음에 나는 아들과의 공통된 기반이 테니스, 달리기, 낚시와 같이 내가 잘하고 흥미 있어 하는 분야 가운데 있을 것이라고 확신했다. 당신이 이 중에서 한번 골라보라. 무엇을 골랐든 그것은 답 근처에도 미치지 못한다. 나는 그 공통된 기반을 텔레비전 앞에서 주말 스포츠 중계를 보면서 발견했으니까.

사실 그것은 내 분야가 아니었다. 아들은 타율에 대해 나보다 더 잘 알았다. 그 아이는 내가 이름조차 알지 못하는 선수들의 개인 성적을 알았다. 하지만 나는 그런 것들을 신경 써서 묻지도 않았고, 아들 역시 대답에 별 신경을 쓰는 것 같지 않았다. 중요한 것은 우리가 이 분야에 대해 이야기를 나누고 공통된 기반을 발견했다는 것이다.

보통 나는 천천히 배우는 사람이지만 아들이 가장 좋아하는 스포츠가 골프라는 사실은 금방 알아냈다. 나는 골프 경기 보는 것을, 페인트칠을 한 후 그것이 마르기를 지켜보는 것이나 잔디가 자라는 것을 보는 것처럼 여겼지만 프레드는 그것에 관심이 많았다. 아들과 공통된 기반을 개발하고 싶기에 나는 아이와 함께 그 경기 중계를 봐야 했다. 프레드는 경기의 멋진 순간들을 내게 지적해주면서 가르치는 일을 즐겼던 것 같다. 나의 무지가 때로는 아이를 기쁘게 한 듯 했다. 비록 돈 내기를 하는 것이 가족의 가치관에 위배되는 것이기는 했지만 우리는 누가 경기에서 이길지를 놓고 내기를 하곤 했다.

휴가 때 무슨 일을 하고 싶은지 묻자 프레드는 골프를 치면서 오후를 보내자고 했다. 결국 골프를 가족 활동으로 제대로 하려면 내가 적어도 보통 수준은 되어야겠다고 생각하고 나는 골프 수업을 받았다. 골프 치는 목사들에 대한 농담이 많기 때문에 나의 진의가 절반밖에 전달되지 않을지 모르지만, 나는 그 수업이 나를 위한 것이 아니었음을 솔직하게 말할 수 있다. 그것은 프레드를 위한 것이고, 아들과의 공통된 기반을 마련하기 위한 것이었다. 결국 그 수업으로 인해 골프 실력이 향상된 것은 인정하지만 그보다는 아들과의 관계가 더 향상되었다.

지난 주에는 마스터즈 경기를 보러 애틀랜타를 출발해 사우스캐롤라이나의 콜롬비아까지 프레드와 함께 갔다. 경기 전날 늦은 오후 우리는 함께 골프를 쳤다. 18홀을 도는 동안 우리는 그의 인생의 목표, 장래 직업, 결혼, 재정, 최근의 수술, 식이요법과 운동, 대학원의 마지막 학기, 모빌 홈 판매, 예금, 입사 원서와 면접 과정, 급료와 연봉 협상 그리고 책에서 언급하기에는 너무 개인적인 몇 가지 문제들에 대해 이야기했다. 그것은 텔레비전과 골프라는 공통된 기반 위에 세워진 광범위한 관계 구조였다.

프레드의 결혼식 날 나는 결혼식에 온 모든 남자들이 골프를 한 게임씩 하도록 경기 비용을 지불해주었다. 모두 열다섯 명을 위한 비용이었다. 나는 계산서를 처리하고 프레드는 네 명씩 조 짜는 일을 담당했다. 결국 프레드는 항상 그랬듯이 두 동생들과 나와 함께 골프를 쳤다. 전국 곳곳에서 온 그의 친구들 몇 명은 확실히 그와 함께 골프를 치고 싶었을 것이다. 처음에 나는 누구와 조를 이루게 될지 정말 궁금했다. '아마도 프레드의 장인이나 처남, 아니면 옛 친구겠지'라고 생각했다. 프레드와 같이 골프를 칠 사람들은 누굴까? 그는 어떤 친구와 같이 골프를 칠까? 그러나 프레드의 대답을 들으면서 나는 귀를 의심했다. 18개월이나 지난 지금 이 글을 쓰면서도 그때를 생각하면 눈물이 핑 돈다. 그는 두 동생들과 나를 골프를 함께 칠 동반자로 선택했던 것이다.

프레드는 이렇게 대답했다. "제가 다른 누구와 골프를 치겠어요? 물으나마나한 일이죠." 그의 대답은 공통된 기반에서 나올 수 있는 그 이상의 것이었다. 그것은 공통의 뿌리요 충절과 깊은 관계에서 나온 대답이었다. 그 순간 열다섯 명의 경기 비용이 전혀 아깝지 않았다.

당신의 공통된 기반

공통된 기반은 자동차를 재조립하거나, 마당일을 하거나, 암벽 등반을 하거나, 캠핑을 하거나, 하이킹을 하거나, 요리를 하거나, 스쿠버 다이빙을 하거나, 여행을 하거나, 쇼핑을 하거나, 같이 좋아하는 책을 읽으며 토론을 하거나, 컴퓨터 작업을 하거나, 또는 가족 차원의 일을 하면서 형성된다. 음악, 미술, 춤, 지적 추구, 운동이나 오락 활동 등 건전한 취미라면 어떤 것이라도 좋다.

그리고 대화할 시간이 많으면 많을수록 좋다.

우리처럼 자녀가 여러 명인 부모는 각 자녀에게 그들만의 공간이 있다는 것을 안다. 그렇기 때문에 우리는 자녀들 한 명 한 명과 개별적으로 공통된 분야를 찾아야 한다. 그런 일은 자연스럽게 이루어지기도 하지만 때에 따라 땅에 묻힌 보물을 찾는 것과 같은 일이 될 수 있다. 그러나 그것은 찾아낼 만한 가치가 확실히 있다.

마지막으로 일러둘 말이 하나 있다. 당신과 자녀가 공통된 기반이라고 부를 수 있는 것 한 가지를 찾으려고 할 때, 그것이 당신이 잘하는 것이나 흥미 있어 하는 분야이기를 기대하지 말라. 그것은 당신이 서투르거나 전혀 흥미 없어 하는 분야이기가 더 쉽다. 그러면 어떻게 해야 하는가? 그것은 부모보다는 자녀와 관련되어 있다. 당신은 자녀의 분야에서 자녀를 만나야 한다. 마르코 폴로나 마젤란, 크리스토퍼 콜롬부스처럼 새로운 영역으로 들어가 자녀와 함께 탐험해야 한다. 자녀 양육을 잘하려면 모험 정신이 필요하다.

자녀들이 우리의 연장(延長), 그 이상의 존재라는 사실을 인정하지 않는 한 최선의 자녀 양육은 이루어질 수 없다. 자녀들은 각각이 고유하고 자율적인 존재다. 우리 자녀들은 우리가 한 번도 가본 적 없는 저 너머 어딘가에 펼쳐진 그들의 땅을 가지고 있다. 부모는 그 사실을 발견하고 위협을 느끼기보다는 오히려 동기가 부여되고, 강한 흥미와 활력이 솟아야 한다. 부모 자녀 간에 공통된 분야를 찾는다고 해서 우리의 편의가 침해당하는 것은 아니다. 그보다 그것은 우리의 더 나은 발달에 기여하고 나아가 자녀의 수용에 대한 필요까지 채워줄 수 있는 기회다. 우리는 자녀에게 자신을 투영하지 않고 그를 독립된 존재로 인정하고 그의 독특한 자아가 드러나는 것을 즐거워해야 한다. 자녀의 고유성과 그만의 독특한 흥미를 발견하고 기뻐할 때, 우리는 수용에 대한 자녀의 필요를 효율적으로 채워줄 수 있는 상당한 영향력을 얻게 된다.

「스포츠 일러스트레이티드」 표지에 나온 질문으로 돌아가보자. "보는 무엇이 되었는가?" 그는 왜 수백만 달러짜리 광고를 포기하고, 세계적인 직업과 명성에 작별을 고했는가? 간단하게 말해, 그는 매일 오후 세 시에 집 앞에 서서 자녀들이 학교 통학 버스에서 내리는 모습을 보기 위해 그 모든 것들을 내려놓았다. 그는 자녀들과의 공통된 기반을 어떤 방송이나 매스컴 출연보다 더 가치 있게 여겼다.

마음이 따뜻해지는 후일담 하나를 소개하자면, 보 잭슨이 그의 아버지와도 다시 관계를 가지게 되었다는 점이다. 그는 앨라배마 주의 버밍햄에서 엉덩이 재활 치료를 받은 후, 레이몬드의 한 작은 마을로 아버지를 찾으러 갔다. "우리는 앉아서 얘기를 했습니다. 어떤 점들이 나를 힘들게 했는지 아버지께 말씀드렸죠." 그 기사가 쓰인 지 두 주 전에 보는 지하실 작업장에서 사냥용 화살을 손질하고 있었는데 그때 전화벨이 울렸다. 전화를 건 사람은 그의 아버지였다. "바로 여기 이 의자에 앉아서 전화를 받았습니다. 아버지가 평생 처음으로 전화를 주신 것입니다. 내가 아버지를 사랑한다는 것을 깨닫는 데 무려 32년이 걸렸습니다."[4] 이제 보는 자녀 양육이 무엇인지 알며 축복 또한 안다. 그는 인생의 위 아래 세대 모두의 관계 속에서 성공을 거두었다.

일단 공통된 기반이 성립된 후 그것 위에 관계를 어떻게 쌓아야 올려야 할지는 다음 장에서 보겠다. 그 전에 다음의 까다로운 질문들을 스스로에게 해 보라.

- 무엇이 아들이나 딸과 나의 공통된 기반이라고 솔직하게 말할 수 있는가?
- 우리는 거리낌 없는 관계, 즉 '나는 너에게, 너는 나에게' 어떤 말이라도 할 수 있는 관계를 가지고 있는가?

1장 나는 너를 내 마음에 품고 있단다 **59**

- 이 장의 어떤 질문이 아들이나 딸의 인생이라는 개울 속에 던져 넣어야 할 미끼인가?
- 보 잭슨이 한 것처럼 아들이나 딸과의 공통된 기반을 발견하기 위해 내가 삶에서 내려놓아야 할 것은 무엇인가?

자녀의 마음으로 들어가는 창

이해

어머니와 아버지께.

경기장(운동뿐만 아니라 인생의 경기가 벌어지는)에서 얻은 아주 중요한 교훈에 대해 생각해보았어요. 저는 대학 농구 팀의 4년차로서 팀에서 유일한 4학년이었고, 그래서 쉽게 최고 선수가 될 것이라고 생각했죠. 그러나 코치가 저더러 그해에 팀에서 다섯번째로 잘하는 선수라고 말했을 때 그 자신감은 바로 허물어졌어요.

그날 집에 돌아왔을 때 아버지는 "우리 딸의 실력을 몰라보다니 네 코치는 부끄러운 줄 알아야 해!"라고 말씀하셨죠. 그 말에 웃고 말았지만, 그 다음에 제게 동기를 부여해주고 격려하기 위해 하신 말씀도 기억해요. 매일 연습할 때마다 저는 더 열심히 했고, 더 빨리 뛰었으며, 동료들보다 점수를 더 올리기 위해 매사에 특별한 노력을 했는데 그런 노력이 통했어요! 끝내는 시점이 새로운 시작이 되었던 거죠.

그 경험을 통해 다른 사람들의 생각이 주님의 말씀만큼 중요하지 않다는 것을 배웠어요.

아버지와 어머니는 항상 제 편에서 최고의 팬이 되어 저를 응원하며 제가 그 사실을 배우도록 도와주셨어요. 두 분은 토요일 아침 일찍 열리는 별 볼일 없는 중학교 경기까지 보기 위해 희생을 감수하면서 제가 뛰는 모든 경기들을 보셨죠. 두 분은 항상 저를 지지해주셨고, 제가 선수로서, 더 나아가 인간으로서 지닌 능력과 가능성을 긍정적이고 균형 잡힌 시각으로 볼 수 있게 도와주셨어요. 가장 중요한 것은, 두 분이 제 문제를 대신 해결해주지 않고 제가 스스로 성품을 다듬어갈 수 있게 해주신 거예요. 두 분은 제게 하나님의 충고를 해주셨고, 제가 스스로 결정하고, 관련된 사람들과 제 문제에 대해 이야기하도록 격려해주셨어요.

이 모든 노력을 할 때 두 분은 더 나은 사람이 되도록 저를 지켜보고, 응원하고, 격려하고, 성원하며, 도전하기 위해 항상 그 자리에 계시면서 제게 자신감을 심어주고 두 분의 사랑을 매일 확신시켜주셨어요. 이 모든 것들에 대해 두 분께 감사드려요.

모든 사랑을 담아 하나밖에 없는 딸 올림.
안드레아 하틀리(Andrea Hartley), 23세

2장

나는 너를 이해한단다

내게는 정말 키우기 쉬운 두 자녀와 진정한 도전이 되는 두 자녀가 있다.
척 스윈돌(Chuck Swindoll)

때로는 간단하게 해결하려는 욕망 때문에 우리는 문제를 분명하게 보지 못한다.
하워드 헨드릭스(Howard Hendricks)

부모의 삶에서 자녀의 얼굴을 가만히 들여다보며 '너는 누구니? 너는 어떡하다 이렇게 되었니?' 라고 조용하게 묻게 될 때보다 더 안 좋은 경우가 딱 하나 있다. 바로 그것은 자녀가 거울을 들여다보며 스스로에게 그런 말을 할 때다.

앞 장에서 우리는 '이 아이는 누구이며, 누구로부터 그런 모습을 받았는지' 묻는 괴로운 질문 앞에서 부모로서 어떻게 대응할지 배웠다. 우리의 딸이나 아들과 의미 있는 관계를 세울 공통된 기반을 어떻게 수립할지 배웠다. 이제 우리는 자녀들이 스스로 정체성을 형성해갈 때 어떻게 하면 그들에게 방해가 되지 않고 도움이 될 수 있을지 알고자 한다.

'정체성 위기' 라는 용어는 대부분 젊은이들의 경험을 묘사하기에는 너무 강한 말이다. 하지만 정체성 형성은 모든 자녀가 성숙해가는 과정에서 필수적인 부분이며 두려워할 만한 것은 아니다. 우리는 그것을 환영해야 하고 서로에게 최대한 혜택이 돌아가도록 사용해야 한다. 자녀들은 모두 이런저런 방법으로 "나는 누구인가요? 나는 이래도 괜찮은 거예요? 누가 제발 말 좀 해주세요!"라고 비명을 지르며 어머니의 뱃속에서 나온다. 당장 그것을 말로 표현하지는 않지만 그들은 조만간 그렇게 할 것이며, 그것이 바로 부모가 그들 곁에 있는 이유다. 자신이 누구인지에 대한 정확하고 솔직하며 힘을 북돋아주는 관점을 자녀들에게 목적의식을 갖고 명백하게 보여주는 것보다 더 중요한 부모의 역할은 아마 없을 것이다.

윈스턴 처칠의 아버지

겉보기에 윈스턴 처칠(Winston Churchill)은 자랄 때 소년으로서 원하는 모든 것을 가졌다. 부와 특권, 하인들, 교육 등 모두가 귀족이란 지위와 함께 그에게 주어졌다. 그는 그 세대의 케네디나 부시였다. 하지만 화려한 표면 아래에는 빈 구멍이 있었다. 그는 하인과 유모들의 손에서 자라야 했고, 아주 어린 나이에 기숙학교로 가야 했다. 세계적인 명성을 가진 아버지 랜돌프 처칠(Randolph Churchill) 경과 함께하는 시간은 별로 없었다. 십대가 되기 전 그는 부모와 한 번도 식사를 함께한 적이 없었으며, 십대가 되어서도 특별한 경우에만 가끔 했다고 한다.

젊은 윈스턴은 샌드허스트 군사 대학에 입학 허가를 받고 감격했다. 비록 공립학교이고, 식스티스 라이플스(Sixtieth Rifles)로 알려진 아버지의 모교 사립 기병대 학교만큼은 아니지만 그래도 그 학교는 명성이 있었으며, 그곳에 들어간다는 것은 젊은 윈스턴에게 상당히 명예로운 성취였다. 그는 아버지의 승낙을 열렬하게 기다렸다. 그 소식을 듣고 랜돌프 경은 아들에게 다음의 편지를 보냈다.

너의 그 소홀하고 정신 나간, 경솔한 짓을 부끄러워하렴. 나는 교장 선생이나 가정교사로부터 네 행실에 관한 정말 좋은 보고를 한 번도 받은 적이 없다. 항상 뒤처져 있고 부족하다는 평가들뿐이었다. 너는 군에서 가장 좋은 연대인 식스티스 라이플스에 결국 들어가지 못했구나. 그 때문에 나는 한 해에 약 200파운드나 되는 돈을 더 쓰게 생겼다. 네가 실패를 겪을 때마다 내가 너에게 장문의 편지를 쓰는 수고를 할 것이라고 기대하지 말거라. 이제 나는 네 말에 아무 무게도 싣지 않겠다. 학창 시절처럼 계속해서 게으르고 쓸모없게 비생산적으로 산다면, 너는 그저 사회 부랑아이자 공립학교 출신의 수많은 실패자 가운데 한 명이 되며 초라하고 불행하며 무익한 존재로 전락할 것이다. 너는 그런 불행에 따른 비난을 모두 감수해야 할 게다. 네 어머니가 네게 안부를 전해 달라는구나.[1]

승인도, 인정도, 애정도, 지지도 없다. 가치 있게 여김도 없다. 그러한 곳에는 오직 상처가 따를 뿐이다. 유명한 역사가 윌리엄 맨체스터(William Manchester)는 그의 전기적 고전인 「마지막 사자(The Last Lion)」에서 윈스턴 아버지의 사망에 대해 이렇게 말하고 있다. "랜돌프가 살아 있었다면 윈스턴의 의회적 야망에 심각한 부담이 되었을 것이 이제는 명백하다."[2] 다른 말로 하면, 윈스턴의 아버지가 아들을 위해 한 최선의 일이 죽는 것이었다는 슬픈 논평이다. 윈스턴은 실패하기는커녕 아버지를 능가하는 명예를 성취했고, 영국의 수상이 되었으며, 엘리자베스 여왕에게 기사 작위까지 받은 위대한 인물이 되었다.

하지만 그에게는 여전히 무언가가 부족했다. 승인에 굶주리지 않는 사람이 누가 있겠는가? 수용되길 간절히 바라지 않는 사람이 누가 있겠는가? 애정과 지지가 필요하지 않는 사람이 누가 있겠는가? 가치 있는 존재가 되고 싶지 않은 사람이 누가 있겠는가? 누군들 대형마트 할인 판매대에 헐값으로 나온 오래되고 한물간 VCR 취급을 받고 싶겠는가?

누구나 다 정체성이 형성되는 경험을 한다. 정체성은 자신을 평가하고 자아의 가치를 결정하는 눈금이다. 정체성 형성은 주로 아동기에서부터 청소년기 사이에 일어난다. 그때부터 우리의 정체성은 인생에서 우리의 중요성을 측정하는 근간이 된다. 다른 많은 기준에 비추어 보았을 때 크게 성공했을지라도 가장 중요한 기준은 우리 자신의 영혼 안에 있다. 윈스턴 처칠 경은 외부에 있는 대부분의 기준에 따르면 크게 성공한 인물이지만, 그에게 가장 중요한 한 가지 기준에 따르면 그렇지만도 않았다.

다음 글은 아들의 입장에서 쓴 시이지만 딸들에게도 똑같이 적용된다.

아빠, 아빠의 아들이 당신처럼 되길 원하시나요?
당신을 밤낮으로 지켜보는 작은 눈이 있어요.
당신이 하는 모든 말을 빨리 듣는 작은 귀가 있어요.
당신이 하는 일이라면 무엇이든 열렬히 하려는 작은 손이 있어요.
그리고 당신처럼 될 날을 꿈꾸는 작은 소년이 있어요.
당신은 작은 아이의 우상이에요. 누구보다도 더 지혜로운 사람이죠.
소년의 작은 마음은 당신을 조금이라도 의심한 적이 단 한 번도 없어요.
소년은 당신이 말하고 행동하는 모든 것을 지키며
당신을 진심으로 믿어요.
소년은 당신만큼 자랐을 때 당신처럼 말하고 행동할 거예요.
아빠가 항상 옳다고 믿는 눈이 큰 소년이 있어요.
그의 귀는 항상 열려 있고 밤낮 당신을 지켜보죠.
당신이 매일 하는 모든 일마다 소년에게는 본이 된답니다.

당신처럼 자라기를 기다리는 작은 소년이기 때문이죠.

작자 미상

자녀의 정체성

정체성 형성은 과학이기보다는 예술이다. 그것은 즉 역동적이고, 관계적이며, 직관적이고, 주관적이며, 과정이 중요하다는 뜻이다. 딸의 자아상을 형성하는 것은 컴퓨터 프로그램을 짜는 것이나 자동차의 점화 플러그를 바꾸는 것처럼 간단하지 않다. 아들의 정체성을 만드는 것은 그네 세트를 조립하거나 세금 보고서를 작성하는 것보다도 훨씬 더 복잡하다. 보통은 수년이 걸린다. 그것은 자녀가 토해 더러워진 카펫을 청소할 때, 늙으신 부모를 침대에서 휠체어로 옮길 때, 또는 멍청한 과학 교수 때문에 화가 난 아들이 고래고래 소리 지르는 것을 들을 때와 같이 가장 기대하지 못한 순간에 일어난다.

그러한 일상 경험 하나하나를 통해 자녀들은 당신의 행동을 지켜보고 그런 가운데 그들에게 가치와 존엄성 그리고 중요성이 전달된다. 정체성 형성은 공통된 기반을 이루는 상황 속에서 일상적으로 행한 자녀 양육의 결과다. 정체성 형성에는 유형과 무형 두 가지 요소가 있다. 자녀에게 가치를 전달하려면 이 두 가지 모두가 반드시 필요하다.

유형의 요소들

시간. 우리의 삶에서 시간보다 더 다른 것에 휘둘리기 쉬운 필수품도 없다. 우리는 다이어리나 전자수첩을 현명하게 사용한다. 주로 아침 6시부터 저녁 6시까지는 일정이 꽉 차 있다. 시간은 곧 돈, 기회, 약속을 의미한다. 시간을 잘 관리하는 것은 성공을 의미한다. 자녀가 얼마나 큰 가치가 있는 존재인지 분명히 전달하고 싶다면, 자녀와 보내는 시간 역시 일정표에 넣어야 한다. 달리 피해 갈 길은 없다. 나는 자녀들과 보내는 시간보다 더 즐거운 시간은 없다고 솔직히 말할 수 있다. 내게 이 부분의 자녀 양육은 의무가 아니라 기쁨이다. 아무리 자녀들이 내가 그들을 사랑하고 있다는 것을 알아도 그 사실을 그들에게 끊임없이 일깨워주는 것은 여전히 내 책임이다.

대화. 자녀가 나에게 얼마나 가치 있는 존재인지 말로 표현하는 것을 대신하는 것은 없다. 그것은 감상적인 일이 아니라 꼭 필요한 일이다. 내가 자녀를 가리키며 하는 말들은 그것이 좋은 말이든 나쁜 말이든 모두 자녀가 스스로를 보는 전신 거울이 된다. 그렇기 때문에 나는 단어 선택에 조심하며, 자녀 앞에서 내가 잡고 있는 거울이 정확하고 격려와 동기와 힘을 주는 것이 되게 한다. 이에 대해서는 나중에 더 다루겠다.

재능. 많은 부모들이 빠지는 덫이 있다. 자녀들이 가진 장점들을 보며 얼마나 놀랐는지 표현하기보다는 자신이 가진 장점들로 자녀들을 놀라게 하려는 것이다. 일부러 그러지는 않겠지만 체스나 탁구를 하면서 자신의 앞선 기술로 자녀의 사기를 꺾는 부모들이 있다. 딸에게 부모의 재능을 보여줌으로써 그 아이를 격려해야지 위압해서는 안 된다. 얼마 지나지 않아 자녀 개인의 재능이 아버지나 어머니의 재능을 앞지를 시기가 온다. 이때 위협을 느끼지 말라. 오히려 기뻐하라. 얼 우즈(Earl Woods)는 아들 타이거 우즈가 자기보다 더 나은 골퍼여서 실망한 것 같지는 않다.

금전. 자녀를 키우는 데는 돈이 많이 든다. 인생의 목표가 돈을 절약하는 것이라면 차라리 자녀를 갖지 않는 편이 낫다. 자녀들이 대학을 졸업을 하기까지 많은 부모들은 거의 백만 가지에 이르는 결정을 해야 하며 백만 달러에 가까운 돈을 투자해야 할 것이다. 마지막 총결산을 할 때 두둑한 통장과 나를 사랑하는 성공한 자녀, 이 둘 가운데 무엇이 더 가치 있을 것 같은가? 두둑한 통장을 얻는 대신에 자녀를 잃는다면 그것이 사람에게 무슨 소용이 있는가?

우리 집 아이들은 어릴 때 집 앞뜰에 있는 떡갈나무에 달린 그네를 타고 놀다가 이제 막 싹이 돋아나는 봄 잔디를 전부 죽게 만들었다. 처음에 나는 화가 났지만 잠시 진정하고 나 자신에게 물었다. 무엇이 더 중요한가? 건강한 아이들을 키우는 것? 아니면 건강한 잔디를 기르는 것? 그에 대한 답은 쉽게 나왔다. 어느 날 내가 늙어서 양로원 침대에 누워 꼼짝 못할 때 내가 기른 잔디는 나를 찾아오지 않을 것이다. 하지만 자녀들은 나를 찾아올 수도 있다.

최근 「타임」 지는 상당히 성공한 30대 후반이나 40대 초반의 여성 경영인들이 성취감을 별로 느끼지 못한다는 것을 주 기사로 다루었다. 이는 그들이 세상의 많은 돈을 가지고 있지만 그것을 함께 쓸 사람이 없기 때문이다.

무형의 요소들

정확성. 우리가 하는 말로 이루어진 거울은 진실되고 정확하여 자녀들이 자신의 바른 모습을 볼 수 있어야 한다. 너무나 많은 부모들이 자녀의 자존감을 세워준다는 미명 아래 정확한 말을 해주지 않아 오히려 그들의 자신감과 신뢰를 빼앗고 있다. 우리의 딸들은 아무리 멀리 떨어뜨려놓아도 신실하지 않은 칭찬의 냄새를 맡을 수 있다. 우리의 아들들은 언제 부모의 칭송이 공허하고 생색내는 것인지 안다. 신실하지 않은 지지는 저주나 다름없다. 반대로 정직한 평가는 입맞춤과도 같다.

존엄성. 우리의 아들이나 딸들은 태어나는 순간부터 무한한 가치와 존엄성을 지닌다. 그럴 만한 자격을 갖추거나, 무슨 임무를 다하거나, 입학시험을 통과하거나, 능력을 갖출 필요가 없다. 아이는 의사에게 등을 한 차례 맞고 깊은 숨을 쉬며 크게 울음을 터트리는 즉시 측량할 수 없는 가치를 이미 가지고 있다. 그것은 행위로 결정되는 문제가 아니다. 그것은 존재와 관련된 문제다. 이는 자녀의 존엄성이 노력이나 행위로 얻는 게 아니기 때문에, 행위(또는 나쁜 행위)로 인해 상실되거나 희생될 수 없다는 것을 의미한다. 모든 부모들은 자녀를 양육할 때 가장 중요한 부모의 역할이 자녀의 타고난 가치와 존엄성을 지속적으로 확인하는 것임을 기억해야 한다. 수천 가지 방식으로 우리는 "너는 무한한 가치가 있고, 네가 나에게 얼마나 큰 의미인지 네게 보여주고 싶어"라고 말하는 법을 배우기 원한다.

정직성. 온전함과 미덕이 없는 인생은 황량한 황무지와 같다. 미덕은 삶을 의미와 중요성, 목적과 운명으로 채워준다. 내가 말하는 '미덕'이란 수세대를 거쳐 문명사회에서 가치 있게 여겨온 특질, 즉 도덕성, 윤리, 성실, 충성심, 창의성, 민감성, 겸손, 자유, 관용, 친절, 사랑, 무욕, 애국심, 가족에 대한 충성심, 인내, 경성, 선함, 봉사 등을 가리킨다. 이 목록에 줄을 긋고 그 모두를 더한 합계에 우리는 '온전함(integriy)'이라는 이름을 붙인다. 이 말은 '완전 수'라는 의미를 가진 수학적 어원 'integer'에서 나왔다. 말 그대로 '온전함'은 한마음을 품은, 중심이 있는, 이중적이지 않음을 의미한다. 온전한 사람은 위선, 겉치레, 조작된 동기나 감춘 꿍꿍이가 없는 삶을 산다. 이와는 반대로 이중적인 기준을 가지고 사는 사람에게 우리는 '이중성'이라는 말을 갖다 붙인다.

정체성. 부모가 자녀에게 "너는 이렇게 보여"라고 정확하게 말해주고, "네 행실은 값진 것이야"라며 존엄성을 보여주며, "덕 있는 행동을 하는구나"라고 온전함에 대해 이야기할 때 "이게 바로 너!"라고 말할 준비가 된 셈이다. 이것이 바로 우리의 정체성을 이루는 것들이다. 비록 정체성은 정확성과 존엄성, 정직성 이상의 것이지만 그것들의 연장선에 있다. 이 세 가지가 없는 정체성은 공허하게 울리는 종과 같다. 그리고 정체성 없는 이 세 가지로는 결코 자녀들의 가슴을 제대로 찌를 수 없다. 입술에 닿는 키스를 하지 못하는 것이다.

정체성은 내가 무엇을 하느냐가 아니라 내가 누구인가에 기반을 둔다. 그 이유만으로 그것은 "나는 누구인가, 내가 되고 싶지 않은 사람은 누구인가, 내가 되고 싶은 사람은 누구인가, 또는 결코 되지 않을 사람은 누구인가" 하는 수용의 문제와 관계가 있다. 정체성은 나의 존재를 받아들이느냐 거절하느냐 택일의 문제다. 그것은 우리의 힘으로는 바꿀 수 없는 삶의 문제들에 근거한다. 그리고 안타깝게도 그것으로 인해 너무나 많은 아이들의 인생이 결정되고 있다. 우리의 정체성을 명확하게 만드는 몇 가지 불가항력적인 요소들을 생각해 보자.

어머니	국가	유전자	출생 순서
아버지	형제들	얼굴	눈
손 크기	발 크기	조부모	자매들
키	입술	시력	인종
턱	귀	머리카락	문화
세대	음성	치아	안색
청력	체형	대사능력	피부색
모반	특별한 필요들	장애	지적 능력
흉터	노화 과정	수명	종교적 배경
확대 가족	신분	부모 직업	코
사회 경제 수준	이름	이름의 뜻	

위의 항목들은 모두 무작위적이지만 우리의 힘으로 바꿀 수 없는 것들이다. 각 항목은 정체성에 대한 나의 정확한 견해와 유사하게 자녀의 정체성에 대한 견해 역시 상당히 정확하게 반영한다. 이러한 요소들을 받아들일 수 없다면 자존감에 대한 희망 역시 어디서도 찾아볼 수 없다.

너는 내 아들이라

"너는 내 아들이라"는 말 전체에는 정체감이 쓰여 있다. 암시적이든 명시적이든 이 짧은 말은 앞의 불가항력적인 요소들 가운데 거의 반을 차지한다. 즉 아버지, 어머니, 인종, 세대, 국가, 성별, 출생 순서, 형제들, 자매들, 조부모들, 수명, 이웃, 이름 그리고 이름의 뜻이 여기에 포함된다. 사실 그 외의 것들도 여기에 포함될 수 있다.

이는 아버지 하나님께서 아들 하나님에게 하신 말씀으로서 적절한 때에 잘 전달되고, 잘 의도되며, 잘 받아들여졌다.

"**너는**" – 그래, 바로 너다. 나의 관심은 온통 네게 있고, 너 또한 내게 그런 관심을 주기 바란다. 내가 말하고 있는 이는 다른 누구도 아닌 바로 너다. 내 눈은 너를 향해 있지. 왜냐하면 너를 특별히 구별하여 사랑하니까. 내 마음은 너, 오직 네게 고정되어 있다. 이것은 타협될 수 없는 충절이란다. 내가 네게서 눈을 뗀 적이 없다는 것을 네가 깨닫기를 원한다. 소리 내어 말하지 않을 때에라도 나는 너만을 지켜보고 보살피고 보호하며 필요한 것을 공급하고 있단다.

그것은 부드러운 목소리, 친절하고 민감한 사랑의 목소리, 강하고 힘 있고 권위 있는 목소리였다. 말씀으로 온 세상을 존재하게 하고, 은하계를 만든 그 목소리가 지금 그분의 하나밖에 아들 하나님을 특별히 구별하고 있는 것이다.

"**내**" – 나는 이 단어를 가볍게 사용하지 않는다. 너는 내 것이다. 나는 그것이 자랑스럽다. 너를 내 것이라고 부르는 것이 자랑스럽고, 나를 네 것이라고 부르는 것이 자랑스럽다. 나는 네 아버지로 알려지는 것이 좋다. 너 외에는 다른 아들은 없단다. 너만이 나의 맏아들이고, 창조되지 않은 존재이며, 영원에서 영원까지 있고, 아들 하나님이란다. 두세 명의 다른 아들들은 없단다. 너는 내 것이다. 오로지 내 것이다.

"아들" – 너와 나는 유일하게 유기적으로 이어져 있고 존재에 있어서도 똑같은 하나님이다. 내 안의 모든 신성한 면이 네게도 있다. 너는 오래된 벽돌에서 떨어져 나온 부스러기가 아니라 하나의 벽돌이자 원래의 바로 그 벽돌이다. 너는 하나님 가운데 바로 그 하나님 '꼭 그 모습'을 하고 있다. 네 그림자를 붙잡는 사람은 누구나 나를 바라보는 것이다. 너는 내 DNA와 본질, 성격, 속성, 성품, 외모, 미덕, 존엄성을 지니고 있다. 너를 지켜보고 있노라면 기쁨이 솟는다. 너와 이야기하는 것은 하루 중 가장 빛나는 시간이다. 너의 정체성은 '아들'이라는 말에 반영되어 있다. 너의 안전은 나와의 올바른 관계 속에서 찾을 수 있다. 나는 다만 네가 누구인지 일깨워주고 싶은 거란다.

"[아들]이라" – 너는 지금 내 아들이라는 것이다. 언제나 그래 왔고 앞으로도 그럴 것이다. 너는 영원히 내 아들이다. 이 사실이 지구 위에 있는 네게 생경하다는 것을 안다. 여기 천국에서 나와 함께 있을 때와는 다르겠지. 하지만 네가 시간이 시작되기 전부터 내 아들이었던 것처럼 지금도 여전히 나와 단단히 연결되어 있다는 것을 네가 알기를 원한다.

하나님의 뜻을 맛보았는가? 아침에 장미 꽃잎에 맺혀 있는 이슬처럼 하나님의 말씀 한 음절 한 음절에서 아들을 수용함이 뚝뚝 떨어지는 것이 보이는가? 아들에게 입맞춤하는 아버지의 모습이 보이는가? 그분이 기뻐 웃으시는 소리를 들을 수 있는가? 예수님이 아버지의 향기로운 숨결 속에서 숨을 쉬고,

아버지의 축복 어린 수용을 맛보며 뿌듯해하는 모습이 보이는가? 그것은 흔치 않은 순간이며 거룩한 순간이다. 그것은 하나님 아버지가 지금까지 태어난 모든 자녀들에 대해 원하는 순간이다. 그 점에 대해 생각해보라. 당신의 아들, 당신의 딸은 이와 같은 입맞춤이 필요하다. 그들은 부모의 수용을 받는 온전한 기쁨 속에서 숨쉬기를 갈망한다.

무조건적인 사랑의 힘

나는 우연히 신앙인이 되었고, 예수 그리스도의 삶에서 직접 보았던 것처럼 나를 향한 하나님의 무조건적인 사랑이 일으키는 개혁적이고 변화를 가져오는 힘을 직접 경험했다. 내가 어떤 행동을 해도 하나님께서 지금 나를 사랑하시는 것보다 덜 사랑하지 않으신다는 사실을 알고 나서 나의 삶은 근본적으로 달라졌다. 하나님께서 금지하시는 일이지만 만일 내가 간음을 저지르거나 살인을 한다 해도 나의 하나님은 지금 나를 사랑하시는 것만큼 여전히 나를 사랑하신다. 그 사실에 나는 깊이 감동했다. 더 놀라운 것은, 내가 어떤 일을 한다 해도 하나님께서 지금 나를 사랑하시는 것보다 더 많이 사랑하시도록 할 수 없다는 것이다. 내가 하루에 다섯 시간씩 기도하고 집을 팔아 그 돈을 몽땅 에티오피아 어린이들을 먹이는 데 준다 하더라도, 하나님은 바로 이 순간보다 나를 더 많이 사랑하실 수 없을 것이다.

하나님께서 나를 더 적게 사랑하거나 더 많이 사랑하도록 내가 할 수 있는 일이 없다는 것을 앎으로써, 즉 무조건적인 사랑의 영향을 받음으로써 나는 내가 있는 그대로 수용되었음을 철저하게 느낄 수 있었다. 그로 인해 내가 될 수 있는 모든 것이 되고, 내 영향력 범주 안에 든 사람들, 특히 내가 가장 관심을 갖고 있는 가족들에게 그와 똑같이 급진적이고 무조건적인 사랑을 보여줌으로써 열정적으로 반응할 수 있는 힘이 새롭게 솟는 것 같았다.

프레드는 프레드가 아니다

자녀를 있는 그대로 받아들인다는 것은 부모가 원하는 사람으로 그들을 만드는 것과 매우 다르다. 나는 내 아들, 그것도 맏아들이 내가 아니라는 사실을 깨닫게 된 날을 결코 잊지 못할 것이다.

그날은 3월 둘째 토요일로 유소년 야구 입단 테스트를 하는 첫 날이었다. 나는 일찍 일어났다. 심장이 평소보다 빠르게 뛰었다. 아들이 배팅 연습과 수비하는 모습이 눈에 선했다. 나는 새 시즌을 준비해주기 위해 프레드의 글러브에 기름을 발라 문질러 부드럽게 만들었다. 아이는 아홉 살 소년 치고는 선수로서 훌륭한 첫 해를 보냈다. 이제 아이는 열 살이 되었고 실력이 더 나아질 터였다. 그 아이는 훌륭했다. 나이에 비해 순발력이 좋고 힘이 세고 키도 컸다. 그가 홈런을 치는 모습이 눈앞에 보이는 것 같았다. 아이를 잘 키웠다는 기쁨과 자부심이 솟았다. 이 모든 것은 아들의 알람시계가 아직 울리기 전의 일이었다.

시계를 보니 8시였다. '프레드를 깨우는 게 낫겠어. 입단 테스트까지 한 시간밖에 남지 않았어.' 나는 생각했다.

나는 아들의 방으로 성큼 들어가 불을 켜고 엄청난 자신감과 기대를 품고 외쳤다. "유소년 야구 시즌이 오늘부터 시작이야! 일어날 시간이다, 프레드!" 아이는 뭐라고 투덜거리더니 몸을 반대쪽으로 돌렸다.

내 말을 제대로 못 들었다고 확신한 나는 얼굴 한 가득 미소를 짓고 더 크게 말했다. "프레드, 일어날 시간이야. 너를 위해 멋진 아침 식사를 준비했단다. 유소년 야구단 특별식!"

그 다음에 일어난 일을 나는 절대 잊지 못할 것이다. 이후에도 나는 그 장면을 수천 번도 더 떠올리고 또 떠올렸다. 모든 게 느린 화면으로 돌아가는 것 같았다. 아들은 몸을 반쯤 일으켜 팔꿈치 하나로 지탱했다. 한쪽 눈은 뜨지 못하고 찡그리고 있었지만 확실히 정신은 들어 있었다. 그는 변명 한마디 없이 이렇게 선언했다. "올해에는 유소년 야구단에 안 갈 거예요." 나는 잠시 멍해졌다.

'너 무슨 생각을 하고 있니? 무슨 말을 하는 거야? 뭐하고 있는지 아느냐고. 너 지금 농담하는 거지? 넌 농담하고 있어. 농담이겠지. 농담을 하는 게 틀림없어. 농담이 아닌가봐!' 오만 가지 생각이 기관총에서 쏟아지는 총알처럼 머리를 스치고 지나갔다. 다행히 나는 그런 생각들을 한마디도 입 밖에 내지 않았다. 나는 아무 말도 못한 채 입만 벌리고 거기에 서 있었다. 아들은 다시 몸을 눕히면서 이불을 끌어당겼다. 그는 머리를 베개에 묻고 두세 시간 동안 더 잠에 빠져들었다.

그는 야구단 입단 테스트가 있던 세 시간 동안 계속 잠을 잤다. 그 시간은 내게 정말 고통스러운 세 시간이면서 동시에 나의 자녀 양육에서 가장 중요한 시간이었다. 나는 너무나 쉽게 랜돌프 처칠 경이 저질렀던 것과 똑같은 실수를 저지르고, 야구에 대한 결정권을 아들에게 전혀 주지 않으며 그를 무시했던 것이다. 그 세 시간 동안 나는 필수적인 자녀 양육의 원리들에 대해 많이 이해하게 되었다.

비록 프레드와 나는 이름은 같았지만(아들은 프레드 알랜 하틀리 4세이며, 나는 프레드 알랜 하틀리 3세다), 그는 내가 아닌 그였다.

그는 구조적으로 나와는 종류가 달랐다. 나라면 유소년 야구단 시즌을 한 번이라도 건너뛰는 일은 없었을 것이다. 사실 부모님이 나를 입단 테스트 시간까지 자도록 내버려두었다면 화를 냈을 것이다.

아들은 자신의 기질, 성격, 재능과 열정에 따라 스스로 선택을 한다. 내가 그러한 결정을 대신하는 것은 전적으로 부적절한 일이다. 그는 나의 야망과 목표, 목적이나 열정을 이루기 위해 존재하지 않는다. 그는 그의 야망과 목표, 목적과 열정을 이루기 위해 존재한다.

아버지로서 나의 역할은 그러한 목적과 열정이 무엇인지 발견하도록 그를 돕고, 그것을 추구하도록 뒷받침해주는 것이다.

결국 이 모든 것이 말하는 것은, 자녀 양육은 내가 원하거나 생각하는 모습으로 자녀를 만드는 게 아니라 있는 모습 그대로 자녀를 수용하는 것에서 시작한다는 점이다.

좋은 자녀 양육이란 자녀에 대한 부모의 야망을 죽이는 것을 의미한다. 자녀는 성별, 부모의 외모, 부모의 이름까지 갖고 있을지도 모르지만 그와 나의 유사성은 거기까지다. 이는 자녀가 부모의 야망과 성격, 또는 가치관을 공유해야 한다는 것을 의미하지 않는다.

자녀 양육은 내 아들의 있는 모습 그대로를 수용하면서 시작된다.

자녀를 수용한다면 우리는 이런 말을 하게 될 것이다.

"네가 장차 어떤 사람이 되어서가 아니라 지금의 너를 사랑해."

"내가 너를 어떤 사람으로 만들 수 있어서가 아니라 있는 그대로의 네가 좋아."

"네가 자는 모습을 보면 미소가 떠올라. 설령 야구단 입단 테스트를 하는 시간에 자고 있을지라도…."

"네가 다른 누구도 아닌 너라는 간단하고도 가장 중요한 한 가지 이유로 나는 너를 받아들인단다."

"너는 하찮은 존재가 아니라 유일하고 특별하며 소중한 존재야."

"이 세상 누구와도 너를 바꾸지 않겠어."

"완벽하지 않아도 나는 네가 너무 좋아."

"완벽하지 않아도 너는 내 눈에 완벽하단다."

"네가 무엇을 하기 때문이 아니라 그냥 내 아들(딸)이기 때문에 나는 너를 내 아들(딸)로 받아들인단다."

"내가 너를 내 아들(딸)로 받아들인 것은 네가 무엇을 성취했기 때문이 아니야. 네가 전 과목 A를 받거나 축구 경기에서 득점하거나 과학 경진 대회에서 우승하거나, 예일 대학교에서 장학금을 받아서가 아니야."

"네가 시험에 붙든 떨어지든 나는 너를 사랑해."

"너라는 이유로 나는 너를 사랑해."

"네가 무슨 일을 하더라도 지금보다 더 너를 사랑할 수는 없을 거야."

"네가 무슨 일을 하더라도 지금보다 더 너를 적게 사랑하게 되지는 않을 거야."

"너는 너이므로 네가 네 모습이 될 권리를 지키도록 나는 내 목숨이라도 내놓겠어."

"너는 너이므로 10억 달러를 준다 해도 너와 바꾸지 않겠어. 아니 네 생명과 개인성을 보호하기 위해 10억 달러라도 내놓겠어."

"너는 의심할 여지없이 하나님께서 내게 주신 가장 선별된 선물이란다."

"너는 아빠(엄마)가 가질 수 있는 가장 좋은 아들(딸)이야."

"네 옆에 있기만 해도 나는 풍요로워진다. 네 생각만 해도 기쁘단다."

"너는 잘 자라고 있단다."

"하나님께서 만드신 그대로인 네가 좋아."

"너는 고유한 존재란다."

"우리는 많은 것을 같이 공유하고 있지만 너는 너야."

"너는 내게 영감을 준단다."

"너를 보면 감탄스러워."

"너를 지켜보노라면 내 인생이 살 가치가 있게 느껴져."

"너는 내게 희망을 준단다."

"너는 승리자야."

"세상 무엇과도 너를 바꾸지 않겠어."

"네가 네 자신이 되는 것을 보니 아주 흐뭇하구나."

"네가 누구이든 너를 있는 그대로 인정한단다."

"네 자리를 차지할 수 있는 사람은 아무도 없어."

"다른 사람들이 너를 그들의 틀에 맞추도록 내버려두지 말렴."

"할 수 있다면 다르게 살렴."

"네가 원하는 대로 머리를 자르렴."

"네가 원하는 음악이라면 다 들으렴."

"너는 스스로 선택할 수 있어."

"무슨 일이 있더라도 나는 여전히 네 아빠(엄마)야. 네가 그럴 리는 없겠지만 감옥에 간다 하더라도 나는 너를 결코 떠나지 않을 거야. 버리는 일은 결코 없단다."

"결코 그렇지 않겠지만 네가 나를 아무리 실망시켜도 나는 네 아빠(엄마)인 것을 항상 자랑스러워할 게다."

나는 높은 D형이다. D는 단호한(decisive), 지배적인(dominant), 결의가 굳은(determined), 헌신된(dedicated) 성향을 나타낸다. 나는 아내에게 D에 즐거운(delightful) 성향도 있다고 말하는데, 아내는 그 말을 어떤 때에는 믿고 어떤 때는 믿지 않는다. 높은 D형이라는 것은 내가 관계 속에서 사람들을 지배하는 경향이 있다는 것을 의미한다. 나는 '추진하는 사람' 이다. DISC 성격 테스트를 하면 나의 D점수는 너무 높아 다른 글자들은 보이지도 않는다. 그 테스트의 최고 점수가 20점이라면 21점을 획득할 정도다. 더구나 나는 A형 성격도 함께 가지고 있다. 이는 내가 '높은 성취자' 라는 뜻이다.

D와 A성향의 결합은 자녀 양육에 잠재적으로 위험 요소로 작용한다. 지배받는 것을 좋아하는 자녀는 없다. 아니 그들은 지배받을 이유가 없다. 실제로 자녀들은 지배당하고 있다고 생각하면 잘하던 것도 제대로 하지 않는다. 지배당할수록 그들의 본 모습은 드러나지 않는다. 지배는 죽음의 입맞춤이다.

지배의 반대는 자유다. 자유는 다른 사람을 혹사시키는 지배 유형에 있었던 사람에게는 좋은 첫 걸음이 될 것이다. 그러나 더 좋은 방법이 있다. 정말 간단하게도 그것은 수용이라고 불린다. 수용은 창의성, 개성, 독립성, 성숙, 성장, 존엄성과 명예를 낳는다. 부모로서 자녀가 갖기 원하는 모든 덕목들은 수용하는 환경에서 잘 자란다.

수용은 딸이나 아들에 대한 부모의 첫번째 책임이다. 그리고 그것은 자녀들의 뼛속 깊이 들어 있는 근본적인 갈망이다. 수용에 대한 내면의 신음이 저 아래 깊이 그들의 DNA에 파묻혀 있다. '나를 틀에 넣거나, 때리거나, 꾸짖지 마세요. 나를 꺾거나, 조형하거나, 틀에 짜 맞추려고 하지 마세요. 그냥 당신이 나를 있는 그대로 받아들이고 있다는 것을 내가 알게 해주세요.'

조심스럽게 들으려고 한다면 당신은 자녀의 간청하는 소리를 들을 수 있다. '당신은 내가 아들이기를 바랐지만 나는 딸일 수도 있는 걸요. 당신은 내가 엄마를 닮기 원하지만 나는 아빠를 더 닮았을 수도 있어요. 당신은 40세가 넘어 더 이상 아이를 원하지 않았는데 내가 태어났을 수도 있어요. 당신은 내 오른쪽 뇌가 더 발달하기를 원했지만 나는 왼쪽 뇌가 더 발달한 아이일 수도 있어요. 당신은 내가 유순하기를 원했지만 나는 의지가 강한 아이일 수도 있어요. 당신은 내가 더 '수달형' 성격이기를 원했지만 나는 '사자형' 성격일 수도 있어요. 당신이 원하는 만큼 운동 재능을 갖고 있지 않을 수도 있지만 제발 그 생각을 극복해주세요. 나를 있는 그대로 그냥 받아들여주세요. 내가 완전하지 않다는 것을 나도 알아요. 나는 당신의 보호와 지도 그리고 교정이 필요해요. 겉으로 표현하지 않더라도 마음 깊숙이 그것을 진실로 원해요. 하지만 당신이 나를 있는 그대로 받아들인다는 것을 보여줄 때만 그래요.

내가 동기 부여되는 방식을 당신이 바로잡을 수 있도록 허락하기에 앞서, 당신이 나를 있는 그대로 받아들여주고, 그 문제를 해결할 수 있고, 나의 나 된 방식에 기뻐한다는 것을 나는 확실하게 알아야겠어요. 어쩌면 내가 그런 바람을 소리 내어 말하지 않거나 당신이 듣지 못할 수도 있지만, 당신이 나를 수용하는지 안 하는지는 분명히 직관적으로 알 수 있어요.'

이런 말이나 이와 비슷한 말을 자녀에게 들은 적이 있는가?

수용이 먼저다

몇몇 부모들은 이에 거칠게 반대 의견을 제기할지 모른다. "아이들이 엉망이 되었을 때는요? 내가 그것도 수용해야 합니까?" 아니면 "부모로서 내 아이들에게 무엇이 옳고 그른지 말해줄 수 없다는 말입니까? 훈계와 교정은 다 어디로 갔나요?" 좋은 질문이다.

부모로서 우리는 자녀들에게 충고하고, 그들을 바로잡아주고, 훈계하고, 꾸짖으며, 훈련할 권리가 있다. 아니 그럴 책임이 있다. 뒷장에서 우리는 적절한 훈계가 어떻게 자녀에게 사랑을 전달하는지 명확하게 보게 될 것이다. 지금 우리는 자녀가 인지적으로 이해하고 직관적으로 신뢰하도록 수용하는 환경부터 반드시 수립해야 한다. 그렇지 않으면 아무리 훈계하더라도 그 모든 노력은 비효율적이고 잠재적으로 역생산적인 결과를 가져올 것이다.

"자녀 양육에 수용보다 더 중요한 게 있지 않나요?"라고 질문하는 사람이 있을 수 있다. 맞는 말이다. 자녀 양육에는 수용보다 더 중요한 것이 있다. 하지만 자녀 교육에 있어 자녀를 수용하고 있음을 보여주기 전까지 수용보다 더 중요한 것은 없다. 어떤 면에서 나는 "너무 빨리 하지 말라. 서두르지 말라"는 말을 하고 있는 것이다. 수용, 그것도 순수한 수용에 대해 가능한 한 모든 것들을 배우기 바란다. 자녀는 그가 누릴 수 있는 모든 수용을 갈망한다. 그 아이들은 때려눕히고, 짓밟고, 때리고, 부수고, 침 뱉는 세계에 살고 있다. 그것이 그가 속해 있는 학교이고 이웃이다. 그것이 그의 인생이거나 라커룸 한 구석에서 일어나는 일이다.

언제 당신의 딸이 구타와 학대를 당하고 학교에서 돌아올지 모른다. 주로 신체적인 학대가 빈번하게 일어나지만 꼭 그렇지만도 않다. 비극적이게도 여학생 다섯 명 가운데 한 명이 대학에서 데이트 강간을 당한다고 오늘의 사회학자들은 말한다. 근본적으로 나는 감정적 학대에 대해 말하고 있다. 언어의 폭력을 당한 아이가 자신의 존엄성과 자존감, 자아 가치에 상처를 입고 피를 뚝뚝 흘리면서 스쿨버스에서 내려 집에 엉금엉금 기어 들어올 수 있다는 것이다. 우리의 자녀는 부모가 끌어 모을 수 있는 온갖 수용의 기술을 필요로 할 날이 올 것이다. 가엾게도 한 무심한 친구가 날린 비수 같은 말에 당신이 수년 동안 보강해온 생명의 피를 자녀들은 단번에 쏟을 수 있다.

수용은 사소한 일이 아니다. 그것은 몸속을 흐르는 피처럼, 폐를 들락거리는 산소처럼 생명에 꼭 필요한 요소다. 부모인 당신과 나는 자녀의 언어적 또는 비언어적인 응급 전화에 주 7일 24시간 대기하며 응답하라고 하나님께서 파견하신 구급대다. 귀와 눈이라는 문을 통해 자녀들에게 귀 기울이는 법을 배운다면, 우리는 자녀들이 패배한 것처럼 느낄 때 그들의 생명을 돌보기 위해 그들 곁에 있을 수 있다.

자기 수용

한 가지 확실한 것은, 내가 가지고 있지 않는 것을 다른 사람에게 주기 힘들다는 사실이다. 안정적이지 못한 사람이 다른 사람들을 안정시키기란 힘든 일이다. 자기 자신도 혼란스러운데 다른 사람들에게 마음의 평안을 줄 수 있겠는가? 상처받은 사람들은 다른 사람들에게 상처를 주는 경향이 있다. 그들은 다른 사람들을 조롱하고 학대하며 밑으로 끌어내린다. 축복받은 사람들은 축복을 하고 저주받은 사람들은 저주를 한다.

당신은 아들과 딸이 안정감을 느끼고, 스스로를 받아들이며, 잘 적응하기를 원한다. 그러나 당신은 어떠한가? 당신의 자존감이 높지 않다면? 자신도 힘들어 하는 것을 어떻게 자녀들에게 불어 넣어줄 수 있겠는가?

모두들 가계에 흐르는 저주에 대한 무시무시한 이야기들을 들어보았을 것이다. 인생에 좌절하고 분노하는 알코올 중독자 부모들은 자녀들도 자기 같은 사람으로 키운다는 것이다. 저주는 세대를 타고 이어져 건달의 자식이 건달로 자란다. 이런 악순환은 어떻게 깰 수 있는가? 쉬운 문제가 아니다. 이 문제를 여기서 상세히 다루지는 않겠지만 조금은 언급하려 한다.

나는 완벽한 부모인가? 아니다. 나는 완벽한 부모가 아니며, 그 근처에도 가지 못한다. 당신도 그렇지 않은가? 처음부터 정확히 말하자면, 자녀들은 완벽한 부모는 기대하지도 않는다. 사실 완벽하거나 거의 완벽한 부모들은 완벽하지 않은 자녀들을 막다른 궁지로 몰아붙인다. 자녀들은 자신이 완벽하지 않다는 사실을 잘 알기 때문에, 그들의 부모가 완벽할지 모른다는 생각만으로도

돌이킬 수 없을 정도로 부모에게 압박을 느낄 수 있다.

아무리 직무 기술서를 완벽하게 써도 완벽한 자녀 양육이란 있을 수 없다. 결코 없다. 대신 그곳에 인간적인, 유한한 인간의, 이성적인, 부드러운, 온정 많은, 유연한, 이해하는, 수용하는, 용서하는, 겸손한, 자비로운, 불완전한, 성장하는, 성숙하는 등의 단어를 써넣어보라. 이러한 말들은 어느 자녀에게나 참된 울림을 준다.

부모가 완벽해야 한다는 생각에서 자유로워지면 쌍방형 도로가 생긴다는 점을 기억하라. 당신은 완벽할 필요가 없고 당신의 자녀들도 완벽할 필요에서 자유로워지는 것이다. 다행인 것은, 자녀들은 있는 모습 그대로 당신에게 충분히 좋고, 당신도 그들에게 충분히 좋다는 점이다.

나는 한 가지 이론을 가지고 있다. 자녀 양육에 관한 책을 읽는 부모들일수록 완벽주의를 지향하는 경향이 있다는 것이다. 그런 책을 읽을수록 부모들은 더욱 A형의 성격이 강해진다. 이 이론을 공식적으로 입증하기 위해 조지 바나(George Barna)에게 조사를 의뢰하지는 않았다. 하지만 실제로 조사를 하면 이 이론이 입증되리라고 자신한다. 이는 대부분의 부모들보다 이 책을 읽는 우리가 자녀들을 몰아세울 완벽주의 성향이 있음을 인정할 필요가 있다는 것을 의미한다.

그러므로 자녀 양육의 첫번째 과제는 틀에 맞추거나, 모양을 만들거나, 순응하게 하거나, 지도를 하거나, 훈계를 하거나, 도전을 하거나, 동기 부여를 하거나, 인도하는 것이 아니다. 이들 모두는 자녀 양육에 중요한 부분들이긴 하지만 제일 먼저 해야 하는 것도, 기초적인 것도 아니다. 실제로 자녀 양육은 이보다 훨씬 더 단순하다. 그것은 수용만큼이나 단순하다. 대학원 학위를 따려고 노력하는 자녀에게 수용이 바람직한 것만큼 유아원에 다니는 아이에게도 그러하다. 나이를 불문하고 자녀들은 이 한 가지 문제가 확실히 보장되기를 원한다. 그들은 부모가 자신을 받아들여주고 있음을 알기 원하며, 계속해서 그 사실을 확인하고 싶어 한다.

기반

수용에 대한 이야기를 마무리할 때가 되었다. 이제 수용에 관한 한 문제없다는 생각이 드는가? 이제 다음 문제인 애정과 지지를 정복할 차례라고 느끼는가? 그러나 너무 서두르지 말라.

부모가 자신을 수용하고 있는지 확신하지 못하는 자녀는 그 부모의 사랑을 결코 받아들이지 않을 것이다. 또 관계를 뒷받침해주는 수용의 기반이 없다면, 당신이 시도하는 지지는 오히려 서투르고 강요하며 작위적인 것으로 느껴질 것이다. 수용은 "나는 너를 있는 그대로 받아들이며, 내가 얼마나 깊이 너를 느끼는지 네가 알기를 원한다"라고 사랑을 표현하는 관계상의 통로가 되어준다. 그런 다음 우리는 "나는 네가 자랑스럽다"라고 힘 있고 확실하게 그리고 진실하게 말할 수 있게 된다.

부모의 수용에 대해 듣지 않고 지지부터 먼저 들을 경우, 자녀는 부모의 호의를 받기 위해 자신이 무언가를 해야 한다는 느낌을 항상 받게 될 것이다. 행위는 자녀들을 위한 것이 아니라 다람쥐를 위해 만들어진 쳇바퀴에 불과하다. 자신이 수용되고 있음을 모르는 자녀가 부모의 사랑에 대해 먼저 듣는다면, 그는 부모가 그를 위해서가 아니라 부모 자신을 위해 그를 사랑한다고 생각하고 그에 따라 반응할 것이다. 부모의 인생에 필요한 감정적인 필요를 채우기 위해 존재하기 원하는 자녀는 없다. 우리 자녀들은 말한다. "내가 당신에게 어떤 느낌을 주느냐에 따라 나를 사랑하지 말고, 나의 나 된 모습으로 사랑해주세요."

이러한 말과 생각들이 무자비하게 들리는가? 아니 솔직하며 적절하기까지 하다. 부모가 스스로에 대해 좋은 느낌을 가지라고 자녀가 존재하는 것은 아니다. 그들은 부모의 꿈이나 야망을 이루기 위해 존재하지 않는다. 그렇기 때문에 수용이 먼저 단단하게 확립되어 있어야 한다. 그것은 모든 자녀 양육의 공통된 기반이다. 우리의 아들과 딸들은 우리의 사랑이나 지지를 느끼기 전에 우리가 있는 모습 그대로 그들을 수용하고 포용한다는 사실을 느껴야 한다. 그들은 그것을 감정적일 뿐만 아니라 지적으로, 객관적일 뿐만 아니라 주관적으로 확신해야 한다. 수용은 모든 관계에서 감정을 실어 나르는 통로 역할을 한다. 어느 가정에나 당연히 수용이 있으리라고 생각해서는 안 된다. 가정에서야말로 수용을 표현하는 것은 보다 더 중요한 일이다.

아버지와 어머니로서 당신은 자녀의 인생에서 자녀의 정체성 형성을 돕는 유일한 역할을 맡고 있다. 당신도 때로는 내가 아들의 야구 입단 테스트 날에 겪은 것처럼 당신과는 전혀 다른 자녀의 고유한 성향에 부딪힐 날이 올 것이다. 그때 자녀 양육의 이력서에서 완벽함은 반드시 제거해야 할 요소임을 기억하라. 기쁘지 않은가?

다음은 당신이 얼마나 자녀를 수용하고 있는지 측정해볼 수 있는 몇 가지 질문들이다.

- 나는 딸을 있는 그대로 수용한다고 당당히 말할 수 있는가?
- 나는 그 점을 딸에게 말해주는가?
- 나는 아들의 고유한 정체성에 대해 아들과 정기적으로 대화를 나누고 있는가?
- 랜돌프 경이 아들 윈스턴에게 거리감을 느낀 것처럼 나도 아들로부터 거리감을 느낀 적이 있는가?

- 나는 화가 나서 자녀에게 상처를 주는 말을 한 적이 있는가? 그렇다면 그 점에 대해 사과를 해서 상처를 아물게 했는가?
- 나는 자녀와 공통된 기반을 확인한 적이 있는가? 그 기반 위에 관계를 세우고 있는가?

다음 장에서 우리는 부모가 지닌 가장 위대한 힘 가운데 하나를 살펴볼 것이다. 그 힘을 효율적으로 사용하는 법을 배우면, 자녀의 수용 탱크를 채우고 자녀가 하나님께서 의도하시는 젊은이로 커가는 모습을 지켜보게 될 것이다.

자녀의 마음으로 들어가는 창

존중받는 느낌

아버지는 내게 두 개의 별명을 붙여줌으로써 나를 사랑한다는 사실을 보여주셨다. 그것은 다른 누구도 아닌 나를 위해 붙여주신 애칭들이다. 아버지는 어린 나를 '크루저(Cruiser, 속도가 빠른 자동차 – 편집자 주)'라고 부르셨다. 나는 장거리 경주를 견딜 수 있는 몸을 타고 났다. 나는 언제나 아주 빨리 달렸다. 아버지와 함께 스톤 마운틴 주변의 8킬로미터를 수없이 달린 기억이 난다. 크루저라는 별명을 들으면 나의 운동 능력에 대한 강한 자신감이 솟는다.

이제 십대가 된 내게 아버지는 다른 별명을 주셨다. 아버지는 나를 그분의 '프린스'라고 부르신다. 크루저도 멋진 별명이긴 하지만 프린스라는 이름은 나를 다른 차원으로 끌어 올려주었다. 아버지가 나를 프린스라고 부를 때, 내 마음속에는 말로 표현할 수 없는 어떤 느낌이 든다. 아버지가 밤에 내 방으로 들어와 침대 가에 앉아 나를 프린스라고 부를 때, 거기에는 많은 의미가 담겨 있다. 그 이름을 들을 때마다 나는 명예와 위엄, 왕위 계승 그리고 특별함이 떠오르며, 하나님께서 원하시는 모든 모습대로 되고 싶어진다.

아버지는 어떻게 하면 내가 스스로에 대해 좋게 느끼게 되는지 아신다.

스테판 하틀리(Stephen Hartley), 16세

3장
나는 너를 존중한단다

좋은 칭찬 한마디로 나는 두 달은 살 수 있다.
마크 트웨인(Mark Twain)

깨닫든 깨닫지 못하든 하나님과 자녀 그리고 자신에게 부여하는 가치에 따라
모든 관계에서의 성공과 실패가 크게 달라진다.
사실 주고받는 것보다 더 많이 삶의 모습을 매만지는 것도 없다.
게리 스몰리(Gary Smalley)와 존 트렌트(John Trent)

부모가 지닌 가장 위대한 힘은 축복하는 힘이다. 내가 무슨 의도를 가지고 이런 말을 하는 것은 아니다. 그저 부모가 지닌 힘 중에서 잘 선별하고 정확한 지지의 말로 자녀에게 영향을 끼치는 힘, 특권, 권위보다 더 위대한 것은 없다고 진심으로 믿기 때문에 하는 말이다. 또한 자녀 양육에서 그러한 말이 가장 홀대받고 있는 도구라는 점도 확신한다.

대학원생일 때 나는 친구와 똑같이 처음으로 아버지가 되었다. 우리는 둘 다 아들을 두게 되어 두 사람 사이에 더 큰 유대감을 갖게 되었다. 친구는 매일 밤 아기의 머리에 손을 얹고 그 눈을 들여다보면서 축복의 말을 해주는 멋진

습관이 있었다. 친구가 그런 말을 할 때 나는 그에게 물었다. "축복은 네게 무슨 의미냐?"

그는 몇 가지 예를 들었다. "매일 밤 나는 아이의 방에 가서 이런 말을 해. '윌리엄, 네 이름은 지도자 또는 헬멧을 의미한단다. 너는 사람들의 위대한 지도자가 될 거야. 잘 자거라, 내 아들.' 또는 '너는 나의 긍지와 기쁨이야. 아빠와 엄마는 너를 사랑해. 너는 하나님께서 우리에게 주신 가장 좋은 선물이란다. 잘 자라, 내 아들.'"

매일 밤 그는 이 패턴을 반복했다. 말하는 형식은 다양했지만 그는 아들에게 힘 있고 우호적인 축복의 말을 끊임없이 해주었다.

그런데 졸업을 앞둔 어느 날 밤늦게까지 시험공부를 하느라 그 패턴이 깨졌다. 어느 날 밤 그는 아들 방으로 들어가 이불만 덮어주고 나가려고 몸을 돌렸는데 그때 일어난 일을 아마 평생 잊지 못할 것이라고 했다. 그는 아들이 손으로 그의 엄지손가락을 치는 것을 느꼈다. 그 다음에 일어난 일을 글로 옮기자니 나마저 전율이 인다. 꼬마 윌리엄은 아버지의 손을 잡아 그의 작은 이마로 끌어당겼다. 그의 작은 눈은 '제발, 아빠, 저를 축복해주세요! 저는 아빠가 축복해줄 때가 좋아요. 오늘밤 저를 축복하지 않고 이 방을 나가지 않으실 거죠, 아빠?' 라고 말하는 것처럼 올려다보고 있었다.

모든 아이의 마음을 표현하는 장면이 아닐 수 없다. 이 장면은 우리의 아들이나 딸의 영혼을 비추는 엑스레이 사진과도 같다. 축복 받고 싶어 하는 갈망은 자녀의 몸 속 모든 염색체에 그리고 심장의 박동 사이사이에 깊이 스며들어 있다.

이 대목에서 또래의 압력에 관해 잠시 언급하고자 한다. 우리는 또래의 압력을 부정적인 관점에서 접근하는 경우가 많다. 부정적인 또래의 압력이 있는 것은 사실이지만 긍정적인 또래의 압력도 있다. 아이들은 가장 큰 소리로 자신

을 응원하는 사람에게 가게 마련이다. 친구들이 부모보다 더 큰 소리로 응원해
준다면 그들의 마음이 집을 떠나 친구들에게 향하는 것은 당연하다.

진정한 축복

케리 콜린스(Kerry Collins)는 뉴욕 자이언츠 팀에서 등번호 5번을 달고 있다.
그는 지난 시즌 아주 좋은 성적을 거두었고, 그날도 탬파 베이에서 있었던 제
35회 슈퍼볼 경기장으로 과시하듯 걸어 들어갔다. 고등학교 때 자신의 팔이
엄청나게 강하다는 사실을 발견한 이후로 그는 미식축구 팀에서 쿼터백을 했
으며 계속해서 좋은 성적을 내왔다. 그러나 탬파 베이의 경기가 있던 그 특별
한 날에 그는 슈퍼볼 역사상 가장 형편없는 경기를 한 쿼터백 가운데 한 명이
되었다. 그는 공을 서른아홉 번 던졌는데 겨우 112야드를 가는 동안 고작 열다
섯 번의 패스에 성공했고, 네 번의 인터셉션을 받았으며, 터치다운은 하나도
하지 못했다.

그런 경기를 펼친 케리가 몹시 실망했을 것이라고 생각하지만, 그는 그날이
자기 생애 중 가장 행복한 날이었다고 말했다. 왜냐하면 어쩌다보니 탬파 베이
의 경기장에서 그런 경기를 펼치기는 했지만, 그날 저녁은 그가 실제로 성인이
된 후 그의 가족 네 명이 모두 한 장소에 모인 날이기 때문이었다. 그날 경기가
끝난 후 아버지 팻(Pat)과 어머니 로잔(Roseanne) 그리고 형 패트릭(Patrick)과 함께
그는 운동장 입구에 섰다. 그의 형은 이렇게 말했다. "우리 모두가 다시 같은
장소에 있다니 놀라워요. 케리가 이렇게 행복해할 줄은 몰랐어요."[1]

케리가 청소년이었을 때 그의 부모님은 이혼을 했는데 그것은 모든 사람에
게 고통이었다. 그후 승리의 기쁨보다는 이겨야 한다는 압박이 어린 쿼터백을
더욱 강하게 지배하면서 그는 술을 마시기 시작했다. 「스포츠 일러스트레이티

드」지는 이렇게 기록했다. "술을 마시면서 그는 자신을 미워하게 되었고, 자신을 미워함으로써 스스로에게 상처를 냈다." 그 특별한 날은 케리가 거친 인생을 마감하고 새로운 이력을 써나가는 하나의 정점이 되었다. 그는 음주 운전, 인종 차별주의자라는 세간의 주장과 '보드카 콜린스' 같은 별명들을 극복했다. 아버지에 대한 쓴뿌리와 어머니로부터의 소외를 극복했다. 케리는 다음의 말을 덧붙였다. "우리는 완전한 가족은 아닙니다. 하지만 지금은 잘하고 있습니다. 나는 다시 내 어머니의 아들이 되었습니다. 정말 큰 의미가 아닐 수 없습니다."2

"다시 내 어머니의 아들이…"라는 말을 들었는가?

그의 어머니는 말했다. "나는 단지 아들 옆에 앉아 '어디 가지 마. 그냥 너를 볼 수 있게 해줘' 라고 말했을 뿐입니다."

케리는 덧붙였다. "경기에서 이긴다고 해서 내가 좋은 사람이 되는 게 아니고, 진다고 해서 나쁜 사람이 되는 게 아니라는 것을 알게 되었습니다. 이제 미식축구 경기장에서 일어나는 일에 기분이 좌우되지 않습니다. 술 취하지 않은 최악의 날이 술에 취한 최고의 날보다 낫습니다."3

이는 축복받은 영혼이 하는 말이며, 완벽한 부모들은 아니지만 자기에게는 완벽하다고 생각하는 사람이 하는 말이다. 이는 경기 후 그가 헬멧을 벗고 라커룸으로 걸어갈 때 그의 아버지와 어머니가 그를 반기며 축복의 손을 그의 이마에 대는 것과 같다. 다시 부모님의 아들이 된 것이 슈퍼볼 승리의 반지보다 낫다.

게리 스몰리와 존 트렌트는 「축복(The Blessing)」이라는 통찰력 있는 자녀 양육에 관한 책에서 축복에 꼭 필요한 다섯 가지 요소들을 구별했다. 이 요소들에 대해 그들이 묘사한 것을 간단하게 살펴보자.4

접촉

의사들에 따르면 우리 몸에는 500만 개의 촉각 수용기(受容器)가 있는데, 그 가운데 3분의 1이 손바닥에 있다고 한다. 이 수용기들은 접촉 감각을 받아들이고 이를 연결하는 신경의 끝 부분이다. 뉴욕 대학교의 크리거(Krieger) 박사는 몸에 손을 갖다 대면 헤모글로빈 수치가 증가한다는 의학 보고서를 발표했다. 신체적 접촉이 생리학적으로 유익하다는 증거가 있다면, 그것이 개인적으로나 심리적으로도 유익할 것은 말할 나위도 없다.

「뉴욕타임즈」의 어떤 기자는 마릴린 먼로(Marilyn Monroe)가 어릴 때 여러 군데의 위탁 가정을 전전하며 살았던 것에 대해 인터뷰했다. "당신은 위탁된 집에서 사랑받는다고 느낀 적이 있나요?"라고 기자는 물었다. 수백만 팬들의 사랑을 받는 이 매혹적인 여성은 처량하게 말했다. "일곱 살인가 여덟 살 때 한 번 있었던 것 같아요. 양어머니가 화장을 하고 있었는데 기분이 아주 좋았나봐요. 손을 뻗더니 거친 분첩으로 내 뺨을 톡톡 두드려주었어요. 그 순간 나는 양어머니에게 사랑받고 있다고 느꼈어요." 기자는 먼로가 그 순간을 회상하면서 눈물이 글썽거렸다고 기록했다.[5]

상상할 수 있는가? 한 세대에 사랑의 상징이었던 그 여인이 어릴 때 사랑에 너무 굶주린 나머지 외로운 양어머니가 분첩으로 잠깐 그녀의 얼굴을 톡톡 두드린 것을 가장 소중한 기억으로 간직하고 있다는 것을….

당신은 어떠한가? 당신의 아들이나 딸을 사랑으로 만져주고 있는가?

들을 수 있는 메시지

부모가 자녀에게 아무 말도 하지 않으면 자녀의 마음은 텅 빈 상태로 남는다. 자녀에게 축복을 전달하고 싶다면 그것을 말로 표현하는 것이 좋다. 말하지 않고 자녀를 다양한 방식으로 축복할 수도 있지만, 자녀들이 축복의 말을 직접 듣는 것이 언제나 조금 더 낫다. "연습 후에 데리러 와주셔서 고마워요, 엄마"라고 자녀가 얘기할 때 엄마가 이렇게 대답하는 것이다. "너를 데리러 오는 게 엄마는 기쁘단다. 왜냐하면 너를 사랑하니까."

영화에서 실베스터 스탤론(Sylvester Stallone)은 겉보기에는 둔감하고 거친 모습을 보여준다. 그의 겉모습은 남성의 상징이지만 그의 영혼에는 어린 시절에 받은 상처가 있다.

부모님은 하시는 일이 힘들어 동생들이나 나를 위해 내줄 시간이 없었습니다. 우리 집은 평온한 집안은 아니었죠. 사실 혼돈 그 자체였습니다. 아버지는 무지하게 엄한 분이어서 그분만큼 일을 하지 못하면 무능하다는 이유로 벌을 받고 교정을 받아야 했습니다. 그 교정이라는 게 상당히 충격적이었죠. 아버지 앞에서 나는 나 자신이 무척 무능하다는 생각을 했습니다. "왜 좀더 영리하게 굴지 못하니?" "왜 좀더 강하지 못하니?" 내게 장점이라고는 전혀 없었죠. 아버지는 내가 자랑스럽다고 말한 적이 한 번도 없었습니다.[6]

골프 팬인 아들과 함께 나는 1999년 U. S. 오픈 대회 파인허스트 2번 골프장에서 패인 스튜어트(Payne Stewart) 선수가 18번 홀에서 마지막 퍼팅을 하고 우승하는 장면을 지켜보았다. 그리고 1년 후 패인과 그의 친구 두 명이 탄 자가용 비행기가 기내 압력이 떨어져 비행경로를 이탈하는 것을 지켜보며 우리는 두 눈을 의심했다. 염려했던 대로 그들은 모두 죽었다.

패인의 아내인 트레이시(Tracy)는 남편의 전기를 펴내면서 다음의 헌정사를 썼다. "첼시(Chelsea)와 아론(Aaron)에게, 이 책이 너희의 훌륭한 아버지에 대한 기억뿐만 아니라 아버지가 너희 둘을 얼마나 사랑했는지 영원히 기억하게 하는 것이 되길 바란다. 너희 둘이 아버지처럼 삶에 대한 사랑과 기쁨, 모험과 열정을 가지고 살기를 바란다. 너희를 사랑한다. 엄마가."7 트레이시 스튜어트는 남편의 삶에 대한 열정과 자녀들에 대한 사랑을 현명하게 잘 유지하여 남편이 죽고 나서도 자녀들에게 그 열정과 사랑을 잘 전달해주었다.

높은 가치를 전달하라

조심스럽게 선택한 말들은 조각난 마음을 꿰매고, 기죽은 정신을 높이며, 흩어진 자아를 한데 모으는 능력이 있다. 특히 아들이나 딸에게 어머니나 아버지의 마음이 담긴 말은 탁월한 능력을 발휘한다. 사랑하는 사람에게 진정한 가치를 표현하는 말 한마디의 힘을 절대 과소평가하지 말라.

특별한 미래를 그려라

고등학교 코치들, 교사들, 중고등부 사역자들과 부모들에게는 모두 똑같은 기회가 있다. 즉 감수성이 강한 젊은이들의 마음과 정신에 희망의 비전을 심는 기회다. 비전과 희망은 인간의 영혼에 뿌리는 '미라클 그로(Miracle-Gro, 유명한 비료 브랜드 - 역자 주)'와 같다. 시든 영혼에 그것을 붓고 뒤로 물러난 후 그것이 당신 눈앞에서 생생하게 살아나는 모습을 지켜보라.

축복을 완수하는 적극적인 헌신

팀원들이 쿼터백에게 "우리가 있잖아. 우리 팀이 승리할 수 있도록 주도권을 잡고 마음껏 이끌어봐"라며 확신을 줄 때 그 쿼터백은 필요한 동기를 부여받는다. 군인들은 전투를 앞두고 "당신의 지휘 아래에서 충성을 다해 당신과 함께하겠습니다"라고 말함으로써 그들의 지휘관을 격려할 수 있다. 우리의 자녀들 역시 극복할 수 없을 것 같은 문제들에 매일 직면하면서 부모의 진심에서 우러나온 지원의 말을 들을 필요가 있다.

트렌트와 스몰리는 유대인들이 전통적인 관습으로 정기적 또는 매주 갖고 있는 가족의 축복 의식에 대해 기록하고 있다. 아버지는 가족 구성원 각자를 위해 한 사람에 하나씩 초를 준비하고 불을 붙인다. 자녀들은 어머니 주위로 다가와 그녀의 몸에 손을 얹고 각자 축복의 말을 한다. 부모는 교대로 자녀 한 명 한 명에게 손을 얹고 개인적이고 개별적인 축복의 말을 한다.[8]

"그만! 초에 불을 붙이는 따위의 감상적인 얘기는 이제 그만하시죠. 내 체질엔 맞지 않으니까"라고 반감을 갖는 독자가 있을지 모르겠다. 우리 아이들도 "참으세요!"라고 말해 나 역시 촛불을 켜지는 않지만 자녀들에게 축복하는 것만큼은 동의한다.

축복이란 무엇인가?

축복은 긍정적인 태도를 가진 지지다. 그것은 연소 장치를 발화시키는 지지, 즉 아드레날린을 솟구치게 하는 지지다.

축복이란 원하기는 하지만 가능하리라고 꿈도 꾸지 못한 모든 것들이다. 그것은 직관적으로 내가 어떤 사람이라고 생각하고는 있지만 나에 대해 나와 같은 생각을 가진 사람이 있을 것이라고는 결코 생각지 못한 나를 발견하는 것이다. 그것은 내가 원래 예정되었던 사람이 되도록 허락하는 것이다. 축복은 내 돛단배에 부는 바람이고, 내 발에 달린 날개이며, 내 엔진에 붙은 연소 불꽃이다. 축복은 힘, 그것도 완전한 힘이다.

축복을 베푸는 것은 부모가 지닌 가장 위대한 힘이며, 우리는 자녀들을 위해 그 힘을 효율적으로 사용하는 법을 배워야 한다. 어미 새가 둥지 밖으로 어린 새끼들을 조금씩 밀어내며 "계속해. 너는 날 수 있어"라고 말하는 것이 축복이다. 그것은 자녀의 머리에 사랑의 손을 얹고 해주는 지지의 말이다. 2장에서 언급했듯이 말은 정확성, 존엄성, 정직성, 정체성, 이 네 가지 요소로 특징 지워진다.

당신과 나는 우리의 자녀가 특별하기 때문에 그 자녀가 자신이 특별하다는 것을 느끼기를 원한다. 그는 하나밖에 없는, 특별히 만들어진 디자이너의 원본 작품이다. 부모인 우리의 첫번째 역할은 자녀의 정체성을 정확하게 세워주는 것이다. 자녀의 개인적인 특성을 깎아내리거나 부풀리는 것은 오히려 자녀에게 해가 된다.

나는 내 자녀들이 축복을 받아 그들이 누구이며 어떤 사람이 되도록 태어났는지 알고 자라기를 원한다. 그들이 자신의 고유한 특성들을 기뻐하고 하나님께서 주신 잠재력을 온전히 실현하는 것 이상으로 바라는 것은 없다. 그래서 나는 자녀가 진심으로 자신의 고유함을 기뻐할 수 있도록 한정되어 있기는 하지만 나의 자원들을 사용하기를 원한다.

자녀들이 자신을 위축된 관점으로 본다면 열등감의 문제가 발생할 것이다. 반대로 자신을 과장되게 바라본다면 우월감의 문제가 일어날 것이다. 그 중간에 있는 것이 우리 자녀들이 기뻐하고 향유하기를 바라는 정확하고, 균형 있고, 현실적이며, 건강한 관점이다.

프레드의 첫 돌 잔치를 한 직후 아내는 무언가를 바라보며 조용히 웃었다. 그녀는 프레드를 손으로 가리키면서 "프레드 좀 보세요!"라고 했다. 아이는 전신 거울에 비친 자신의 모습에 푹 빠져 있었다. 아이는 자기를 보면서 깔깔대고 웃으며 주변의 다른 모든 것들을 완전히 잊고 있었다. 거울 속 자신의 얼굴에 매혹된 그는 거울을 혀로 핥고 입을 맞추는 등 온통 침 범벅을 했다. 그는 깡충깡충 뛰며 춤추는 동안 거울 속의 자신에게 결코 눈을 떼지 않았다. 그는 부끄러워하거나 수줍어하지 않고 자신이 본 것을 사랑했다. 나는 아내에게 조용히 속삭였다. "앞으로 남은 삶에서도 아이가 저렇게 자신을 항상 사랑하도록 바랍시다."

자녀들이 자기 자신을 사랑하고, 수용하고, 이해하는 것은 모든 부모의 꿈이다. 그것은 자아도취, 자만 또는 비틀린 허영과는 전혀 다르다. 그것은 모든 부모가 자녀들이 가지기를 원하는 건강한 자아상이며 자기 수용이다.

축복의 말들

귀에게 우리 몸에서 가장 중요한 자녀 양육 도구라는 우승 트로피가 돌아간다면, 혀는 아깝게 우승을 놓친 준우승 감이다. 귀가 일단 사실 발견하기, 바른 질문하기, 적절한 정보 수집하기 등의 초기 작업을 하고 나면, 비로소 혀가 행동에 들어갈 적절한 준비를 갖춘 셈이다. 혀는 귀에 길들여지거나 개인 지도를 받아야 허리춤에서 총을 쏘거나 어둠 속에서 총을 쏘는 것과 같은 위험에서 벗어날 수 있다. 성경은 "죽고 사는 것이 혀의 권세에 달렸나니"(잠 18:21)라고 말한다. 이 말씀은 확실한 진리이기는 하지만, 먼저 듣기를 잘한다면 우리의 혀는 생명을 불러올 것이다.

그렇다면 언제부터 축복의 말을 해야 할까? 자녀가 갓난아기 시절일 때부터 하는 것이 좋다. 뱃속의 아이에게도 축복할 수 있다. 수많은 부모들은 자기 자녀가 축복의 급행 차선에 들어가기를 원한다. 그래서 임부의 배에 손을 얹고 태아에게 축복의 말을 한다. 이때부터 수용과 애정과 지지의 말을 해주기 시작해도 결코 너무 빠르지 않다.

중학생 자녀들을 둔 많은 부모들은 자녀들이 축복의 힘을 사용하지 않았다는 것을 갑자기 깨닫고, 개탄스러운 패턴들이 벌써 그들의 삶에 자리잡은 것을 보면서 당황한다. 이런 경우에 처했다면 여태까지 잃어버린 것은 잊어버리고 지금부터 다시 시작하라. 설령 그 축복의 말이 자녀에게 어색하게 들릴지 모르고 당신 또한 어색하더라도, 골프 스윙 연습을 하듯이 연습하면 할수록 그런 말들이 더 좋게 느껴지고 더 좋게 다가올 것이다.

축복의 말은 수용과 애정 또는 지지의 말이 될 수 있다. 다음은 이 세 가지 각 영역에서 우리가 자녀들에게 할 수 있는 몇 가지 축복의 말들이다. 혹 이 목록을 대충 훑어보거나 건너뛰고 싶은 유혹이 든다면 용기 있게 맞서기를 호소한다. 다음에 나오는 세 가지 축복의 말들을 면밀히 읽어보라. 오랫동안 부지런히 모으고 사용해본 것들이다. 내가 최초로 만든 것은 거의 없지만, 장담컨대 나는 항상 진심을 담아 그 말들을 했다.

수용에 관한 축복의 말

"너에 대한 어떤 점이 좋은 줄 아니?" (잠시 있다가) "모두가 좋단다!"
"네가 내 딸(아들)인 게 너무 기쁘단다."
"너와 함께 시간을 보내는 게 참 좋단다."
"너는 나의 영웅이고, 챔피언이며, 가장 좋은 골프 파트너, 나의 왕자, 나의 공주란다." (당신만의 애칭을 사용하라.)
"너를 보는 것만으로도 내 인생이 가치가 있음을 느끼게 된단다."
"내가 부모 역할을 어떻게 하고 있는지 네 생각을 말해줄래? 나는 듣기만 할게. 중간에 말을 자르는 일은 없을 거야. 내가 뭘 잘하고, 또 고칠 부분은 뭔지 말해주면 좋겠다."
"네가 최고야!"
"네가 자랄 것을 알지만 나는 너의 지금 그대로도 좋아."
"너의 _____가 감탄스러워."
"네가 친구들과 대화하는 걸 들어보았는데, 너는 정말 입장을 분명히 하더라. 내게 좋은 본이 되었어. 힘내렴!"

애정에 관한 축복의 말

(아들에게)

"너는 잘생긴 녀석이야!"

"너는 진짜 남자야!"

"사랑한다!"

"너는 좋은 녀석이야!"

(딸에게)

"요즘 들어 말한 적은 없지만 너는 아름다워. 정말 그래."

"이런 말을 네가 좋아할지는 모르겠지만 너는 정말 예뻐."

"사랑한다!"

"너는 언젠가 운 좋은 한 남자의 멋진 아내가 될 거야."

"네게 걸맞는 멋진 녀석을 찾을 수나 있을지 모르겠다."

(아들이나 딸에게)

"너와 함께 있는 게 정말 좋아."

"네가 그립구나."

"마음 씀씀이가 훌륭하구나."

"너는 훌륭한 사람이야."

"네 마음은 정금 같구나."

"네가 느끼는 것을 나도 함께 느낀단다. 그래서 지금 네 기분을 알 것 같아."

"네가 어떤 느낌인지 조금밖에 느낄 수 없구나. 그러니 내게 말을 더 해줄래?"
"네 기분을 완전히 알 수는 없지만 좀더 알고 싶어."
"네가 어떤 기분인지 알아. 이것이 아주 힘든 일이라는 것도 알아."
"네가 그렇게 느낀다고 해서 너를 탓할 생각은 없다. 나라도 그랬을 거야."

지지에 관한 축복의 말들

"네가 축구하는 모습이 세상에서 제일 멋져."
"네 농구 시합을 보게 된 게 이번 주말에 최고로 즐거운 일이야."
"똑똑하구나. 나는 네 나이였을 때 그렇게는 책을 못 읽었어."
"네가 받은 성적이 자랑스럽다."
"네 시상식에 못 가게 되어 속상하다. 비디오로라도 그걸 보고 싶구나."
(순간을 모면하기 위해 이 말을 너무 자주 사용해서는 안 된다.)
"힘내라!"
"리더십이 뛰어나구나."
"오늘 너에 대한 최고의 찬사를 들었어." (아이에게 어떤 말을 들었는지 말해주라.)
"네 결정에 전적으로 동의하지는 않지만 다양한 선택을 고려하기 위해 네가 거친 과정은 정말 대단하다고 생각한다."
"대단하다! 내가 네 나이라면 절대로 못했을 일이야."

이런 말로 축복을 전하는 것이 익숙하지 않다면, 처음부터 성급하게 자녀들에게 축복의 말을 들이붓지 말 것을 권한다. 천천히 하라. 자연스럽게 흐르도록 하라. 칭찬은 진심에서 우러나와야 한다. 이런 말에 서투르거나 거북함을 느낀다면 그 말들은 상대방에게 공허하거나 인위적으로 들릴 것이다. 사실 당신이 축복의 힘을 무시했다면, 아니 설령 그것의 가치를 알고 그런 말을 자연스럽게 했을지라도 자녀의 귀에는 그 말이 여전히 공허하고 인위적으로 들릴 수 있다. 특히 그동안 축복의 말을 들어본 적이 없다면 처음 지지나 축복을 받을 때 어색한 느낌을 받는 게 당연하다. 제임스 돕슨(James Dobson) 박사는 우리 모두에게 현실을 보여주었다.

> 중산층 아버지들이 어린 자녀들과 하루 동안 보내는 시간은 평균 37초였다! 직접 상호 작용을 하는 시간은 하루 평균 2.7번이며, 그것도 한 번에 10-15초에 지나지 않았다. 이 수치는 1970년대 수백만 명의 미국 아이들에게 물은 결과인데, 요즘 조사를 하면 더욱 심각한 결과가 나올지도 모른다.[9]

당신이 이런 경우에 해당한다면, 자녀에게 축복의 말을 하기 전에 먼저 그와 더 많은 시간을 보내는 노력을 할 필요가 있다.

정체성에 대한 축복

정체성은 하나의 개념에 불과하지 않다. 그것은 로켓을 발사시키는 연료다. 정체성은 힘, 그것도 순전한 힘으로서 기관차보다 강하다. 총알보다 빠르다. 단 한 번의 발 구름으로 높은 빌딩 위로 뛰어오르게 만든다. 그것은 힘들고 약한 영혼들이 길에서 방황하거나, 패스트푸드 식당을 찾아 헤매거나, 엄마를 찾아 울 때 끝까지 버티게 하는 힘이다. 상처를 입을지라도 맹세를 지키게 하는 힘이다. 그것은 선한 싸움을 싸우고, 경주를 완주하고, 상을 받겠다는 결의 또는 결단이다. 정체성은 모든 부모가 자기 딸이나 아들에게 원하는 것이지만 실제로 자녀의 정체성을 신중하게 조성해주는 부모는 거의 없다.

정체성에 대한 개념을 보다 더 적절히 설명하기 위해 비디오 두 편을 보여주고 싶다. 그 중 하나는 할리우드에서 만들어졌지만, 다른 하나는 내 아들의 침실이 있는 우리 집 2층에서 일어난 일이다.

첫번째 비디오인 〈글래디에이터(Gladiator)〉는 확실히 시시한 영화는 아니다. 그것은 테스토스테론(남성 호르몬의 일종 - 역자 주)과 정체성이 높은 영화다. 등장인물마다 스케일이 크다. 로마군의 뛰어난 장군인 막시무스는 부하들로부터 많은 존경을 받는다. 그는 그의 군대가 지키는 모토인 '강함과 명예'의 전형이다. 그는 나이 많은 아버지 마르쿠스 아우렐리우스 황제를 목 졸라 살해하고 아버지의 왕위를 찬탈한 코모두스와 맞붙는다. 코모두스는 막시무스의 아내와 아들을 죽이고, 막시무스 역시 죽일 것을 명령한다. 코모두스는 나약함과 불명예의 화신이다.

막시무스가 그의 이름이 무엇인지 질문 받는 장면은 세상에서 가장 멋지게 자기 신원을 밝히는 순간 중 하나일 것이다. 코모두스 황제는 막시무스가 오래 전에 죽었다고 확신하고 있다. 입추의 여지없이 꽉 찬 콜로세움에서 환호하는 군중들 앞에서 마음 약한 황제는 왕좌에서 내려와 검투사들이 처절하게 싸우느라 피로 얼룩진 흙바닥을 밟고 그 승리한 검투사에게 다가가 신원을 밝히라고 요구한다. 아직 아무도 알지 못하고 얼굴을 드러내지 않는 이 영웅이 무명으로 남아 있으려고 하자 경기장 전체에 긴장이 고조된다. 황제가 신원을 밝히라고 강요하자 영웅은 "내 이름은 검투사요"라고 말한 후 왕 앞에서 몸을 돌려 걸어 나가는 범죄를 저지른다.

"감히 노예인 네가 내게 등을 돌리다니! 투구를 벗고 네 이름을 고하라!" 당황한 코모두스는 소리친다.

천천히, 사람들을 의식하며 막시무스는 극적으로 투구를 들어 올리는데, 그의 얼굴을 본 황제는 충격으로 할 말을 잃는다. 그때 영웅의 영혼 깊숙한 데서 말이 흘러나온다. 그는 자아 정체성에 관한 말, 강인함과 명예에 관한 말, 듣는 이를 떨게 만드는 자신감에 찬 말을 한다. 그가 얼마나 정확하게 자신을 밝히는지 주의 깊게 들어보라. "내 이름은 북부 군대의 지휘관, 펠릭스 군단의 장군, 진정한 황제 마르쿠스 아우렐리우스의 충성스러운 부하, 살해당한 아들의 아버지, 살해당한 아내의 남편인 막시무스 데시무스 메리디우스이며, 나는 이생이든 내생이든 반드시 복수를 할 것이다."

나는 이 장면을 아주 좋아한다. 그 말은 코모두스뿐만 아니라 콜로세움에 있는 모든 사람을 충격에 빠뜨렸다. 그와 같은 답변은 어디서부터 오는가? 그것은 인간의 내면 깊숙한 데서부터, 오랫동안 축적된 미덕으로부터, 많은 건강한 관계들로부터, 특별히 형성기 동안 부드럽고 감수성이 예민한 아들의 영혼에 축복의 말을 해준 아버지나 어머니로부터 온다.

두번째 비디오는 어느 날 밤 아홉 살 된 둘째 아들이 잠이 들고도 한참 지났을 시간인 약 10시쯤 우리 집에서 일어났다. 나는 긴 하루를 보내고 집에 도착했다. 아내와 가벼운 입맞춤으로 인사한 후 나는 "아이들이 아직 잠들지 않았어요?"라고 물었다. "한번 올라가보세요"라고 아내는 대답했다.

나는 두세 계단을 한꺼번에 뛰어 올라가 "앤드류, 아직 안 자니?"라고 속삭였다. 아무런 대답이 없었다. 그 다음 방에서 "스테판, 아직 깨어 있니?"라고 소리를 낮추어 물었다.

"네, 아버지, 들어오세요."

오늘은 어땠는지 등의 일상적인 질문을 한 후에 나는 말했다. "오늘 너의 하루를 특별하게 한 것이 있으면 한번 말해보렴." 스테판은 우리 집에서 제일 말을 잘하는 아이였다. 우리 아이들 가운데 할아버지, 할머니가 전화 통화하는 것을 가장 즐기는 아이였는데, 아이로부터 하틀리 집안에서 일어나는 대부분의 일상사를 들을 수 있기 때문이었다.

"오늘 굉장한 예배를 드렸어요. 설교하는 분이 성경의 스데반에 대해 얘기했어요." 그는 심각해졌다. 그의 작은 턱이 떨리기 시작했다. 스데판의 본 모습은 내면 깊숙한 곳 어딘가로부터 그의 턱에 연결되어 있는 게 틀림없다. 그는 아주 깊이 있는 중요한 이야기를 하려고 할 때마다 항상 턱에서부터 암시가 왔기 때문이다. "스데반은 초대교회에서 제일 처음으로 죽임을 당했어요. 그는 순교자였어요, 아버지." 아이의 작은 턱은 평소보다 더 심하게 떨렸다. 아이는 힘들게 침을 삼켰다. 그의 눈에는 물기가 어렸다. 그리고 그는 내가 죽을 때까지 결코 잊지 못할 말을 했다. "그리고 아버지, 어느 날," 그는 침을 꿀꺽 삼켰다. "어느 날, 아버지, 나도 예수님을 위해 기꺼이 죽을 거예요."

나는 셋째 자녀이자 둘째 아들인 스테판을 보면서 생각했다. 이것은 하나님께서 주신 생각이다. 성스러운 순간이었다. 아이는 자신의 깊은 정체감, 영혼의 깊은 확신을 표현했던 것이다. 나는 감탄과 경외심으로 그를 보았다. 아이가 한 말은 기계적으로 나오는 주일학교용 대답이 아니었다. 어린이 펠트 성경 이야기책에서 배운 것도 아니었다. 굉장한 일이 아닐 수 없었다. 아이는 너무나도 깊게, 친밀하게, 또 전심으로 하나님의 독생자인 예수 그리스도의 가치를 그의 것으로 만들었고, 그로 인해 생명을 내놓을 일이 생기면 기꺼이 그렇게 할 것이었다. 그것은 아버지가 목사라는 것과 전혀 상관없는 일이었다. 부모를 기쁘게 하려는 일과도 전혀 상관이 없었다. 하나님께서 그의 어린 마음에 깊이 역사하심으로 아이는 자신의 생명을 보존하는 것보다 그리스도를 기쁘시게 하는 길을 선택했던 것이다.

그때 내가 할 수 있었던 것은 침을 꿀꺽 삼키고 그의 확신을 지지해주는 일

뿐이었다. "스테판, 그런 기회가 온다면 놓치지 말렴! 엄마와 아빠는 네가 최고로 자랑스럽단다." 우리는 서로 포옹했고 나는 그를 축복했다.

나는 천천히, 신중하게, 또 경건한 마음으로 아래층으로 내려갔다. 자녀를 양육하면서 거룩한 땅에 선 듯한 느낌이 드는 흔치 않은 순간들 중 하나였다. 이 이야기를 아내에게 하자 그녀는 목청을 가다듬고 내게 상기시켜주었다. "당신도 알다시피 우리는 성경의 스데반을 본 따서 그 아이의 이름을 지었잖아요. 그 이름은 '왕관'이란 의미에요. 그는 확실히 작은 프린스예요."

그후로 나는 스테판을 '프린스'라는 애칭으로 부르기 시작했다. 나는 그의 방에 자주 들어가 침대 가에 앉아서 묻는다. "프린스, 안녕하신가?" 그는 프린스다. 자기 자신에 대해 그 점을 아는 것이 스테판에게는 능력이요 명예다. 그것은 그 아이의 정체성이다.

정체성은 가정생활을 하다가 놀랍고 우연한 기회에 표면으로 떠오른다. 우리는 그것을 항아리 같은 데 감춰둘 수 없다. 이베이(Ebay, 인터넷 경매 사이트 - 역자 주)에서 살 수도 없다. 그것이 언제 표면으로 떠오를지는 아무도 예측할 수 없다. 그러나 어느 날 불쑥 드러날 그것은 세상 어떤 것보다 더 귀중하다.

자녀가 자신의 고유한 정체성을 발견하고, 받아들이고, 기뻐하도록 돕기 위해 다음의 항목들을 복사해 자녀와 함께 작성해보자. 이것은 자녀의 능력을 평가하거나 다른 학생들과 비교해 전체 몇 퍼센트에 해당하는지 가늠하는 학력적성검사(SAT)가 아니다. 맞고 틀리는 문제가 있는 게 아니라 정확하지 않은 답이 잘못된 답일 뿐이다. 그 과정에서 격려하고 격려를 받는 것이 중요하다.

이름(또한 이름의 의미) :

성(또한 성의 의미) :

성별 :

출생 순서 :

관심 분야 :

은사를 받은 분야 :

지적 영역

학문적으로 자세하게 : _____

운동 면에서 자세하게 : _____

창의적인 예술 면에서 자세하게 : _____

음악

관계적/사회적 기술

영적 관심

지도력

조직력

일찍이 성취한 것들 :

초등학교 교사가 확인한 것 :

코치가 하는 말 :

성격 유형(DISC 또는 MBTI[10]) :

개인적 흥미/열정 :

사람의 염색체처럼 성격도 어린 시절에 이미 발달된다. 아이의 근간을 이루는 것, 성격, 열정, 관심, 고유한 은사와 정체성을 영아기서부터 아동기를 거쳐 성인기까지 조사하는 것은 매우 바람직한 일이다. 성경에서 기록한 것처럼 "비록 아이라도 그 동작으로 자기의 품행의 청결하며 정직한 여부를 나타내"(잠 20:11)기 때문이다.

자녀가 진정한 자신이 누구인지 발견하고, 자기만 갖고 있는 고유함을 받아들이고 기뻐하도록 돕는 것이 중요하다. 당신의 자녀는 거울 속 자신의 모습을 보며 좋아 펄쩍펄쩍 뛰기는커녕 이 연습을 고통과 좌절로 느낄지도 모른다. 다시 한 번 말하지만, 자녀가 그의 인생에서 아주 중요한 질문들 앞에 서 있음을 기억하면서 서두르지 말라.

"나는 괜찮은가?"
"나는 정상인가?"
"나는 잘생겼는가(예쁜가)?"
"나는 재미있는가?"
"나는 똑똑한가?"
"나는 주변 사람들과 어울리는가?"
"나는 좋아할 만한가?"
"나는 사회적으로 인정받을 만한가?"
"나는 사랑받을 만한가?"
"나는 사랑스러운가?"

자녀가 정확한 자아상을 개발하는 데 시간이 걸릴지도 모른다. 그것은 사진을 찍는 것보다는 유화를 그리는 것과 보다 더 비슷하다. 인내하라. 그것은 과정이다. 그리고 자녀의 자아상이 점점 형태를 갖추는 동안 그의 편에서 서서 응원하라. 자녀는 당신이 축복의 손을 그의 머리에 얹어주기를 기다리고 있다. 만일 그런 기회를 놓친다면 당신은 결코 사라지지 않을 고통을 두고두고 받게 될지 모른다.

빌리와 루스 그래함(Billy and Ruth Graham)은 아들 프랭클린(Franklin)의 자아상이 발달하는 것을 인내심을 갖고 지켜보았다. 프랭클린의 전기「이유 있는 반항(Rebel with a Cause)」에서 우리는 그들이 얼마나 인내했는지 알 수 있다. 전기는 그의 가족을 완벽하게 그리고 있지는 않지만, 적어도 명예와 정직함, 안정감, 확실성 있는 가족의 모습을 보여주고 있다. 프랭클린은 어린 시절에 22구경 장총을 호두나무에 쏘고, 장시간 하이킹을 하고, 여행을 하며 오랜 시간을 아버지와 함께 보냈다. 전기는 이렇게 좋은 장면뿐 아니라 그가 부모의 삶의 방식에 반항한 것도 기록한다. "제 어머니에게 흰 머리가 있다면 그것은 저 때문입니다!"라고 그는 농담을 한다.

루스와 빌리는 아들이 쓴 책 말미에 발문을 썼다. 그들이 언급한 덕목들을 주의해서 보라. "프랭클린이 자라는 것을 지켜보는 것은 특별한 경험이었습니다. 자기 아들의 인생에 매혹되는 것만큼 멋진 일도 없는 것 같습니다. 이 책에 담긴 많은 내용 중 일부는 우리가 한 번도 들어본 적이 없던 것입니다. 하지만 반항 가운데 자라고 있는 작은 소년에게도 부드러운 면이 있었습니다." 그들은 아들이 자라는 가운데 즐겁고 재미있는 시간들뿐 아니라 어려운 시간들, 반항의 나날들, 굳게 닫힌 방문 뒤에서의 흡연도 있었다는 것을 솔직하게 인정한다. 그들은 "하나님께서 함께하시면 희망 없는 사람은 아무도 없습니다"라고 말하면서 끝을 맺는다.[11] 우리 모두에게 격려가 되는 말이 아닐 수 없다.

다음은 우리가 신중히 생각해보아야 할 몇 가지 질문들이다.

- 아들이나 딸을 축복하는 힘을 발견했는가?
- 자녀를 말로 포옹하는 법을 배웠는가?
- 자녀의 얼굴에서 '와! 기분이 정말 좋아요. 있는 그대로의 저를 존중해주셔서 고맙습니다!'라고 말하는 듯한 표정을 자주 보았는가?

2부

애정의 필요 채우기

나는 너를 사랑한단다

애정. 이것은 지나친 감상주의나 할리우드 식 감상주의가 아니라 다만 철저하고 순수한, 자녀에게 필요한 무조건적이고 긍정적인 관심이다.

현실을 똑바로 보자. "나는 너를 사랑해" 이 세 음절은 진부하고 케케묵은 말처럼 들릴 수 있다. 아니 그보다 더 심하게 자녀들이 "아, 왜 이러세요! 그런 말 정말 싫어요"라고 말할 수 있다. 아니면 "으윽, 사람들이 보는 데서 다시는 날 껴안지 마세요" 하는 식으로 나올 수 있다. 그럴지라도 당황하지 말라. 대부분의 청소년들이 그런 단계를 거치며 전달하려는 말은 따로 있다. "부모님은 내게 맞는 사랑의 언어로 말하지 않으세요."

아버지 하나님께서 하신 "사랑하는 (아들이라)"이라는 말씀은 아들의 영혼을 울렸다. 아들은 아버지의 사랑을 잊고 있었는가? 아마 그렇지 않았을 것이다. 그렇다면 아버지로부터 그런 말을 처음 들은 것일까? 천만에. '사랑한다'는 말은 얼마나 자주 들었든 상관없이 아이를 춤추게 하는 음악이다. 좋아하는 음식은 언제 먹어도 매번 그 맛이 좋은 법이다. 아버지의 사랑이 아들의 삶에 보람이었다는 것은 의심할 여지가 없다.

우리 자녀의 영혼은 애정, 특별히 부모의 애정으로 살아가게 만들어졌다. 자녀가 이해하는 말로 적절하게 애정을 전달할 때, 그 말은 자녀의 내면세계 아주 깊숙한 곳의 필요를 채워줄 것이다. 자녀를 향한 당신의 사랑은 그 어느 요소보다 빨리 그의 잠재적인 친밀감을 드러내준다. 다음의 네 장들은 자녀가 이해하는 방법으로 부모가 "나는 너를 사랑해"를 표현하도록 도와줄 것이다.

자녀의 마음으로 들어가는 창

소속감

가족과 관련된 소중한 추억에는 휴가지뿐만 아니라 휴가지를 오가는 길 위에서의 추억들도 있다. 플로리다 마이애미에서 메인까지 동부 해안을 타고 올라오는 여행에서 있었던 일이다(여섯 사람이 미니밴을 타고 여행하기엔 매우 긴 여정이라는 점을 말해두고 싶다).

차가 고속도로에 들어서기 전, 맥도날드에서 산 에그 맥머핀이 아직 우리 무릎 위에 놓여 있을 때 아버지는 매우 중요한 '휴가 선언'을 하겠다고 하셨다. 우리는 무슨 신나는 말이 나올까 기대하면서 귀를 기울였다. 아버지는 "이번 휴가에서 적용할 새 규칙이 있단다. 엄마와 나를 포함한 우리 중 누군가가 휴가 중에 너무 심하게 안달을 부리거나 긴장되어 있거나 스트레스를 받거나 날카롭게 굴거나 고집을 부린다면, 그 사람에게 '침착! 자신을 너무 심하게 몰아세우지 마시오!'라고 말해주자"라고 말씀하셨다.

가족에게 이런 말을 들었을 때 그것을 공격으로 받아들이지 않고 감사한 마음으로 태도를 바꾸자는 것이었다. 그때 차 안을 둘러보니 모두가 서로에게 미소를 짓고 있었다. 모두들 그 아이디어를 마음에 들어 했다.

말할 것도 없이 '침착! 자신을 너무 심하게 몰아세우지 마시오!'라는 말은 휴가 기간 내내 꽤 자주 사용되었다. 실제로 그 말은 그후로 휴가를 갈 때마다 쓰는 경고가 되었다. 그 말은 우리가 서로에게 스스럼없이 할 수 있는 사랑의 충고였다. 덕분에 우리는 부모님께 불효하지 않고도 동등한 입장에서 무슨 말이든 할 수 있었다. 그럴 때 부모님은 미소를 지으며 "고마워, 그 말이 필요했어"라고 대답하셨다.

안드레아

4장

나는 너를 좋아한단다

애정 표현을 절대 과소평가하지 말라.

맥스 루케이도(Max Lucado)

네가 100살까지 산다면, 나는 100년에서 하루 뺀 날만큼 살고 싶어.
너 없이는 혼자서 절대 살고 싶지 않으니까.

위니 더 푸우(Winnie the Pooh)

바니(Barney)는 나의 좋은 친구이자 내가 알고 있는 사람 중 가장 다정한 사람일 것이다. 거만하거나 격정적이지 않은 그는 따뜻하고 영향력 있고 품위 있는 사람이다. 이보다 더 중요한 것은 그가 아주 훌륭한 아버지라는 사실이다. 나는 그를 젊은 부모들을 위한 강연에 연사로 초청했다. 그는 그날 자녀 양육에 대해 잊지 못할 조언 한 가지를 해주었다. 그 말을 듣고 그 방에 있던 부모들은 모두 머리를 끄덕였고 또 대부분은 놀라 입을 다물지 못했다.

"자녀와 둘만 있을 때 나는 그 아이가 나의 무조건적인 사랑을 느낄 수 있도록 작은 의식을 행합니다. 먼저 그의 눈을 똑바로 바라봅니다. 제대로 효과를 내려면 아이가 나를 확실히 마주보고 있어야 합니다. 그렇게 서로의 눈동자를 가만히 들여다볼 때 나는 아이에게 불쑥 묻습니다. '너의 어떤 점을 내가 좋아하는지 아니?' 이때쯤이면 아이는 그 다음에 무엇이 올지 압니다. 아이는 입이 귀에 걸리도록 커다란 미소를 지어보입니다. 그는 답을 알지만 절대로 자기가 직접 말하지는 않습니다. 그는 기대에 찬 눈을 반짝이며 그냥 그 자리에 앉아 있습니다. 나는 언제나 똑같은 방법으로 그렇게 말합니다. 아무리 자주 그런 의식을 갖더라도 아이는 항상 그것을 즐깁니다. '너의 어떤 점을 내가 좋아하는지 아니?' 라는 질문 후 우리는 잠시 서로를 바라봅니다. 그런 다음 나는 짧게 말하죠. '전부 다!'"

어떤가? 좋은 방법 아닌가? 나는 이 방법이 참 마음에 든다. 이런 방법으로든 아니면 다른 방법으로든 우리는 자녀를 전심으로 받아들인다는 것을 자녀에게 전하기 원한다. "너의 어떤 점을 내가 좋아하는지 아니? 전부 다!"라는 말은 입맞춤이나 포옹과 같다. 그 말로 인해 부모 자식 간에 인정과 사랑이 넘쳐흐르고, 그것은 축복으로 이어진다. 이는 자녀들을 두 팔로 감싸 안으며 "완벽하지 않아도 나는 네가 너무 좋아!"라고 말하는 것과 같다.

'난-널-좋아해' 자녀 양육

'난-널-사랑해' 자녀 양육과 '난-널-좋아해' 자녀 양육 사이에는 분명한 차이가 있다. '난-널-사랑해' 자녀 양육은 보다 더 총괄적이고, 본질적이며, 광범위하고, 필수적인 것으로서 자녀의 인생 가운데 하나님께서 우리에게 맡겨주신 역할을 감당하는 데 필요하다. 그것은 "너는 내 아이야. 내가 너를 낳았어. 너를 보호하고 네게 필요한 것을 주는 게 나의 가장 중요한 역할이란다"라고 말하는 보다 더 전통적인 자녀 양육 방식이다.

반면 '난-널-좋아해' 자녀 양육은 보다 더 재미있고, 자연스럽고, 즐길 수 있는 방식이다. "나는 네 친구, 동료, 단짝이 되고 싶어. 항상 무거운 역할만 하고 싶지는 않아. 나는 주고받는 동등한 관계를 원해"라고 말하는 것과 같다.

이 두 가지 접근 방식을 한번 비교해보자.

'난-널-사랑해' 자녀 양육	'난-널-좋아해' 자녀 양육
너는 내 자녀다.	너는 내 친구다.
너는 내게 성취감을 준다.	너는 내게 즐거움을 준다.
나는 너와 연관되어 있다.	나는 너와 연관될 수 있다.
너는 가족이다.	너는 재미있다.
나는 너의 보호자, 공급자, 부모이다.	나는 너의 응원자, 동료, 단짝이다.
너는 내게 받는다.	나는 네게 받는다.
우리는 구별된 역할이 있다.	우리는 동등한 역할이 있다.
나는 네게 생명을 주었다.	너는 내게 기쁨을 준다.
좀더 포괄적이다.	좀더 피상적이다.

'난-널-사랑해'가 '난-널-좋아해'보다 우위에 있다는 생각은 잘못된 것이다. 다음 두 장에서 살펴보겠지만 '난-널-사랑해'는 "나는 네가 어디를 가든 함께 갈 거야", "무슨 희생을 치르더라도 너를 위해 그 일을 할 거야" 하는 헌신으로서 다른 사랑과는 구별되는 부모의 사랑이다. 하지만 위의 표에서 볼 수 있는 것처럼 부모 자식 간의 관계에서 '난-널-사랑해'와 '난-널-좋아해'는 둘 다 나름대로 장점이 있다. 이것이 좋다, 저것이 더 낫다고 논쟁하거나 이것 또는 저것 가운데 하나를 선택할 필요가 없다. 우리는 두 가지 모두를 원한다.

29개월 동안 베스트셀러 반열에 올랐던 「성공하는 기업들의 8가지 습관(Built

to Last: Successful Habits of Visionary Companies)」을 쓴 제임스 콜린스(James Collins)와 제리 포라스(Jerry Porras)는 오랜 역사를 가진 서른여섯 개 회사들을 연구하여 금메달 회사와 동메달 회사를 구분 짓는 네 가지 보편적인 원리를 발견했다.¹ 그들은 「포춘(Fortune)」지가 선정한 상위 500대 기업 가운데 200군데를 6년 동안 연구 대상으로 삼았다. 그들이 발견한 네 가지 원리 가운데 하나는 "선택하는 독재자가 아니라 공존하는 천재가 되어라"다. 우리가 공존의 힘을 부여잡기 원한다면 그것은 가족을 위해서다. 오랫동안 지속되는 무언가를 세우기 원한다면 그것은 바로 가족이다.

역설적이지만 '좋아하는 것'과 '사랑하는 것'을 가지고 사람들이 논쟁하는 것을 자주 듣는다. "그들을 사랑하지만 좋아하지는 않아" 또는 "그들을 사랑해야 하지만 좋아하지는 않아도 돼"라고 말하면서 그것을 종교적인 태도로 여기는 사람들도 있다. 그 말은 경건하게 들릴지는 몰라도 그 의미는 모호하다. 아니 겉과 속이 다른 말처럼 들린다. 우리는 "여름 방학이 빨리 끝나 너희가 학교에 가면 좋겠다" 또는 "네가 빨리 취직해서 나가 살면 좋겠다"라는 말을 하면서 자녀들에게 어떤 메시지를 전하고 있는가? 대부분의 사람들은 상대방이 자기를 좋아하는지 직관적으로 느낄 수 있으며, 그가 자신을 좋아하지 않는다는 결론에 도달하면 아무리 사랑을 표현해도 분명히 그 사랑을 의심할 것이다. 그것이 자녀의 경우라면 더 말할 것도 없다.

위의 표에서 분명히 왼쪽 줄보다는 오른쪽 줄이 한 걸음 더 진보한 것 같지만 자녀 양육에서는 이 두 가지가 모두 중요하다. 하지만 '난-널-사랑해' 자녀 양육이 '난-널-좋아해' 자녀 양육보다 우선하며 이를 대체한다. 자녀 양육에 중요한 이 두 가지 면들을 바르게 이해하면 자녀가 십대일 때 상담에 들어갈 많은 돈을 절약할 수 있다. 너무나 많은 부모들이 자녀의 친구가 되려고 인위적으로 노력하고 있다. 그들은 자녀의 부모가 아니라 친구가 되길 원해 '난-

널-사랑해' 자녀 양육을 배제하고 '난-널-좋아해' 자녀 양육을 선택한다. 그러나 오히려 그 과정에서 자녀들은 부모에 대한 안정감을 잃어버리는 경우가 많다. 그에 대한 개념은 다음 장에서 더 명확하게 조명하겠다.

자녀를 좋아함과 사랑함을 적절하게 통합할 때 자녀들이 잘 자라날 만족스러운 분위기를 만들 수 있다. 이 장에서는 건강한 가족생활을 구성하는 웃음과 가치, 상호 존중이라는 보약을 가정에 처방하는 많은 실제 방법들을 제시하겠다. 건강한 가정을 원한다면 함께하는 것을 즐기는 가정을 보여주겠다.

'열린 토론회'를 열기 위해 가족 구성원들을 모은다고 상상해보라. 토론할 논제는 "우리는 '난-널-좋아해' 가족이 되기를 원하는가, 아니면 '난-널-좋아하지-않아' 가족이 되기를 원하는가?"다. 분명히 모두가 '난-널-좋아해' 가족이 되길 원할 것이라고 기대한다. 하지만 너무나 많은 가정들이 '난-널-좋아하지-않아' 쪽으로 작용하고 있다. 아래 표에 비추었을 때 당신의 가정은 어떤지 살펴보라.

'난-널-좋아해' 가족	'난-널-좋아하지-않아' 가족
서로를 위해 시간을 낸다.	함께 있는 시간을 내지 않는다.
함께 있으면 재미있다.	함께 있으면 재미가 없다.
게임을 한다.	게임을 하지 않는다.
취미 생활이나 오락을 함께한다.	함께하는 오락이 없다.
특별히 공휴일에 가족 전통을 즐긴다.	전통이 거의 없다.
휴가를 함께 즐긴다.	마지못해 가족 휴가를 간다.
축하하기 위한 구실을 찾는다.	축하하는 일이 거의 없다.
건강한 웃음이 가득하다.	분노로 가득하다.
자기 자신을 보고 웃는다.	서로를 조롱한다.

의도적으로 스트레스에서 벗어나려고 한다.	우리 가정은 터지기 직전의 압력밥솥이다.
서로를 즐긴다.	서로를 인내의 대상으로 본다.
집에 빨리 들어가고 싶어 한다.	집 밖으로 빨리 나가고 싶어 한다.
긴 대화를 나눈다.	의미 있는 대화는 거의 나누지 않는다.

'난-널-좋아해' 가족은 건강한 가족이다. 상호 존중과 즐거움, 안정이 이런 가정의 특징이다. 그런 가정은 다음 다섯 가지 벽돌 위에 세워진다.

첫번째 벽돌 : 축하

재미있게 서로를 즐기고자 할 때 촉매제나 활력을 새롭게 하는 계기 또는 축하할 이유가 있다면 도움이 될 것이다. 어떤 가족들은 축하할 순간들을 놓치지 않고 잘 찾아서 축하를 해주지만, 우리 대부분은 어떤 것이 축하할 만한 일인지 알아보려면 훈련이 필요하다. 사안에 따라 명백한 것도 있지만 눈에 쉽게 띄지 않고 지나칠 수 있는 일도 있다. 다음은 우리가 축하할 수 있는 몇 가지 일들이다.

좋은 성적

효율적으로 마친 집안 일

문제 해결

프로젝트 완성

아버지나 어머니의 사업 성공

새로 사귄 친구

친구에게 받은 편지

읽은 책

기도 응답

유익한 대화

치유된 관계

빚 청산

월급 인상

칭찬

대학 합격

삶의 이정표

멀리 있는 친구로부터 온 전화나 메일

휴가 계획

마약 중독에서 벗어남

위에 나온 일들뿐만 아니라 지나치기 쉬운 특별한 날들, 기념일들, 국가 공휴일과 종교 절기에 우리는 축하를 할 수 있다. 아이들이 방학을 맞이한 것을 축하해주는 것도 좋다. 우리는 1년에 한 번씩 돌아오는 아래의 휴일들뿐 아니라 그밖의 중요한 날들을 보다 잘 챙길 필요가 있다(이런 말을 한다고 해서 홀마크 같은 카드 회사에서 무슨 커미션을 받는 것은 절대 아니다).

어머니날

아버지날

크리스마스

부활절

추수감사절

독립기념일

로쉬 하샤나(유대인의 설 명절)

생일

결혼기념일(부모와 조부모)

이사기념일

영적 생일과 거듭난 날

세례

졸업

우리 외할머니는 축하 파티를 할 일이 없는지 찾아다니는 분이셨다. 그리고 내가 아는 사람들 중에서 가장 인심이 후하셨다. 외할머니는 텔레비전 부흥사들이 가장 좋아할 만한 분이셨다. 그분은 모금 요청 편지를 받을 때마다 조금씩이라도 꼭 돈을 보내셨다. 그리고 내게 즐거움과 베풀어주시는 게 많은 분이셨다.

외할머니는 내게 편지를 쓸 때마다 용돈을 조금씩 함께 보내주셨다. 그분의 편지를 받을 때마다 내가 얼마나 기대에 가득 찼는지는 두말할 것도 없다. 나는 주말에 외할머니 집에 놀러 갔다가 가끔 하룻밤을 자고 오기도 했는데, 그때 우리가 하는 일련의 전통이 있었다. 카드놀이, 내가 좋아하는 몇 가지 텔레비전 프로그램 시청, 거품 목욕, 원하는 만큼 토핑을 얹어 직접 만들어 먹는 바나나 스플릿 그리고 취침 전에 먹는 어린이용 오렌지 맛 아스피린이 거기에 포함되었다.

할머니의 영향을 많이 받은 어머니 덕분에 우리 가족도 줄기차게 축하 의식을 즐겼다. 우리 가족은 매일 저녁 식사 후 둘러앉아 땅콩과 프레즐을 곁들인 콜라를 마시면서 하루의 일을 이야기하는 알코올 없는 '행복한 시간'을 가졌다. 어머니는 '축하를 받을 만하면 축하해주기' 라는 모토로 사셨다.

우리 집에는 손님이 많이 찾아 왔는데, 덕분에 우리 가족의 대화는 늘 끊이지 않았고 가족생활도 풍성했다. 가족의 생일이 돌아오면 우리는 초를 꽂은 케이크를 내오면서 전통적인 생일 축하 노래를 불렀는데, 노래의 각 소절마다 귀엽고 짧은 추임새를 붙여서 불렀다. 내가 알고 있는 바에 의하면, 하틀리 가에서 시작된 이 관습은 생일 축하 때마다 가족의 정체성을 확실히 하고 즐거움을 더해주었다.

문제 있는 가족들을 연구한 학자들은, 그러한 가족들의 가장 눈에 띄는 특성 가운데 하나가 서로 축하하지 못하는 것임을 발견했다. 결혼기념일, 생일 또는 그밖의 축하할 만한 순간들은 그들의 관계에서 오는 불행으로 인해 악화되었다. 즐거움과 웃음이 넘칠 그날에 오히려 분노와 말다툼, 고함, 당황, 상처, 소외가 일어났다. 건강하지 않은 가족들은 '난-널-좋아해' 가족들이 즐기는 축하를 즐기지 못한다.

두번째 벽돌 : 취미

얼마 전 나는 아내를 기쁘게 해주고 싶어 우리는 함께 공예물 전시회에 갔다. 사실 나는 공예물에 별 관심이 없기 때문에 그곳에서 사람들을 관찰하면서 거의 시간을 보냈다. 나는 그들이 얼마나 친절하고 행복해 보이는지 보고 충격을 받았다. 그 집단은 인종적으로나 경제적 그리고 사회적으로 다양한 사람들이었는데 모두가 밝고, 뜻이 맞고, 창의적으로 보였다. 그것을 보면서 나는 취미를 가지고 있는 사람들이 그렇지 않은 사람들보다 더 건강하다는 결론에 도달했다.

'난-널-좋아해' 가족들은 취미 생활을 함께 자주 즐기거나, 가족 각자의 취미들을 성원해준다. 가족이 함께 관심을 가지고 있다면 대부분의 분야들이 취미 생활이 될 수 있다.

- 수집 – 야구 카드, 곤충, 로고가 있는 골프 공, 토마스 킨케이드(Thomas Kinkade)의 그림, 종, 골무, 성냥갑, 차 번호판, 조개껍질, 모형 비행기
- 공예 – 목공예, 바느질, 뜨개질, 퀼트, 레이스, 조개 공예
- 수공일 – 자동차 수리, 배관, 전기, 컴퓨터 조립
- 독서 – 소설, 역사, 연구, 고전, 시
- 음악 – 클래식, 가스펠, R&B, 재즈, 블루스, 헤비메탈, 랩
- 연극 – 셰익스피어, 초기 미국 연극, 현대극
- 영화 – 촬영 기술, 영화 제작

세번째 벽돌 : 전통

축하 의식은 금세 전통이 된다. 우리 딸 안드레아는 가족 전통에 관한 나름대로의 이론을 가지고 있다. "3년 연속 하지 않은 일은 가족의 전통이 될 수 없어요. 그것을 공식 전통으로 삼을 만큼 우리가 좋아하는지 알려면 적어도 두 번은 해봐야죠."

가족들마다 그들만의 오솔길을 만들고 그 길을 걸어갈 전통을 수립할 필요가 있다. 가족 모두가 받아들이기만 한다면 어떤 것도 전통이 될 수 있다(3년 연속해야 한다는 점을 기억하라. 그러면 전통을 세울 수 있다). 하지만 명심할 것은 한 가족의 전통이 다른 가족에게 장애가 될 수 있다는 점이다. 다음은 가족의 전통으로 삼을 만한 몇 가지 예들이다.

게임과 관련된 전통 – 저녁 식사 후에 하는 구슬치기, 화살 쏘기, 비디오 게임이나 탁구 경기, 주말에 하는 테니스, 골프 등의 운동, 또는 1년에 한 번씩 마스터즈 골프 대회나 프로야구 경기장 관람 같은 스포츠 행사에 참석하기.

특별한 날의 전통 - 가족의 생일, 졸업일, 기념일 지키기, 이웃과 함께하는 독립기념일, 연말 연휴를 보낸 후 새해 첫날에 이웃에 집 개방하기.

종교 절기와 관련된 전통 - 교회에 얼굴만 내밀고는 절기를 지켰다고 생각하지 말라. 그날을 창의적으로 보내라. 이웃을 집에 초청해 그들은 이 특별한 날에 전통적으로 어떤 축하 의식을 갖고 있는지 물어보라. 예수님에 대한 영화를 보여주고 그에 대해 말해준다. 크리스마스 때는 이웃의 아이들을 예수님의 생일 파티에 초대한다.

유산으로 내려오는 전통 - 고인이 된 가족 어른들의 생신을 축하하는 것은 잘못된 일이 아니다.(마틴 루터 킹의 날, 콜럼버스의 날, 대통령의 날은 축하하면서 왜 돌아가신 할머니의 생일은 축하하면 안 되는가?) 영적으로 거듭난 날을 축하한다. 조부모의 결혼기념일과 같은 가족의 주요 행사를 축하한다.

요리와 관련된 전통 - 좋아하는 초콜릿 소스, 케이크, 파이, 집에서 만든 아이스크림, 스파게티 소스, 피자 만들기. 집안에 대대로 내려오는 크리스마스 쿠키 만드는 법과 가족들이 좋아하는 음식들의 요리법을 적어 물려준다.

취미와 관련된 전통 - 여름마다 자동차 점검하기, 크리스마스 때마다 스키 타러 가기, 매년 봄마다 가족과 함께 정원에 꽃 심기, 주말에 야구 카드 교환식에 참석하기, 인형이나 우표, 동전, 화살촉, 데칼코마니 등을 수집하기.

모든 전통은 가족을 더욱 가깝게 묶는 밧줄과 같다. 사실 몇 세대에 걸쳐 부모, 조부모, 증조부모로부터 전해 내려온 전통은 수십 년, 아니 수세기 동안 우리를 하나로 묶어준다. 전통은 서로 좋아하는 사람들을 위한 것이다.

옛말에 "함께 기도하는 가족은 함께 있는 것이다"라고 했다. 우리는 이런 말도 해볼 수 있다. "함께 놀이하는 가족은 함께 있는 것이다."

네번째 벽돌 : 휴가

'난-널-좋아해' 가족들은 휴가를 함께 보낸다. 인생은 휴가가 아니며 우리는 휴가를 위해 살아서는 안 된다. 우리는 개인 생활과 직장 생활을 포함한 일상생활을 즐기고 싶어 하지만, 확실히 휴가는 인생을 더욱 재미있게 만들어준다. 휴가를 통해 우리는 깊이 생각하며 일을 처리하고 재충전될 뿐만 아니라 우리 삶에 가장 중요한 사람들과 다시 연결되는 시간을 갖는다.

나는 열심히 일하고 열심히 논다. 열심히 휴가를 즐긴다. 목사인 나는 대부분의 주말과 거의 모든 휴일에 일을 해야 한다. 그런 이유로 1년 중 두세 번은 의미 있고 기억에 남을 만한 휴가를 계획하고 떠나기 위해 최선을 다한다. 돈이 별로 들지 않는 휴가가 있는가 하면 돈이 많이 드는 휴가도 있지만, 어쨌든 모든 휴가는 재미있다.

우리 가족이 가장 좋아하는 휴가지는, 1년에 한 번씩 가는 곳으로서 남부 플로리다 주 서해안의 포트 마이어스에서 멕시코 만으로 20킬로미터 들어간 곳 조개잡이의 낙원 캡티바 섬의 사우스시 플랜테이션이다. 우리 가족과 가까운 친척들은 거기서 함께 휴가를 보내는 일주일을 아주 좋아한다. 마침내 우리는 거기서 일주일을 함께 보내는 서른다섯번째의 전통을 세웠다. 이제 싫증나거나 지칠 법도 하지만 우리는 매년 그 순간을 즐긴다. 더할 나위없이 만족한다. 우리 각자는 여유를 가지고 자신만의 속도로 그 순간을 즐긴다. 잠도 실컷 자고 원기를 회복하여 집으로 돌아온다.

우리 가족에게만 의미 있고 재미있는 가족 영화처럼 지루하게 보일 수도 있겠지만, 우리의 전통이 된 사우스 시에서의 휴가 일정을 소개하겠다.

1. 금요일 낮 12시에 아이들을 학교에서 데리고 온다(아이들이 아주 좋아하는 전통이다).
2. 75번 도로 남쪽 방면 어딘가에 있는 '스테이크 앤 쉐이크'에 들러 식사를 한다.
3. 오후 5시까지 호텔에 체크인한다.
4. 5시 30분까지 짐을 푼다.
5. 6시까지 무료 골프(주로 9홀)를 친다.
6. 8시에 부둣가에 있는 '캡틴 알' 식당에서 저녁 식사를 한다.
7. 브레이브스 팀의 야구 경기를 본다(주로 월드 시리즈다).
8. 다음 날 아침에 조개 잡기 시합을 한다.
9. 그 섬을 달린다(섬의 이쪽 끝에서 저쪽 끝까지 약 7킬로미터쯤 된다).
10. 모래 조각 경연을 한다.
11. 섬 사이를 떠다닌다(두 섬 사이의 조류를 따라 튜브를 타는 것으로 위험하지만 스릴 만점이다).
12. '엉클 밥' 아이스크림을 먹는다.
13. 주일 아침 바닷가에서 예배를 드린다.
14. 자체로 마련한 상패가 걸린 '장밋빛 저어새 초청 경기'라고 명명한 테니스 리그전을 벌인다.
15. 근처 식당에서 해산물 뷔페로 저녁 식사를 한다.
16. '무시구시' 섬의 개펄에서 조개를 잡는다.
17. 겨드랑이에 물이 차오를 때까지 그물을 치며 바다로 들어가 새우, 해마, 물고기, 가오리 등을 잡는다.
18. '벤과 제리' 아이스크림 잔치를 벌인다.
19. 일곱 개의 치즈로 만든 디너 롤의 일종인 버블 빵을 먹는다.

20. 지폐를 찾는 모래 다이빙을 한다.

21. 자전거를 탄다.

22. 저녁에 과일 스무디를 먹는다.

23. 휴가 기간에 생신을 맞은 아버지께 모자와 카드, 선물을 드리며 축하한다.

24. 애틀랜타 브레이브스 팀의 티셔츠나 그 지역과 관련된 골프 셔츠 등 마음에 드는 전통 의상을 입는다.

25. 15분마다 무료로 탈 수 있는 시내 전차를 탄다.

26. 수영장 주위에서 빈둥거리면서 논다.

27. 개인적으로 가장 좋아하는 휴가지 점심 식사인 연어 베이글을 먹는다.

28. '마마 로사'의 피자를 먹는다. 로마와 베니스를 제외한 지역에서 가장 맛있는 피자다.

29. 가족 성경 읽기를 한다.

30. 별을 보면서 한밤의 대화를 한다.

31. 바닷가 모래사장에서 위플볼(wiffle ball, 속이 비어 있고 구멍이 숭숭 나 있는 플라스틱 공 - 역자 주), 프리스비(Frisbee, 던지기 놀이에 쓰이는 플라스틱 원반 - 역자 주), 보시볼(boccie ball, 잔디 볼링을 할 수 있는 공 - 역자 주)과 미식축구를 한다.

32. 일몰을 감상한다.

33. 자연 속을 거닌다.

34. T형 선착장에서 낚시를 한다.

몇 가지가 빠졌을 수도 있지만 거의 다 나열한 것 같다. 우리가 휴가지에서 어떤 시간을 보내는지 조금은 느낄 수 있을 것이다. 하지만 이보다 더 중요하게는 우리가 함께 누린 즐거움을 당신도 조금이라도 느낄 수 있기를 희망한다. 함께 휴가를 보내는 것은 정상적인 '난-널-좋아해' 가족생활에 중요한 부분이다.

다섯번째 벽돌 : 건전한 유머

건강한 사람들은 웃고, 건강한 가족은 함께 웃는다. 그들은 웃음을 장려하고 찾는다. 건전하고 깨끗한 유머는 영혼에 유익하다. 애리조나 주립대학교 교수인 엘리자베스 스탠리(Elizabeth Stanley) 박사는 11-16세 학생들과 그들의 가정생활을 광범위하게 조사했다. 그녀는 "긴장되거나 스트레스가 많은 상황에 있을 때 마음을 가볍게 하는 농담을 하는 부모 아래에 있는 청소년 자녀들은 보다 더 마음이 편했고, 인정받았고, 불안을 덜 느꼈으며, 더욱 긍정적인 방식으로 의사소통을 했다"고 결론지었다.

가족에 따라 유머가 많은 집안이 있는가 하면 어떤 집안은 그렇지 못하다고 생각할 수 있지만 보통은 그렇지 않다. 대부분의 집안에는 코미디언이 한 사람씩 있게 마련이다. 허용하는 분위기이고 약간의 격려만 받는다면 그는 나머지 가족들에게 즐거움과 웃음의 근원이 될 것이다. 각 가정마다 그들만의 다양한 유머와 재치와 건전한 풍자가 있다. 이를 인정하고 장려한다면 거의 모든 가정에서 유머를 꽃피울 수 있다.

스파이더맨, 헐크, 아치와 저그헤드, 그밖의 만화 인물들을 그린 직업 만화가인 나의 아버지는 우리 집안의 코미디언이었다. 내 친구들이 집에 오면 아버지는 거의 모든 주제들에 대해 농담을 하실 수 있었다. 우리가 '고양이' 라고 말하면 고양이에 대한 농담을 했고, '학교' 하면 학교에 대한 농담을 하셨다.

막내아들인 앤드류는 할아버지의 유머 솜씨를 물려받았다. 학교 선생님들은 앤드류의 훌륭한 유머 솜씨에 대해 이미 잘 알고 있다. 그는 코미디언으로서 명성이 꽤 자자하고 유머를 적절하게 구사하는 법을 배우고 있다.

집안의 코미디언이 누구인지 확인할 수 없는 가족들은 유머 카세트 테이프나 영화, 농담 책, 만화 등을 구입해 부족한 부분을 메울 수 있다. 이 모든 게 소용없을 때면 스스로 웃음을 찾아보라. 유머의 가장 좋은 근원지는 우리 모두가 매일 몸담고 있는 일상생활이다. 거의 모든 텔레비전 시트콤들이 우리 모두가 인정할 수 있는 실제 생활에서 일어나는 일들을 다루며, 등장인물들은 언제나 자기 자신으로 인해 웃는다. 그런 류의 시트콤은 〈신혼여행자(The Honeymooners)〉와 〈아이 러브 루시(I love Lucy)〉에서 시작해 〈비버는 해결사(Leave It to Beaver)〉와 〈올 인 더 패밀리(All in the Family)〉로 계속되었고, 그후에는 〈홈 임프루브먼트(Home Improvement)〉와 〈패밀리 매터스(Family Matters)〉, 〈코스비네 가족(The Cosby Show)〉으로 이어졌다.

그 모두를 종합하면 우리는 이런 메시지를 얻는다. 즉 누구한테도 이해받지 못한다고 느끼는 부모라면 특히 자신에 대해 너무 심각하게 생각하지 말라는 것이다. 안달복달하지 말라! 자녀 양육은 웃음으로 인해 더 향상된다. 성경은 "마음의 즐거움은 양약"(잠 17:22)이라고 말한다. 우리 모두는 자녀 양육을 응원해주는 좋은 소리가 필요하다. 즐거움, 게임, 파티, 환희와 커다란 웃음, 이 모두가 건강한 가족생활의 일부를 이룬다.

골프채를 짧게 잡지 말라

나는 공을 앞에 두고 서 있었다. "골프채를 짧게 잡지 마세요"라고 골프 코치가 주의를 주었다.

"골프채를 짧게 잡지 말라는 건 무슨 뜻인가요?"라고 나는 약간은 불안한 마음으로, 약간은 당황하며 물었다.

"골프채를 너무 세게 잡고 있다고요. 당신의 팔이 얼마나 구부러져 있는지 보세요. 당신은 지금 골프채를 짧게 쥐고 있어요. 백스윙을 할 때 손 안에서 골프채가 움직이는 것을 조금도 느끼지 못한다면 그것은 제대로 된 스윙이 아닙니다." 코치의 말이 조금씩 이해되기 시작했지만 지적은 거기서 그치지 않았다.

"공을 칠 자세를 다시 취해보세요." 나는 다시 자세를 취했다. "팔을 보세요. 아직도 구부러져 있잖아요. 지금 야구를 하는 게 아닙니다. 이것은 골프예요. 골프채를 좀더 느슨하게 잡을 필요가 있어요." 무슨 말인지 알겠다고 했지만 그는 계속 말을 이었다.

"골프채로 스윙을 하고 싶으시죠? 그렇다면 골프채를 꽉 쥐어서는 안 됩니다. 그네를 한번 생각해보세요. 그네는 뻣뻣한 막대기가 아닌 밧줄이나 체인에 달려 있습니다. 마찬가지로 제대로 스윙을 하려면 손에 힘을 빼고 느슨하게 골프채를 잡아야 해요."

다시 한 번 나는 무슨 말인지 확실히 이해한다고 했지만 그는 계속했다. 그는 내가 절대 잊지 않도록 정보 하나를 더 일러주었다. "프레드, 골프채를 느슨하게 잡으면 스윙 속도를 높이지 않아도 드라이브 비거리가 50야드는 더 나갈 거예요." 그것은 내가 꼭 들어야 할 말이었다. 그의 말은 옳았다. 비거리는 팔이나 손의 속도가 아니라 골프채 헤드의 속도로 결정된다. 그리고 골프채 헤드의 속도는 "골프채를 짧게 잡지 말라"는 원리에 의해 주로 결정된다. 골프채 자체가 스윙하도록 하라. 이 원리는 골프뿐만 아니라 자녀 양육에도 적용된다.

우리는 모두 자녀 양육이 손을 사용하는 일이라는 것을 안다. 분만실에서 우리의 딸을 손으로 받아 안는 순간부터 그 딸의 결혼식에서 그녀를 포옹해줄 때까지, 아니 그후에도 손은 애정을 전달하는 특별한 전략적 역할을 한다. 현명한 부모들은 언제 적극적으로 손을 사용할지 그리고 언제 손을 뗄지 안다. 그들은 언제 병아리들을 자기 날개 아래로 데리고 올지, 언제 그들을 둥지 밖으로 내보낼지 안다. 딸에게 "골프채를 짧게 잡지 말라"는 원리를 실천할 때 우리는 그녀에게 이렇게 말하는 것이다. "나는 너를 좋아해. 나는 너를 믿어. 네가 네 자신이 되게 해줄게. 네게 영향을 미칠게. 그게 부모로서 내가 할 역할이야. 하지만 너와 싸우거나 네게 강제로 무언가를 시키지는 않을 거야. 네가 스스로 네 모든 잠재력을 사용하며 자유롭게 스윙하길 바란다."

아들에게는 이렇게 말하는 것이다. "너는 어디까지나 너이며, 너는 좋은 남자야. 네가 어떤 사람이든 너를 존중한다. 나는 너에 대한 확신이 있어. 내가 너를 위해 언제나 그 자리에 있으리라는 것을 너는 알 거야. 하지만 내가 너를 대신해 모든 결정을 내려줄 수는 없어. 나는 단지 네가 좋은 선택을 하도록 도와줄 수 있기를 바란단다."

건강하고 자신 있는 자녀들을 키우기 원한다면 부모들이 지키기 위해 노력해야 할 미묘한 균형이 있다. 자녀들을 너무 꽉 잡으려 하지 말고 그들 각자가 그들 자신이 될 수 있게 하는 동시에, 그들이 부모인 우리에게 얼마나 큰 의미인지 알려주는 것이다.

모든 자녀들은 자신이 부모에게 영향 주는 것을 아주 좋아한다. 그들은 자기 때문에 부모가 웃거나 칭찬을 받거나 으쓱해지기를 바란다. 자녀의 신호에 따라 어떤 소리를 내거나 재미있는 동작 취하기 놀이를 어린 자녀와 해본 적이 있는가? 자녀가 당신의 코를 만지면 종소리를 내고, 귀를 당기면 머리를 마구 흔들거나, 손가락을 잡으면 위아래로 뛴다거나, 발을 잡으면 팔을 마구 휘젓는 놀이를 해보았을 것이다. 나의 아버지가 아이들의 그런 자극에 과장되게 반응하자 아이들이 숨도 못 쉴 정도로 뱃속 웃음을 터트리는 것을 보면서 나는 자녀 양육에 대해 많은 것을 배웠다.

우리의 자녀들은 그들이 우리에게 어떤 영향을 주고 있는지 알 필요가 있다. 그가 아플 때 우리도 아프고, 그가 기쁠 때 우리도 기쁘다는 것을 알 필요가 있다. 그가 농담을 할 때 우리는 웃는다. 우리의 솔직한 대답을 듣고 싶어 하면서 심도 높은 질문을 할 때 우리 역시 그에 대해 더 잘 알기 원한다. 그가 관심 있는 분야를 추구할 때 우리는 그의 관심을 존중하며 가능하면 그 과정에 동참한다. 그러나 자녀는 우리가 그를 위해 인생을 대신 살아줄 수 없다는 점도 알아야 한다. 우리가 차츰차츰 그를 떠나보낼 때 그는 자기의 날개들을 시험해보고, 그 날개가 날 수 있을 만큼 충분히 강하다는 사실을 발견할 날이 올 것이다.

객실의 기압 내리기

인간의 영혼은 엄청난 스트레스와 압박에 견딜 수 있도록 만들어졌다. 우리는 시간의 압박, 또래의 압력, 금전적인 압박, 일정의 압박, 관계에서 오는 압박 그리고 건강의 압박을 견딘다. 21세기를 살아가는 사람들이 피할 수 없는 것이 바로 스트레스다. 가족이 주는 압박에서 살아남고, 스트레스에 대처하고, '난-널-좋아해' 가족 분위기를 지키기 위해 우리는 객실의 기압을 내리는 방법을 배워야 한다.

시간 관리에 관한 책 중에 가장 도움이 되었던 것은 아치볼드 하트(Archibald Hart) 박사의 「아드레날린과 스트레스(Adrenaline and Stress)」다.[2] 책에서 그는 인생에서 부정적이고 소모적이며 생기를 약화시키는 디스트레스(distress)와 그와는 반대로 긍정적인 스트레스인 유스트레스(eustress)에 대해 말한다. 그는 고무줄은 늘어나도록 만들어졌지만, 계속 늘어난 채로 있으면 산화되어 결국 탄력을 모두 잃고 분해되고 만다는 사실을 지적한다. 스트레스를 계속 겪는 가정은 결국에는 탄력, 유머 그리고 웃는 능력을 잃어버리고 '난-널-좋아해' 분위기를 상실할 것이다. 그것이 장기화되면 머지않아 그 가족은 분해의 초기 징후를 보이게 될 것이다. 덜 웃게 되고 골프채를 너무 세게 쥐게 된다. 자녀들은 그로 인해 압박을 느낀다. 그럴 때 우리의 인생은 진부하고 경직되며 지루하게 되기 십상이다.

가족의 압박과 스트레스를 줄이는 방법 중 한 가지는 게임을 하고 대화를 하면서 저녁을 함께 보내는 가족의 밤을 가지는 것이다. 하지만 어떤 가족들에게 게임의 밤은 쓰레기 같은 대화로 인해 기분을 아예 망치는 시간이 될 수도 있다. 경쟁은 좋지만 극심한 경쟁은 무자비한 스트레스를 유발한다. 그럴 때 분노와 격분, 질투, 심술, 복수, 적대감 같은 특징이 나타난다. 스스로에게 질문해보라. 가족 간의 게임은 가족을 하나로 묶는가 아니면 분해하는가? 게임이 끝났을 때 가족의 관계가 더욱 깊어지는가, 아니면 경쟁하는 모습이 되는가? 그것은 가족에게 활기를 주는가, 아니면 더 처지게 하는가? 그 차이를 분별하는 것은 그리 어렵지 않다.

하루하루가 스트레스 천지인 우리의 삶에서 가족이 우선순위에서 밀리는 문제를 어떻게 해결할 것인가? 건강한 '난-널-좋아해' 가족들의 다섯 가지 벽돌들, 즉 축하, 취미, 전통, 휴가, 건전한 유머로 다시 돌아가라. 이것들 가운데 적어도 하나를 가족생활에 다시 끌어들이는 데 필요한 단계를 하나씩 밟아가라. 배우자와 자녀에게 '난-널-좋아해' 가정환경을 제공하기 위해 당신이 해야 할 일에 시선을 고정시켜라.

다음은 '난-널-좋아해' 가족들이 지닌 특징을 요약한 것이다.

- '난-널-좋아해' 가족들은 재미있는 시간을 함께 보낸다.
- 가족 한 명 한 명을 공헌하는 가족으로 소중히 여긴다.

- 뱃속에서 우러나오는 웃음을 함께 즐긴다.
- 전통을 유지한다.
- 서로를 즐기기 때문에 함께 휴가를 보내는 데 돈을 투자한다.
- 서로에게 받는 것이 있다.
- 모든 구성원들의 흔적을 지속적인 인상으로 남긴다.
- 의도적으로 자신의 '객실 압력'을 감시하고 어떻게 기압을 내릴지 안다.
- '난-널-좋아해' 부모들은 자신에 대해 지나치게 심각하지 않다.

자녀의 마음으로 들어가는 창

내게 특별한 것

나는 아버지를 정말 사랑한다. 우리는 정말이지 가깝다. 우리는 이것을 얼굴로 표현한다. 아버지는 나에 대한 사랑을 표현하고 싶을 때 내게 다가와 이마를 내 이마에 대고 아주 강하게 누르며 위아래로 비빈다. 우습고 이상한 광경처럼 보일지 모르지만 내게는 특별한 행동이다. 무슨 이유인지는 모르지만 아버지는 가족 가운데 내게만 이런 행동을 하신다. 세상에서 내게 이렇게 하는 사람은 오로지 아버지뿐이다. 그렇기 때문에 내게 그 행동은 아주 특별하다.

앤드류 하틀리, 14세

5장

나는 너를 사랑한단다

나는 가족보다 사역을 더 우위에 두었다.

존 퍼킨스(John Perkins)

모든 힘 중에서 사랑이 가장 강한 동시에 가장 약하다.
사랑만이 최후의 보루이자 요새인 인간의 마음을
정복할 수 있기 때문에 그것은 가장 강하다.
그러나 동의 없이는 아무것도 할 수 없기 때문에 그것은 가장 약하다.

프레드릭 부크너(Frederick Buechner)

하이얏트 호텔 23층에서 빈 엘리베이터를 타고 로비까지 내려가면서 이것이 몇 번이나 멈춰 설지 궁금했다. 엘리베이터가 10층에 도착하면서 벨이 울리고 속도가 줄더니 멈춰 섰다. 엘리베이터 문이 열리자 오늘날 자녀 양육의 과중한 짐을 가장 희극적으로 보여주는 한 장면이 펼쳐졌다.

노만 록웰(Norman Rockwell)의 그림을 위해 포즈를 잡고 있는 것처럼 보이는 한 아버지와 눈을 동그랗게 뜬 어린 아들이 거기에 서 있었다. 아버지는 30대로 키가 크고 덩치가 있었지만 지나치게 물건이 많이 든 가방 때문에 왠지 어색해 보였다. 한쪽 어깨에는 원래 들어갈 수 있는 것보다 더 많은 옷들을 쑤셔

넣은 옷가방이 매달려 있고, 다른 쪽 어깨에는 노트북 컴퓨터 가방과 아들의 책가방이 달려 있었다. 한 손은 아이스박스를 잡고 있었고, 다른 손은 커다란 수트케이스를 단단히 쥐고 있었다. 양 팔에는 특대형 더플 백이 하나씩 걸려 있었다. 그는 인간이기보다는 짐을 가득 짊어진 노새처럼 보였다.

그는 올림픽 역도 선수가 역기를 들어 올린 후 중심을 잡기 위해 비틀거리는 듯한 짧고 고르지 못한 걸음으로 엘리베이터에 탔다. 얼굴은 힘이 들어 울긋불긋했다. "로비 층 좀 눌러주시겠어요?"라며 그는 부탁했다. 내가 이유를 묻기라도 한 듯 그는 하나마나 한 변명을 덧붙였다. "버튼이 안 보여서요."

나는 웃으면서 "물론이죠"라고 대답했다. 웃음이 나와 참느라 한참을 고생했다.

엘리베이터가 내려가는 동안 처음에는 보지 못했던 모습이 눈에 들어왔다. 그는 왼손에 아이스박스를 들고 있었는데 네 개의 손가락만으로 그것을 쥐고 나머지 새끼손가락은 아들의 손에 단단히 쥐어 있었다. 그리고 오른손의 초대형 수트케이스 손잡이는 손가락 세 개만으로 버티고 있었다. 그의 엄지와 검지는 아들의 자랑과 기쁨임이 틀림없는 모형 나무 비행기를 부서질새라 살짝 쥐고 있었다.

나는 아들이 잡고 있는 그의 왼손 새끼손가락과 오른손의 나무 모형 비행기를 번갈아 쳐다보았다. 무지막지한 힘과 부드러운 터치는 거침과 부드러움, 넓은 어깨와 민감한 영혼을 동시에 보여주는 현대 생활의 단면을 그리고 있었다. 이 남자의 결심과 무엇이든 하겠다는 노력에는 어떤 고귀한 것이 있었다. 그의 힘이나 결단과 함께 마지막 순간에 아들의 모형 비행기를 집어 들고 갈 손가락 두 개를 더 찾아낸 마음에 나는 감탄했다. 아들의 안전을 위해 뻗은 새끼손가락에도 탄사가 나왔다. 하지만 동시에 염려가 되었다. 그것은 우리에게 심각한 경고를 주는 장면이기도 했다.

이것이 21세기에 자녀 양육을 하는 데 요구되는 것이라면 너무나 많은 사람들이 몹시 지치거나 실패감을 느끼는 게 당연하다는 생각이 절로 떠올랐다. 우리 대부분은 너무 많은 무게, 즉 너무 많은 책임을 지고 있다. 우리는 비현실적이고 비인간적인 짐을 어깨에 짊어지고 있다. 세상의 무거운 짐을 지탱하는 동시에 자녀의 삶에 소중한 분야들을 부드럽게 보호하려 한다.

그렇게 상처받기 쉽고, 연약하고, 깨지기 쉬운 나무 모형 비행기를 들고 있는 모습은 사랑하려는 우리의 노력이 왜 그렇게 부적절할 때가 많은지 보여준다. 우리는 비현실적인 요구 앞에 서 있으며 엄청나게 무거운 짐을 운반해야 할 처지다. 주의하지 않으면 부모인 우리는 인간이기보다는 짐을 지는 짐승으로 전락해버릴 수도 있다. 우리의 어깨에 지나치게 많은 요구가 달려 있다. 시간의 압박과 빡빡한 일정 때문에 너무 힘이 들어 자녀들의 인생에서 우리가 줄 수 있는 게 겨우 새끼손가락에 지나지 않게 되는 것이다.

혈압이 오를 정도로 엄청난 압박 아래서 비틀거리면서 "나는 너를 사랑해"라고 말하려면 힘이 든다. 너무 많은 다른 요구들에 몰두해 있을 때 사랑을 전달하기란 힘들다. 살아남기 위해 발버둥칠 때 가정에서 가장 먼저 희생되는 요소는 주로 사랑이다.

부모인 우리는 '난 널 사랑해'에 우선순위를 두기를 원한다. 의도가 충분히 좋지 않아 이 분야에서 실패하는 것은 아니다. 우리의 아들들은 부모의 새끼손가락보다는 더 큰 것을 간절히 바라고 있으며, 그의 부서지기 쉬운 꿈들은 뒤늦은 후회가 아니라 사전의 고려를 필요로 한다는 것을 우리는 안다. 무엇보다 확실한 것은, 우리의 자녀들에게 부모의 새끼손가락 정도의 애정보다는 더 많은 애정이 필요하다는 점이다. 이 장에서 우리의 아들들과 딸들을 어떻게 팔로 감싸안을지, 어떻게 그들의 꿈을 완전히 포용하고 응원할지 배워보자.

나무 모형 비행기 같은 자녀 양육

그 나무 모형 비행기가 집까지 온전하게 운반되었는지, 아니면 도중에 망가졌는지는 중요한 문제가 아니다. 중요한 것은 그 남자의 기분이 도중에 가라앉아 아들의 영혼에 상처를 주었는지, 아니면 끝까지 서로를 아끼고 존중하면서 그날을 잘 보냈는지다. 우리가 자녀의 인생을 위해 우리의 너무 적은 부분만 허용한다면 부모 자식 간의 관계는 쉽게 희생되고 만다.

자녀를 키우다보면 나무 모형 비행기처럼 상처 받기 쉽고 연약한 순간들을 경험하는데 그 시간들은 우리의 기억 속에 오래도록 남는다. 창의적이고, 부드럽고, 놀랍고, 눈물겨운가 하면, 기쁨이 가득한 순간들이기도 하다.

- 자녀가 키우던 개가 죽었을 때
- 자녀가 홈런을 쳤을 때
- 자녀가 유치원에 간 첫 날
- 자녀가 학교 연극에서 대사를 잊어버렸을 때
- 딸의 임신을 알았을 때
- 아들이 커닝하다가 잡혔다는 교장의 전화를 받았을 때
- 딸이 자동차를 타고 도로에 나간 첫 날
- 고등학교 마지막 날
- 대학을 선택하고 지원하는 과정
- 대학에 간 첫 날
- 대학생 자녀가 전공을 선택할 때
- 아들의 옷장에서 대마초를 발견한 날
- 딸이 남자친구와 헤어졌다는 것을 알게 되었을 때

- 대학 졸업 후 미래의 배우자가 될지도 모를 사람과 갖는 모든 데이트 관계

당신이 지금 손가락으로 잡고 있는 그 약한 나무 모형 비행기를 보라. 그것이 당신의 손에 영원토록 있을 수 없음을 깨닫기 바란다. 사실 당신은 그런 연약한 순간들이 다시 오기를 머잖아 원하게 될 것이다. 그것들은 부서지기 쉽고 민감하며 감수성이 높다. 그것들은 꿈이며 정체성을 형성하는 순간들이다. 자녀들이 그러한 순간을 맞이할 때 우리는 충분히 그들을 존중하고 돌보며 의미를 부여해주어야 한다. 그리고 이때 조심하지 않으면 우리는 아주 중요한 무언가를 박살낼 수 있다. 그러한 모든 연약한 순간들은 우리가 자녀들에게 이렇게 말할 수 있는 기회다. "나는 너를 사랑해! 아마 세상 누구보다 더 네가 지금 겪고 있는 일을 알고 존중하며 너를 위해 여기에 있어."

"나는 너를 사랑해." 다른 언어는 모르겠지만 영어에서 이 말보다 더 친근한 말은 없다. 이보다 더 힘 있고 영향을 주는 말은 없다. "나는 너를 사랑해"라는 말은 어떤 인생에도 의미와 존엄성, 가치와 중요성을 불어넣는다. 그것은 영혼이라는 피에 산소를 공급해준다.

아버지 하나님께서 그 말씀을 그분과 꼭 닮은 형상을 가진 아들에게 했을 때 아들은 귀가 솔깃해졌다. 그는 머리를 돌렸다. 가던 길을 멈추었다. 눈에는 물기가 고였다. 그는 자신이 그 말씀을 정확하게 들었는지 확실하게 알기를 원했다. 그의 입가에서 미소가 떠올랐다. 그는 힘들게 침을 삼키고는, 그 말씀이 심장에 메아리치는 것을 느끼며 숨을 크게 들이 쉬었다. 그 말씀은 어떠한 마사지보다 더 깊이 그의 뭉친 근육을 풀어주었다.

"나는 너를 사랑한다." 이땅에서 사시는 동안 예수님은 그 말씀을 아버지 하나님으로부터 전에도 확실히 들으셨다. 하지만 이제 다시 한 번 그것을 들을

필요가 있으셨다. 제시간에 약속 장소에 확실하게 도착하려고 가는 동안 가끔씩 시계를 들여다보는 것처럼, 그 말씀은 예수님이 집에서 그렇게 멀리 떠나 계실 때 특별히 그분에게 아버지의 뜻을 재확인하고, 원기를 북돋워주며, 재차 확신을 주었다.

아버지 하나님은 당신의 눈이 좋은 친구인 아들에게 가 있음을 아들이 알기를 원하셨다. 그분은 예수님이 그분의 사랑과 호의를 끊임없이 자각하며 살기를 원하셨다. 아들이 어떠한 염려나 불안정, 거리감을 느끼지 않기를 바라셨다. 그분은 아들이 그분의 애정의 힘과 신뢰를 즐기고 강한 헌신을 다시 맛보며 그분의 입지를 알기 원하셨다.

하나님은 아들에게 정확하게 무엇을 말씀하셨는가?

"**나는**" - 영원히 스스로 있는 자, 여호와, 그 전에도, 이제도, 항상 있으실 영원한 지금의 하나님, 당신의 아버지, 오늘처럼 우리가 영원히 즐겼으며 영원히 즐길 일대일의 관계.

"**너를**" - 너, 예수는 내 눈의 눈동자요 마음의 기쁨이자 삶의 긍지다. 내가 하는 말을 들었니? 나는 '너', 그냥 '너'라고 말했다. 거기에 있는 다른 사람에게 말하는 게 아니라 나의 맏아들, 독생자, 영원에서 영원에 이르는 네게 말하고 있다. 예수, 너 같은 이는 지금까지 없었으며 앞으로도 없을 것이다. 누구도 네 자리를 비슷하게라도 차지할 수 없다. 내 말을 들었니? 나는 너를 사랑한다! 이 말을 네 몸 속 구석구석에 스며들게 하렴. 나는 너를 사랑한다. 이 말을 네 머리에 수천 번 울리게 하렴. 나는 네가 이 말에 푹 빠지기를 원한다. 이 말은 실로 엄청난 의미다. 나의 애정으로 네 열정을 채우고 싶구나. 그냥 한 모금만 마시고 잔을 내려놓지 말렴. 네가 이 잔을 한 방울도 남기지 않고 모두 비우길 원한다. 네 아버지가 머리끝에서 발끝까지 너를 향한 사랑에 빠져 있다는 사실에 네가 취하기를 원한다. 내 마음에서 너를 몰아낼 길은 없단다. 너는 내 손, 내 사랑하는 손 안에 있다.

"사랑한다" - 진짜 사랑, 선물인 사랑, 희생적인 사랑, 영원한 사랑, 힘든 사랑, 메시아의 사랑, 주고 용서하는 사랑. 이것은 너와 나만이 가질 수 있는, 중지할 수 없는, 포괄적인 사랑이란다. 이것은 순구하고, 거룩하고, 기적을 일으키고, 삶을 변화시키며, 온 우주에서 가장 위대한 힘을 지닌 사랑으로서 애초에 나는 세상을 위한 그 사랑으로 인해 너를 이땅에 보낼 수 있었다. 나는 지금 바로 그 사랑에 대해 말하고 있다. 내가 가진 사랑은 위험하고 상처 받기 쉽고 풍성하고 부유하며 엄청나다. 그것은 조건 없는 긍정적인 관심으로 가득하며 과분하고 노력 없이 주어지며 그 끝이 없단다. 내 아들아, 너를 너무 사랑하기 때문에 내가 너를 더 사랑하도록 만드는 것은 아무것도 없음을 네가 알기를 원한다. 나는 너를 향한 치명적인 사랑을 갖고 있단다. 그 무엇도 우리를 갈라놓지 못할 것이다. 죽음이나 생명도, 천사들이나 악마들도, 과거나 미래도, 창조물 가운데 어떤 것도 서로를 위한 언약의 사랑으로부터 우리를 갈라놓을 수 없을 것이다.

이 사랑의 표현은 하찮은 연분홍빛 애정 표현이 아니다. 이것은 모든 아이가 갈망하는 사랑의 종류다. 두말 할 필요 없이 이 사랑의 표현은 아버지 하나님께서 아들 하나님에게 유일하게 하신 것이다. 하지만 많은 부분이 이땅의 모든 아버지와 아들, 아버지와 딸, 어머니와 아들, 어머니와 딸의 관계에도 적용된다. 그리고 그 이상으로 우리는 우리의 애정을 자녀에게 전달하는 우리만의 방법들을 찾기 원한다.

믿거나 말거나 당신의 아들이나 딸은 당신이 말하는 사랑의 말을 기다리고 있다. 이 아낌없는 종류의 사랑은 갈라져 피가 나는 감정의 틈에 바르는 연고다. 아무리 자녀를 사랑해도 지나치지 않다. 중간에 관리인을 두고 사랑을 배급할 필요도 없다. 우리의 사랑으로 자녀가 숨막혀 하거나 그르치거나 질식할지 모른다고 염려할 필요가 없다. 사랑은 아무리 주어도 바닥나지 않기 때문에 수급을 조절할 필요가 없다. 또 사랑으로 그르칠 자녀는 없으므로 사랑을 자제할 이유도 없다. 우리는 자녀를 수용하고 지지할 뿐만 아니라 진정한 애정을 주어야 한다. 우리의 자녀들은 우리가 줄 수 있는 그 모든 것이 필요하다.

자녀를 아무리 사랑해도 지나침은 없지만 확실히 자녀를 부적절하게 사랑하는 일은 있을 수 있다. 그렇기 때문에 자녀에게 사랑을 표현하는 언어를 배워야 한다.

사랑의 언어

자녀가 인상을 쓰고 몸을 뻣뻣하게 움츠리고 우리를 밀치면서 "제발, 아버지! 그만 하세요. 아버지가 나를 사랑한다고 말할 때면 온몸에 소름이 돋아요" 또는 "엄마, 내 몸에서 좀 떨어지세요! 다시는 사람들 있는 데서 나를 안지 마세요!"라고 말할 때 우리는 도대체 무엇이 문제인지 어리둥절해진다. 부모로서 자신감을 상실하기도 무척 쉽다. 자녀와의 관계가 파괴되고 소멸되었다고 속단을 내릴 수 있다. 하지만 실제 문제는 간단한 것으로 사랑의 언어를 오해하는 데서 온다. 자녀에게 '난 널 사랑해'를 전달하는 열쇠는 그것을 자녀가 이해할 수 있는 언어로 표현하는 법을 배우는 데 있다.

게리 채프먼(Gary Chapman)은 그의 책 「5가지 사랑의 언어(The Five Love Languages)」로 많은 사람들의 심금을 울렸다. 모든 사람은 자기만의 유일한 언어로 사랑을 이해한다는 것이 그의 논지다. 다른 억양과 방언이 있긴 하지만 사람들이 사랑을 주고받는 데는 필수적인 다섯 가지 기본 언어들이 있다. 아들이나 딸에게 사랑을 표현하고 싶다면 우리는 자녀가 갖고 있는 사랑의 언어를 반드시 알아야 한다. 그렇지 않으면 아무리 최선을 다해 사랑을 전해도 아무 효과가 없을지 모른다. 채프먼이 나눈 언어 군들은 간단하다. 간결하게 요약하면 다음과 같다.[1]

1. 인정하는 말 : "너는 특별해" "네가 정말 자랑스러워" "아주 상냥하구나" "너에게는 배울 점이 많아" "너와 함께 시간을 보내는 것이 제일 좋아"와 같은 말이나 글.
2. 함께하는 시간 : 함께 앉아 있고, 산책하고, 활동하고, 대화하는 등 함께 있는 모든 순간들.
3. 선물, 꽃, 풍선껌, 카드, 옷, 노후를 함께하는 것 등 유형 또는 무형의 것.
4. 봉사, 방을 치워주거나, 빨래를 해주거나, 운전기사 노릇을 해주는 것.
5. 육체적인 접촉, 포옹, 입맞춤, 등을 두드리는 것.

딸이 갖고 있는 사랑의 언어는 선물인데 사랑의 말만 퍼부어서는 아이에게 사랑의 메시지를 제대로 전하지 못할 수 있다. 그것은 딸에게 아프리카 말인 스와힐리 어로 말하는 것과 같다. 아들이 갖고 있는 사랑의 언어는 함께하는 시간인데 육체적인 접촉만 아낌없이 준다면 당신은 그를 가까이 오게 하기는 커녕 저 멀리 달아나게 할 수도 있다.

이러한 사랑의 언어들이 당신에게 도움이 되기보다는 혼동만 가중시킨다는 생각이 들면 더 이상 그 수렁 속에서 허덕이지 말라. 자녀 양육의 본질은 언어가 아니라 사랑에 계속 초점을 두는 것이다. 뭐라고 하든 당신의 아들은 자신이 사랑받는 것을 알고 싶어 한다. 당신의 딸은 당신의 애정을 느끼고 싶어 한다. 그들은 부모가 능숙한 언어학자이기를 기대하지 않는다. 어떤 언어가 자녀의 언어인지 혼동된다면 다른 사랑의 언어를 시도해 무엇이 가장 좋은 반응을 이끌어내는지 찾아보라. 다음 사실을 상기하면서 자녀와 자녀를 향한 사랑에 계속 초점을 맞추라.

1. 너를 사랑하기 때문에 이런 인정의 말을 한다.
2. 너를 사랑하기 때문에 너와 함께 시간을 보낸다.
3. 너를 사랑하기 때문에 네게 이 선물을 한다.
4. 너를 사랑하기 때문에 너를 이렇게 섬긴다.
5. 너를 사랑하기 때문에 네게 적절한 육체적 접촉을 한다.

정확한 말을 쓰라고 우리는 계속 강조하지만 실제로 말은 사랑만큼 중요하지 않다. '사랑은 허다한 죄를 덮'(벧전 4:8)는다고 성경은 말하지 않는가. 이 말씀은 당신의 사랑을 자녀가 안다면 설령 당신이 정확한 말을 쓰지 않는다 하더라도 자녀가 그 사랑의 표현을 알아차린다는 것을 의미한다.

사랑은 가정을 한데 묶어준다

사랑에는 서로 들러붙게 하는 힘이 있다. 돈, 건물, 직장, 가정, 사람, 특권, 권력, 영향력은 포기할 수 있어도 진실로 아끼는 사람을 포기하기란 힘들다. 인간의 영혼에 필요한 세 가지 중심 요소, 즉 수용의 필요, 애정의 필요, 지지의 필요를 명확하게 표현하는 사랑은 무시되거나 버림받는 일이 거의 없다.

존 퍼킨스(John Perkins)는 나의 영웅 가운데 한 사람이다. 그는 완전한 그리스도의 사랑을 사람들이 이해할 수 있는 모습으로 보여줌으로써 도시 공동체들에 변화를 가져온 흑인 기독교 지도자이며, 내가 지금까지 개인적으로 만난 사람들 중에 가장 사랑이 많은 인물이다. 1996년 애틀랜타에서 있었던 프라미스 키퍼스 경기장 집회에서 연설할 기회가 있었는데, 존은 그곳에 모인 6만 2천 명의 남자들에게 나를 소개했다. 존은 여덟 자녀를 둔 아버지인데, 큰 아이들 넷은 그의 관심을 많이 받았지만 나머지 네 자녀들은 가정 바깥의 사역이 확장되면서 그의 관심을 적게 받았다고 한다. 이어지는 그의 솔직한 이야기를 듣고 그가 느꼈던 고통이 어떠했을지 보라.

어느 해인가 휴일에 딸내미 프리실라와 나는 부엌을 치우고 있었습니다. 그 아이는 자신들이 아버지의 사역 때문에 뒤로 밀린다는 느낌이 들었을 때, 즉 내가 자녀들보다 사역을 우선시했을 때 얼마나 힘들었는지 말하기 시작했습니다. 그 아이의 말에 담긴 많은 진실에 나는 눈물이 났습니다. 딸아이는 두 손을 내 손 위에 올려놓고 이렇게 말했습니다. "하지만 아버지, 아직 기회는 있어요. 아버지한테는 우리가 있잖아요." 그것은 내 인생의 전환점이 되었습니다.[2]

나는 존의 성실함뿐 아니라 연약함 때문에 그의 삶에 끌렸다. 성공한 사람들이 대부분 그렇듯이 그도 공적인 생활과 사적인 생활 사이에서 긴장을 느꼈다. 그리고 같은 입장에서 갈등하는 수천 명의 다른 크리스천 남성들과 마찬가지로 그는 부드럽고 겸손한 마음으로 딸의 호소를 들을 수 있었다. 그러한 말들을 받아들이기란 쉬운 일이 아니지만, 그는 필요한 조정을 하여 미국의 도시 공동체들뿐 아니라 자기 자녀들의 마음까지 얻을 수 있었다. 예수님의 말씀을 풀어 말하자면, 천하를 얻고도 자기의 아들이나 딸을 잃으면 무엇이 유익하겠는가?(마태복음 16장 26절을 보라.)

존은 딸의 약한 영혼을 꺾어버리지 않았다. 그는 자신의 일을 조정함으로써 우리 부모들이 명성과 직무, 직업 그리고 생명보다 자녀를 훨씬 더 가치 있게 생각한다는 것을 확실한 말로 자녀들에게 전할 수 있는 본을 보여주었다. "아들아, 사랑한다" 또는 "딸아, 넌 나의 긍지이며 기쁨이야"라고 말하는 것보다 더 분명한 방법은 없다. 우리가 가치 있게 여기는 것들을 그보다 훨씬 더 가치 있는 자녀들을 위해 내려놓는 것에는 많은 의미가 있다.

확실히 모든 자녀들은 부모의 마음속에서 어떤 직업과 명성 그리고 개인적인 추구보다 그들이 더 중요하다는 것을 알 권리가 있다. 자녀들은 부모와의 직접적인 관계 속에서 부모가 자기에게 얼마나 가치를 두고 있는지 느끼며, 그 가치가 부모의 다른 우선순위와 비교해 어떤 위치에 있는지 안다. 부모가 그들보다 개인적인 추구를 더 중요하게 여기는 것을 본다면 자녀들은 깊이 상처 받을 것이다. 반면에 자신들이 부모의 개인적인 추구들보다 훨씬 더 가치 있음을 알게 될 때, 그들은 안심과 안정감, 존엄성과 자아 가치를 갖게 되며 부모에 대한 충절로 부모와 더 깊이 결합될 것이다. 이 원리는 부모가 뇌 전문의든 선교사든 배관공이든 대학 교수든 불문하고 통하는 진리다. 우리는 아들들과 딸들을 위해 우리의 선호, 우선순위 그리고 그들에 대한 열정을 전달하는 어려운 선택들을 기꺼이 해야 한다.

예수님은 "사람이 친구를 위하여 자기 목숨을 버리면 이에서 더 큰 사랑이 없나니"(요 15:13)라고 말씀하실 때 이 자녀 양육의 원리를 강조하고 계셨다.

가족의 우선순위가 무엇인지 확실히 아는, 대학생 선교회(Campus Crusade)의 창시자이자 회장인 빌 브라이트(Bill Bright)는 다음과 같이 말한다.

모든 십대 청소년은 '왜냐하면' '만약' 또는 '어떻게 할 때'에 의거하지 않고 무조건적으로 그가 사랑받고 수용되고 인정받고 있음을 알 수 있는 장소, 즉 '안전지대'가 필요하다… 가정은 그 십대 청소년이 진실로 사랑받고 있는 장소이기 때문에 최상의 안전지대다… 나는 두 아들들을 볼 때마다 거의 대부분은 "사랑해"라고 말한다. 어느 날 나는 마음속으로 나 자신에게 말했다. '쟤들은 그 말에 질렸는지 몰라.' 그래서 과연 그런지 그들에게 물었는데 둘 다 "아니요. 전혀 그렇지 않아요"라고 대답했다. 진심이 담긴 "사랑해"라는 말에 질리는 사람은 아무도 없다.[3]

나는 그 약한 나무 모형 비행기를 머릿속에 수천 번은 더 되돌려보았다. 그것은 내가 가장 좋아하는 자녀 양육 비디오 가운데 하나가 되었다. 나는 내 자녀의 마음이 얼마나 부서지기 쉽고, 그의 꿈과 염려가 얼마나 연약한지 잊지 않기 위해 그 장면을 자주 머릿속에 떠올린다. 자녀들이 가치 있게 여기는 것을 부수거나 금이 가게 하고 싶지 않다. 나의 아들이나 딸이 가치 있게 여기는 것을 뒷전으로 미뤄버릴 정도로 너무 많은 것을 축적하고 싶지도 않다. 자녀들의 존엄성과 명예를 부드럽게 보살피고 보호하는 능력을 줄어들게 하는 인생의 소유물에 매달리고 싶지 않다. 자녀들의 말이나 성취물 때문이 아니라 단지 그 존재로 인해 내가 그들을 사랑한다는 것을 그들이 알기 원한다.

미식축구가 준 교훈

존재가 행동에 우선하고 그것의 빛을 퇴색시키는 이유는 행동이 항상 가능한 것은 아니기 때문이다. 부오니콘티 가족을 예로 들어보자.

닉 부오니콘티(Nick Buoniconti)는 지금까지 최고의 프로 미식축구 선수 가운데 한 명이다. 마이애미 돌핀스에 있으면서 그는 돌핀스가 17 대 0으로 이긴 제7회 슈퍼볼을 포함해 연속 두 번 슈퍼볼 경기에 참여했다. 사실 돌핀스에 승리를 가져온 터치다운은 그의 인터셉션으로 만들어진 '이름 없는 수비' 덕분이었다.

오하이오 주 캔톤에 있는 미식축구 명예의 전당에 부오니콘티가 들어가면서 그는 NFL의 최고의 영예를 안은 몇 명 가운데 하나가 되었다. 하지만 입당 축하 연설에서 가장 큰 박수를 받은 것은, 그가 버팔로 빌스의 코치인 마브 레비(Marv Levy), 미네소타 바이킹스의 태클인 마크 영블러드(Mark Youngblood), 피츠버그 스틸러스의 와이드 리시버인 린 스완(Lynn Swann), 그밖의 다른 사람들보다 더 가치가 있어서가 아니었다. 축하 연설을 한 이는 시타델 팀에서 부오니콘티와 같은 등 번호 85번 유니폼을 입고 같은 포지션인 라인벡커를 뛴 사람이었다. 그는 대학에서 미식축구를 하다가 척추 부상을 당해 몸에 마비가 왔을 때부터 사용해온 휠체어에 앉아 연설을 했다. 그는 바로 닉의 아들인 서른네 살의 마크 부오니콘티(Mark Buoniconti)였다. 그의 힘 있고 감동적인 연설로 인해 팬들은 기립하지 않을 수 없었다.

그는 말을 잃은 군중들에게 말했다. "행운아 한 사람이 여기 있습니다. 아버지를 영웅으로 알고 자란 아이입니다." 마크는 사무치게 아버지에게 말했다. "미식축구는 당신에게 가장 위대한 순간들뿐 아니라 가장 큰 슬픔도 주었습니다." 아버지를 위한 명예의 전당이 있다면 그의 아버지는 마비를 치료하는 노력을 인정받아 거기에도 올랐을 것이라고 마크는 말했다. "아버지, 이 점이 아버지의 뛰어난 부분입니다."

이에 답하면서 닉은 아들의 마비 소식을 전해준 의사와 전화 통화를 할 때 받은 충격과 끔찍함, 그에 따른 무력감, 죄책감, 아들을 낫게 하기 위해 무엇이든 하겠다는 끊임없는 결단을 회상했다. 그는 항상 끼고 있는 소중한 슈퍼볼 반지를 가리키면서 말했다. "내 생애에서 마음대로 할 수 있는 게 하나 있다면, 나는 그것을 위해 이 반지와 나의 모든 개인적인 영예를 바꿀 수 있습니다. 마크가 언젠가는 걷게 되는 꿈을 꿉니다. 아버지로서 그의 옆에서 그와 함께 걷는 것보다 내게 더 좋은 일은 없습니다." 그는 확신을 가지고 덧붙였다. "우리는 마비를 치료하는 법을 찾을 것입니다."4

들었는가? 닉 부오니콘티는 평생 쌓아온 경력을 아들을 위해 바꾸겠다고 말했다. 모든 딸들과 아들들은 이러한 말을 듣고 싶어 한다. 그들은 이러한 말을 들을 필요가 있다. 그들은 그럴 만한 가치가 있다. 마크의 척추가 약한 모형 비행기처럼 꺾였을 때, 그의 아버지는 아들의 영혼마저 꺾이는 것을 허락하지 않았다. 좋은 아버지인 그는 재빨리 본능적으로 무조건적인 사랑과 존중 그리고 호의를 쏟아 부어주기 위해 아들의 곁으로 다가갔다.

그런 순간이 자녀들에게 올 때 그들을 넘치게, 후하게, 아낌없이, 엄청나게 사랑하라. 그들이 이해할 수 있는 언어로 그들을 사랑하라. 철저하게 사랑하라. 무조건 사랑하라. 그들이 한 일 때문이 아니라 그들의 존재와 소속으로 인해 그들을 항상 사랑하라. 그리고 그러한 연약한 순간들을 그들이 최고의 사랑을 느낄 수 있는 순간들로 만들라.

C. S. 루이스(C. S. Lewis)가 사랑에 대해 강조한 말을 들어보라. "우리는 서로에게 어떤 말이든 할 수 있다. 여기에는, 최고의 사랑은 공중 예절에 관한 규칙들을 넘기 때문에 최고의 사랑이 말하고 싶은 것은 무엇이든 말할 수 있다는 진리가 깔려 있다. 왜냐하면 행복을 비는 사랑은 상처를 주지도, 창피를 주지도, 뽐내지도 않기 때문이다."5

다음은 '난-널-사랑해' 가족들의 특징을 요약한 것이다.

- '난-널-사랑해' 가족들은 함께 축하하고 함께 운다.

- 그들은 자녀가 이길 때 축하한다.
- 그들은 자녀의 상실에 대해 함께 운다.
- 부모들은 그 연약한 순간들을 조심스럽게 다룬다.
- 그들은 자녀들에게 말로 확신을 줄 기회를 놓치지 않는다.
- 부모들은 자녀가 갖고 있는 사랑의 언어와 방언이 무엇인지 확실히 알 만큼 자녀에 대해 잘 안다.
- '난-널-사랑해' 가족들은 포옹하고, 입맞추고, 등을 두드리며 서로 신체적인 접촉을 한다.
- '난-널-사랑해' 가족의 부모들은 바쁜 일정 가운데서도 자녀들에게 기꺼이 시간을 투자한다.

자녀의 마음으로 들어가는 창

조건 없는 사랑

어느 날 오후 '어쩌다 내가 이런 신세가 되었지?'라는 생각을 하며 경찰서에 있었던 기억이 난다. 나는 몹시 부끄러운 어떤 짓을 저질렀다. 경찰관은 내게 몇 가지 질문을 한 후 부모님에게 전화를 하라고 했다. 그때 '부모님이 어떻게 생각하실까? 어떻게 부모님께 말해야 할까' 하는 생각이 퍼뜩 들었다. 그 즉시 죄책감과 수치심이 가득 차올랐다. 부모님께 실망을 안겨줄 게 분명했다. 내가 무슨 일을 저질렀고 나를 데리러 경찰서에 와달라고 아버지께 전화했을 때 그 분의 목소리에서 실망을 느낄 수 있었다.

아버지가 경찰서에 들어설 때 '과연 부모님이 나를 용서해주실까?' 하는 생각이 들었다. 집으로 가는 차 안에서 아버지는 아무 말씀도 하지 않으셨다. 집에 도착하자 아버지는 내게 '토론의 방'으로 오라고 하셨고, 나는 그게 무엇을 의미하는지 알았다.

하지만 그곳에서 내가 기대했던 일은 일어나지 않았다. 아버지는 나의 행동을 슬퍼하셨으며 그로 인해 나도 슬펐다. 아버지의 그런 모습은 전에 한 번도 보지 못한 것이었다. 아버지는 비록 내게 실망하셨으나 여전히 나를 사랑한다고 말씀하셨다. 그 말에 나는 기분은 나아졌지만 동시에 가슴이 무너져 내렸다.

아버지는 나의 비행을 처리하고 용서해주셨지만, 나는 내 인생에 어떤 큰 변화가 필요하다는 것을 깨달았다. 우리는 소파 쿠션에 얼굴을 묻은 채 무릎을 꿇고 앉았다. 눈물이 가득 차올랐으며 내 죄를 용서받게 해주신 하나님의 충만한 은혜에 감사드렸다. 간절한 기도가 끝난 후 우리는 서로를 깊이 끌어안았다.

프레드 4세

6장
나는 너를 무조건 사랑한단다

하나님을 기쁘시게 하는 것, … 거룩한 행복을 이루는 진정한 요소가 되는 것,
동정이 아닌 하나님의 사랑을 받는 것, 아버지가 아들을 보듯 예술가가
그의 작품을 보며 기뻐하는 것… 우리의 사고로는 감당할 수 없는
영광의 무게와 짐은 있을 것 같지 않으나, 실제로 있다!

C. S. 루이스(C. S. Lewis)

지옥은 사랑하지 못하게 하는 벌이다.

도스토예프스키(Dostoyevsky)

자녀가 이해할 수 있는 언어로 사랑을 표현하는 것은 모든 부모가 제일 먼저 해야 할 일이다. 이것이 우리의 성공을 결정짓는 과제다. 아들들은 자기 농구화를 사는 데 부모가 돈을 얼마나 지불했는가에는 별로 관심이 없지만, 자기가 뛰는 경기에 몇 번이나 보러 오는가에는 관심이 많다. 딸들은 자기 집이 몇 평인지에는 별로 관심이 없지만, 집안이 서로 얼마나 친절하게 대화하는가에는 관심이 있다. 우리는 '난-널-사랑해-왜냐하면' 자녀 양육에 대해서는 이미 생각했다. 사실 이것은 출발선에 불과하다. 하지만 자녀 양육을 하면 할수록 이 수준의 사랑에는 심각한 한계가 있다는 것을 깨닫게 된다. 조만간 '난-

널-사랑해-왜냐하면' 자녀 양육은 '난-널-무조건-사랑해' 자녀 양육에 바통을 넘길 필요가 있다.

외동딸인 안드레아는 무엇에든 지고는 못 견디는 성격이다. 그녀는 4년 동안 고등학교 농구 팀에서 대표 선수로 정말 열심히 뛰었다. 인사이드 포스트 선수로서 그녀는 남녀 대표 팀을 통틀어 가장 많은 리바운드를 획득하고 졸업했다. 그녀가 12학년이던 해, 그녀의 팀이 아직까지 한 번도 이기지 못한 애틀랜타 지역의 최고 경쟁 팀과 경기를 하게 되었을 때 우리 아들은 동생이 경기하는 모습을 보기 위해 대학에 있다가 집에 왔다.

그것은 정말 대단한 경기였다! 안드레아 팀이 계속 경기를 앞서 나갔고 안드레아는 잠시도 쉬지 않고 뛰었다. 그녀는 기회만 있으면 슛을 날렸다. 키를 넘기며 쏘았고, 3점 슛 라인에서 쏘았고, 중앙선에서도 쏘았으며, 그 슛들은 잘 들어갔다! 처음에 나는 관중석에서 숨도 쉬지 못하고 중얼거렸다. "오, 안 돼. 그 슛은 쏘지 마!" 그런 다음 1초도 지나지 않아 슛! "멋진 슛이야! 멋진 슛!" 나는 소리 질렀다.

우리 팀 팬들은 관중석에서 그들 뒤에 서 있는 아내 쉐리와 나를 올려다본 후 코트에서 뛰는 선수들을 보았다. 얼굴에 가득 미소를 띠고 우리는 열심히 행운을 빌었다. 그런데 4라운드에서 판세가 달라졌다. 여전히 우리 팀이 앞서고는 있었지만 상대 팀과의 점수 차가 줄어들기 시작했고 그 차이는 계속 좁혀졌다. 불과 몇 초를 남겨놓고 상대 팀에서 결승 슛을 넣었다. "아---!" 우리 응원석은 조용해졌다. 우리는 믿을 수 없어 머리를 흔들었다. 몇 사람은 말을 잃고 고개를 숙인 쉐리와 나를 쳐다보았다. 쉐리는 울고 있었다.

그때 응원석에서 웅성거리는 소리가 들려왔다. 쉐리는 내 팔을 잡고 말했다. "여보, 저길 보세요!" 코트 바닥 한가운데서 우리 첫째아이가 땀에 흠뻑 젖은 여동생을 세게 안고 서 있었다. 코트 중앙에서 두 사람은 어깨가 들썩이도록 함께 울고 있었다.

그것은 하틀리 가족의 추억 속에서 절대 지워지지 않을 장면이었다. 그야말로 무조건적인 사랑의 장면이 아닐 수 없었다! 안드레아의 팀이 지긴 했지만 그 경기는 우리 가족에게는 큰 승리를 가져다주었다. 보통 대부분의 오빠들은 그런 순간에 여동생에게 거리를 두는데 우리 아이들은 그러지 않았다는 것이 내게 큰 감동이었다. 안드레아가 멋진 경기를 펼치고 최선을 다했다는 사실은 잊혀졌다. 그녀는 졌다. 그 이유만으로도 소심한 오빠들은 그 자리를 조용히 빠져나가는데 프레드는 그러지 않았다.

그는 코트에 서 있는 패배자를 보지 않았다. 그는 그날 밤 마음과 영혼이 코트에 나동그라진 상처 받은 동생을 보았다. 본능적으로 그는 코트 안으로 걸어가 동생의 상처 받기 쉬운 존엄성을 사랑으로 감싸면서 그녀를 세게 안아주었다. 그는 본능에 충실했다. 그 힘든 순간에 그가 여동생에게 무슨 말을 했는지 나는 모른다. 한 가지 확실한 것은, 그의 행동이 엄청나게 많은 말을 했다는 것이다. 프레드는 그날 밤 코트 한가운데서 사랑을 보여주었으며 모든 사람이 그것을 알았다. 그것은 '난-널-무조건-사랑해' 종류의 사랑이었다.

- '난-널-무조건-사랑해' 사랑은 사람들이 특별히 상처받기 쉽고 노출되어 있을 때 그들의 존엄성과 자아 가치를 보호한다.
- '난-널-무조건-사랑해' 사랑은 다른 사람들이 떠나갈 때 오히려 발을 들여놓는다.
- '난-널-무조건-사랑해' 사랑은 민감하며 온정적이다.

성경에 순수한 사랑을 가장 멋지게 표현한 말씀이 있다.

사랑은 오래 참고 사랑은 온유하며 투기하는 자가 되지 아니하며 사랑은 자랑하지 아니하며 교만하지 아니하며 무례히 행치 아니하며 자기의 유익을 구치 아니하며 성내지 아니하며 악한 것을 생각지 아니하며 불의를 기뻐하지 아니하며 진리와 함께 기뻐하고 모든 것을 참으며 모든 것을 믿으며 모든 것을 바라며 모든 것을 견디느니라 사랑은 언제까지든지 떨어지지 아니하나… (고전 13:4-8 상).

더 귀중한 것이 걸려 있을 때

농구 경기에서 한 번 진다고 해서 우리의 인생에 큰 타격이 오지는 않는다. 하지만 정말 큰 타격을 주는 일을 당할 경우 우리는 어떻게 해야 할까? 우리의 딸이 순결을 잃었을 때, 우리의 아들이 정직성을 잃었을 때, 아니면 우리 가족이 신망을 잃었을 때 우리는 어떻게 해야 할까? 아들이나 딸이 운동 시합보다 훨씬 더 큰 가치가 있는 무엇인가를 잃을 때 사랑은 무엇을 해야 할까?

당신은 자녀의 도덕성 상실이나 영적 상실을 어떻게 다루는가? 자녀가 내린 어리석은 결정에 어떻게 반응하는가? 그의 고집 세고, 반항적이며, 무례하고, 심지어 불법적인 행위들은 어떻게 다루는가? 자녀 양육이라는 관중석에서 코트 바닥에 주저앉아 있는 자녀의 상한 자아를 볼 때 어떻게 반응하는가? 아니 어떻게 반응해야 하는가?

이것은 아주 솔직하며 적절한 질문들이 아닐 수 없다. 우리가 교장실에서, 병원에서, 응급실에서, 유치장에서 자녀 옆에 나란히 설 때 필요한 자녀 양육의 원리는 '난-널-무조건-사랑해'다. 그것은 "나는 너를 사랑한다. 네가 어떤 상황에 처했든 변함없이 사랑한다", "너는 항상 내 딸이야. 항상 내 성을 가지고 있을 거야. 너와 의절하거나, 너를 부끄럽게 여긴다거나, 너를 나의 사랑에서 끊어버리는 일은 절대로 없단다. 너를 향한 나의 사랑은 무조건적이니까"라는 뜻이다. 이런 사랑은 '난-널-사랑해-왜냐하면' 보다 차원이 높다. 이것은 바로 '난-널-무조건-사랑해' 의 사랑이다.

하나님은 우리를 이렇게 사랑하신다. 우리 자신을 패배자처럼 느낄 때 관중석에서 걸어 나와 코트 한가운데로 들어오시는 하나님이 우리에게는 있다. 그분은 우리를 일으켜주신다. 우리를 안아주신다. 사람들이 경기장을 말없이 빠져나갈 때에도 사랑의 팔로 우리를 감싸며 잡아주시는 큰 형님인 예수님이 우리에게 있다. 그분은 슬픔을 아는 인간이셨기에 우리와 함께 어떻게 우는지 아신다. 우리가 이길 때 그분은 응원하시고, 경기가 끝나면 라커룸으로 찾아와 함께 축하해주시며, 설령 우리가 패했을 때에도 우리를 무조건 사랑하신다. 자존감이 높을 때도 우리를 사랑하시며, 그것이 코트 한가운데서 산산조각 날 때에도 우리를 사랑하신다.

'난-널-무조건-사랑해' 순간들

가족생활은 "나는 너를 사랑해 왜냐하면"이라고 말할 기회들로 가득하다. 혹시 오늘 그 말을 하지 못했다면 내일 하면 된다. 이에 비해 '난-널-무조건-사랑해' 순간들은 훨씬 적다. 어쩌다 '난-널-무조건-사랑해' 순간을 놓친다면 일생일대의 기회를 놓치는 것이 될 수도 있다. 그런 순간들은 본질적으로 극히 순간적이고, 자주 오지 않으며, 위험성 또한 높다. 그런 순간들은 소리 없이 나타나며 예상하지 못할 때 들이닥친다. 우리는 그 순간들을 찾아야 한다. 그러므로 자녀에게 사랑을 표현할 수 있는 그런 기회를 놓치지 말라. 부모들이라면 맞부딪힐 것이라고 예상되는 다섯 가지 '난-널-무조건-사랑해' 순간들을 뽑아보았다.

한계선

부모가 사용하는 말 중에 가장 짧으면서 중요한 단어는 '안 돼'이다. 이 짧은 말을 입 밖에 내는 것이 왜 이렇게 힘이 들까? 아마도 자녀를 훈육할 때 한계선을 두는 것이 자녀 사랑의 필수라는 사실을 우리가 잊고 있는 게 그 한 이유가 아닐까 싶다.

샐리는 지나치게 할 일이 많은 편모다. 그녀의 일정은 듣는 사람이 다 지칠 정도다. 그녀는 법률 사무소에서 비서 일을 하고, 6학년 교실에서 자원봉사를 하며, 딸을 소프트볼 팀에 그리고 아들을 축구 팀에 차로 데려다주고, 교회에서는 주일학교 교사를 한다. 그녀는 그밖에 여섯 가지 과외 활동 외에도 얼마 전에 에어로빅 강좌를 신청했다. 나는 그녀에게 단도직입적으로 묻지 않을 수 없었다. "왜 자신을 그렇게 혹사하세요?"

그녀는 나를 멍한 얼굴로 바라보고는 천천히 입을 열었다. "나는 '안 돼' 라는 말을 못해요." 그런 다음 그녀는 자세하게 말했다. "'안 돼' 라는 말은 하기가 언제나 어려웠어요. 전 남편은 아이들에게 뭐든지 다 해주는 것 같았어요. 나는 아이들에게 나쁜 엄마로 보이고 싶지 않아요. 아이들이 나를 좋아하면 좋겠어요. 나는 그들의 친구가 되고 싶어요. 그 아이들을 잃게 될까봐 두려워요. 아이들이 자랄수록 상황이 더 나빠진다는 것은 인정해요. 처음에는 취침 시간이었고, 그 다음은 아이스크림, 그 다음은 음식과 다이어트, 숙제, 존중, 에티켓 등 어떤 일에서도 '안 돼' 라는 말을 할 수 없어요. 일정이 내게 과다한 게 확실하지만 그보다 더 안 좋은 것은 우리 가정이 통제 불능 상태에 들어갔다는 거예요!"

이쯤에서 샐리가 짐을 덜 수 있도록 도와줘야겠다고 생각했다. "샐리, 자녀들을 사랑하나요?"라고 나는 물었다.

"그럼요!" 그녀는 확신 있게 말했다. "바로 그게 내 문제예요. 나의 사랑을 아이들이 알아주면 좋겠어요." 한참 있다가 그녀는 덧붙였다. "그런데 그걸 어떻게 표현해야 할지 모르겠어요."

샐리의 이야기는 당신의 이야기일 수도 있다. 어떤 면에서 그것은 모든 부모, 특별히 자신이 감당할 수 있는 것보다 더 많은 것을 떠맡은 사람들의 이야기다. 자녀에 대한 사랑을 우리는 어떻게 보여주고 있는가? 우리는 '난-널-무조건-사랑해' 사랑을 보여주고 있는가?

샐리는 그날 오후에 나와 대화를 나누고 중요한 것을 깨달았다. 몇 개월 후 그녀는 그 대화가 가정뿐만 아니라 그녀의 정신적 삶에도 전환점이 되었다고 말했다. 우리는 자녀의 인생에 한계선을 그어주는 것이 중요하며, 필요할 때 '안 돼'라고 말할 수 있는 용기를 가져야 한다는 것에 대해 이야기를 나누었다.

나는 그녀에게 말했다. "샐리, '안 돼'라는 말은 부모가 사용할 수 있는 사랑의 말 가운데 하나입니다." 나는 그녀에게 몇 가지 비유적인 질문을 했다. "당신의 딸이 달려오는 자동차 앞으로 뛰어나가는 것을 본다면 당신은 큰 소리로 '안 돼'라고 외치겠죠?" 그녀는 그렇다고 고개를 끄덕였다. "찬장 앞에서 딸이 세제병 안에 든 것을 마시려고 한다면 즉시 '안 돼'라고 소리치겠죠?" 그녀의 입술 끝에 살짝 미소가 떠올랐다.

나는 계속했다. "샐리, 사랑의 한계선들은 취침 시간과 음식, 친구들 그리고 몸가짐과 가치들에도 적용되어야 합니다. 그리고 당신은 자녀들에게 먼저 부모가 되어야 합니다. 친구가 되는 것은 그 다음 일이죠. '난-널-좋아해' 관계는 '난-널-사랑해' 관계에서만 나올 수 있습니다. 그것 때문에 혹시 자녀들이 당신을 잠시 싫어하게 된다 하더라도 결국 당신은 그들의 존경을 받게 될 거예요. '안 돼'라고 말함으로써 자녀들에게 사랑을 보여주고 있다는 것과, 그들에게 한계선, 그것도 사랑의 한계선이라는 빚을 지고 있다는 사실을 잊지 마세요. 이것은 자녀 양육에서 무척 힘든 일들 가운데 하나입니다. 강하고 고결한 자녀들은 한계선을 굳게 지키는 강하고 고결한 부모들 아래에서 자랍니다."

우리가 한계선을 긋는 시간들은 가족생활에서 '난-널-무조건-사랑해' 순간들과 같이 아주 중요한 순간들이다. 이런저런 이유로 한계선을 그어주어야 할 때가 올 때마다 우리는 자녀의 눈을 똑바로 쳐다보며 "너를 사랑하기 때문에 이 한계선을 긋는 거야"라고 말할 수 있어야 한다.

인정하든 안 하든 모든 아이들은 죄성을 가지고 태어난다. 예외란 없다. 그들은 선천적으로 조작, 협박, 괴롭히기, 조르기, 속이기 그리고 이간질시켜놓고 중간에서 어부지리를 얻는 것에 능숙하다. 그들은 리 베일리(F. Lee Bailey)나 조니 코크란(Johnny Cochran), 그밖에 수임료가 비싼 변호사들처럼 자신의 사건을 변론할 수 있다. 아이들은 우리가 언제 약한지, 방어가 느슨한지, 가장 예상하지 못하는지 알고 공격해온다. 그런 기술을 가르쳐주는 수업이나 세미나, 교육용 비디오를 본 것도 아니다. 다만 본능과 직관으로 안다.

영리하다는 말로는 부족하다. 그들은 대단히 명석하다. 그들은 어떻게 부모를 밀어붙이고 압력을 가하며 열나게 하는지 안다. 사랑의 결실로 어린 귀염둥이를 임신하고 병원에서 그 작은 기쁨 덩어리를 데려오는 동안, 그 통통한 뺨과 순진한 미소 뒤에 세계 일류의 사기꾼이 있다는 사실을 우리는 알지 못한다. 상황을 더 악화시키는 것은 아무도 그 점을 우리에게 경고하지 않는다는 것이다. 우리가 수완가들을 기를 것이라고 아무도 말해주지 않았다. 그들의 뼛속 깊이 박혀 있는 우둔함을 제거할 책임이 우리에게 있다는 것을 우리는 깨닫지 못했다.

유아들이 함께 노는 것을 본 적이 있는가? 다시 말하자면, 유아들이 똑같은 장난감을 두고 싸우며, 모래 상자에서 더 많은 공간을 차지하려고 때리고, 큰 바퀴를 먼저 차지한 다른 아이를 눈에 불을 켜고 노려보면서도 때리면 혼나기 때문에 얼굴만 파랗게 질려가는 것을 본 적이 있는가? 나는 그런 모습을 관찰하면서 자녀 양육에 대해 더욱 용감해졌고, 자녀들에게 한계선을 그어줌으로써 그 안에 든 사랑을 보여주고자 했다. 그러면서 부모가 사용하는 말 중에 무척 중요한 단어 가운데 하나인 '안 돼'라는 말을 할 필요가 있다는 내면의 용기가 솟았다. 아이의 발에 박힌 가시를 뽑아줄 때 아이는 그것에 전혀 감사하지 않는다. 보통은 비명을 지르고 발로 걷어차며 필사적으로 빠져나가려고 한다. 우리가 실제로 그에게 유익한 일을 했음을 깨닫는 것은 가시가 빠지고 모든 상황이 정리되었을 때다.

주사를 맞을 때 아이들이 울지만 잠깐 따끔한 것이 주사가 주는 유익에 비교할 수 없기 때문에 우리는 물러서지 않는다. 아이들이 우리의 결정에 동의할 때까지 망설이며 기다리지 않는다. 아이들에게 좋은 것을 선택해주고, 그들의 불만을 견디고, 그들을 집으로 데려오고, 그들을 위해 최선의 일을 했다는 것을 알 때 우리의 마음에는 평안이 찾아든다. 우리는 일시적으로 배신처럼 보이는 사랑을 선택한 것이다. 주사기의 아픔은 실제로는 사랑의 아픔이었다.

훈계는 홍역 주사와 아주 비슷하다. 사실 사랑과 훈계는 함께 간다. 자녀를 훈계하지 못한다면 자녀를 진짜로 사랑하는 것이 아니다. 그러므로 우리는 사랑과 훈계가 연결되어 있다는 것을 이해해야 한다. 아버지나 어머니는 다 자라서 부모에게 대드는 자녀에게 이렇게 말할 수 있어야 한다. "나는 때로는 네게 '안 돼'라고 말할 정도로 너를 사랑한단다. 네가 원하는 것을 무작정 주지 않을 정도로 너를 사랑해. 너를 너무 사랑하기 때문에 이번에는 네가 하고 싶은 대로 그냥 둘 수 없어. 지금 이 문제를 그냥 내버려두지 않는 게 네게 표현할 수 있는 최선의 사랑이야." 힘들고 거칠지만 그것은 효율적인 자녀 양육에 꼭 필요한 사랑이다.

협상

부모가 한계선을 현명하게 선택하는 것은 상당히 중요한 일이다. 만약 이랬다저랬다 모호한 태도를 취하면 자녀로부터 존경심을 잃고, 그들의 좌절과 불안만 가중시키게 될 것이다. 하지만 아주 중요하지 않은 문제에 대해서는 유연함을 보이는 것 역시 중요하다.

내가 어릴 때 부모님들은 나와 협상하는 것을 허락하실 때가 있었다. 나는 내 문제들을 부모님께 청원하고 변론하는 능력을 즐겼다. 귀가 시간, 활동, 물건 구입 등의 문제들을 놓고 부모님은 거의 대부분 기꺼이 유연하게 협상에 임하셨다. 하지만 어떤 문제들에 대해서는 재고의 여지없이 "절대 안 돼" 또는 "반드시 해야 돼" 하는 태도를 보이셨다. 이런 경우 나는 잠자코 있어야 했다. 더 협상해볼 도리 없이 결론이 났기 때문이다.

이 자녀 양육 기법이 얼마나 지혜로운 것인지 그때는 알지 못했다. 돌이켜 보면 그로 인한 긍정적인 결과들이 많았다.

- 스스로에 대해 생각하고, 구체적으로는 문제의 규칙 뒤에 있는 원리를 배운다.
- 적절하게 청원하고 창의적으로 의견을 조율하는 법을 배운다.
- 생기 있고 활기찬 토론을 할 수 있는 좋은 환경이 조성된다.
- 부모들에게 마음이 있음을 보여준다. 모든 규칙이 돌에 새겨진 변경 절대 불가의 것이라고 못박기보다는 부모가 깊이 생각하고 말하는 모습을 자녀가 볼 수 있게 한다(이것은 아무리 생각해보아도 유쾌한 기대다).
- 부모에게 '무엇'이 아닌 '왜'를 토론할, 즉 방침보다는 고차원적인 원칙을 토론할 기회를 준다. 원칙이 없는 자녀 양육은 실패할 수밖에 없다. 자녀들에게 방침만 전달하고 그것을 뒷받침하는 원칙의 근거를 알려주지 않는다면, 자녀가 주로 대학생이 되었을 때 비극적인 과정을 밟게 된다. 거의 모든 대학생들이 그러한 방침을 팽개쳐버릴 것

이다. 하지만 원칙을 가르쳐온 부모들은 자녀가 대학 시절에 그러한 원칙을 자기 것으로 만드는 모습을 자주 볼 수 있다.

다음은 "절대 안 돼"라고 말해야 할 경우다.

- 집에 이성과 둘만 있는 것은 절대 금지다.
- 음주 운전은 절대 금지다.
- 네가 우리 지붕 아래에서 사는 한 혼전 성관계는 절대 금지다.
- 부모 지갑에서 돈을 훔치는 것은 절대 금지다.

다음은 "반드시 해야 돼"라고 말할 경우다.

- 어머니를 존중해야 한다.
- 집안일을 거들어야 한다.
- 진실을 말해야 한다.
- 부모와 한집에서 사는 한 적어도 일주일에 한 번은 예배에 참석해야 한다.

다음은 협상이 가능한 경우다.

- 주말 취침 시간
- 주말 귀가 시간
- 음악 선택
- 여름 방학에 할 아르바이트

- 재량껏 쓸 수 있는 돈의 투자나 소비
- 친구 선택하기
- 믿음 선택하기
- 과외 활동

자녀가 자랄수록 부모가 한계선을 설정하는 것을 자녀가 직접 하도록 하는 일이 더욱 중요해진다. 이러한 책임은 자녀가 태어나서 성인이 될 때까지 점차적이고 계속적으로 옮겨간다.

너무나 많은 부모들이 이 개념을 놓쳐버리는 것은 비극이다. 자녀가 고등학교에 다니는 동안 한계선 긋는 일을 스스로 해보게 할 기회를 놓치면, 그는 집을 떠나 대학에 가서 언제 사고를 칠지 모르는 사람이 될 것이다. 자녀의 반항은 처음 만나는 기회에 화산처럼 분출될 준비가 되어 있다. 통찰력 깊은 척 스윈돌은 다음과 같이 말했다.

> 처음부터 우호적인 태도로 십대 자녀들에게 영향을 주지 않은 부모들은 큰 실수를 저지른 것이다. 그러나 나중에 딜레마를 느끼고 잃어버린 시간을 보상하기 위해 지나친 열심을 보일 때 그들은 더 큰 실수, 어쩌면 가장 치명적이라고 할 수 있는 중대한 실수를 저지르게 된다. 반면 현명한 부모들은 의도적으로 일찍부터 자녀들에게 스스로 한계를 설정하도록 하여, 독립생활을 할 여건이 갖추어질 즈음 이미 그들은 부모가 채택한 도덕적 원칙에 근거해 바른 도덕적 선택을 할 준비가 되어 있다.[1]

협상할 기회를 주는 것은 사랑의 선물이다. 그것은 '난-널-무조건-사랑해' 자녀 양육에 있어 필수적인 부분이다. 우리는 협상을 허용할 때마다 그리고 그것을 허용하지 않을 때마다 "절대 안 돼"와 "반드시 해야 돼"라고 말함으로써 자녀들에게 무조건적인 사랑을 명료하게 전달하고 있음을 확실히 하기를 원한다. "아들아, 너를 사랑하기 때문에 이 선물을 네게 준다." "딸아, 네가 한 선택을 허용할 정도로 나는 너를 사랑한단다."

결과

자녀가 "절대 안 돼" 또는 "반드시 해야 돼"를 따라 설정한 한계선을 넘었을 때에는 어떤 종류의 결과나 처벌이 요구된다. 한계선에 적절함과 애정이 깃들어 있는 것처럼 결과에도 역시 그러하다. 가능하다면 우리는 아들이나 딸과 적대적인 관계가 되는 것을 피하고 싶지만, 그리고 FBI, CIA 또는 경찰이라도 된 듯 자녀 양육을 하고 싶지는 않지만, 우리는 그 한계선을 지킬 준비가 되어 있어야 한다. 때로는 부모가 적처럼 보이는 위험을 감수하는 이유가 있다.

결과(처벌)에는 기술이 필요하다. 자녀를 양육할 때 물러서지 않고 결과를 이행하는 것보다 더 많은 창의성과 담력과 용기가 필요한 일도 없다. 훈계로 인해 갈등이 빚어졌을 때 보통은 자녀들보다 부모들이 더 힘들어한다. 자녀의 운전면허증을 빼앗거나 적어도 자동차 사용을 일시 중지하도록 하는 것은 잠시 동안이라도 그들의 운전면허증을 걸어놓고 좋아했던 부모들에게 치르기 힘든 대가일 수 있다. 귀가 시간을 어겼다든지, 도덕적인 잘못을 했다든지, 속이거나, 성적이 형편없이 떨어졌기 때문에 토요일 밤 댄스파티에 참석할 수 없다고 딸에게 말하는 것은 딸 당사자보다 부모들에게 더욱 큰 상처가 될 수 있다.

이러한 결정을 하려면 뱀처럼 지혜롭고 비둘기처럼 온유해야 한다. 가능한 한 우리는 최선을 다해 자녀가 저지른 일에 합당한 결과가 오도록 하고, 또 다른 면으로는 그가 앞으로 비슷한 상황을 맞을 때 바른 선택을 하도록 가르치고 훈련시키기를 원한다. 이러한 결과들을 항상 미리 설정하고 공포할 필요는 없지만 자녀들에게 반드시 암시를 주고 그들이 예상할 수 있도록 해야 한다.

장전된 총을 부주의하게 잡는 것보다 훈계가 따르는 결과를 충동적으로 선택하는 것이 더 위험하다. 호전적인 훈계는 자녀를 죽인다. 자녀에게 돌아갈 정당한 혜택을 말살한다. 부모 자식 간에 공감하는 관계를 말살한다. 부모의 리더십에 대한 자녀의 신뢰를 말살한다. 자녀가 장래의 어려운 결정을 스스로 할 수 있는 능력에 손상을 입힌다. 자녀가 매우 실망스러운 일을 하여 그의 잘못된 행동을 훈계할 필요가 있을 때, 자녀에게 결과를 강요하기 전에 취해야 할 몇 가지 중요한 단계가 있다.

- 숨을 깊게 쉬라.
- 10이나 20까지 숫자를 세라.
- 혈압이 내려가고 화를 다스릴 수 있을 때까지 충분히 기다려라.
- 주위를 걸으라.
- 시간의 여유를 가져라. 이런 말을 해보라. "이 문제로 너를 처벌해야 하지만 내가 지금 똑바로 생각하기엔 너무 화가 나 있어. 성급한 결정을 섣불리 내리기보다는 내일 아침에 너의 잘못된 행동에 따르는 결과가 무엇인지 말해주겠다."

어렵고 고통스럽겠지만 잘못된 행동을 한 자녀에게 그에 따른 결과를 받게 할 때마다 우리는 "나는 너를 사랑해"라는 사실을 말하고 있는 것이다. 모든 처벌은 그 목적이 본질적으로 구제하는 데 있지 결코 처벌하는 데 있지 않다.

현실

본능적으로 부모들은 자녀가 떨어질 때 아프지 않도록 아래에 푹신한 것을 깔아놓는다. 푹신한 것을 깔아놓는 것은 좋은 아이디어다. 체조 선수, 레슬링 선수, 높이뛰기 선수들에게는 아주 좋다. 하지만 건강한 아동기, 특별히 청소년기에는 부모가 깔아둔 푹신한 완충제는 자녀를 현실로부터 차단하기 때문에 부적절하다.

21세기 초에 인기 있는 사회학 용어는 '현실 치료'다. 그것은 가난, 폭력, 중독, 감옥, 세금, 월세 납부, 융자금, 전기세와 음식비를 포함한 생활의 잔인한 현실에서 우리 각자가 배우고 채울 것이 있음을 말한다. 복지 제도로 인해 사람들은 책임감을 배우지 못하고 혜택만 받을 줄 알아 많은 문제가 야기되었다. 결과적으로 그로 인해 선량한 사람들의 존엄성이 망가졌다. 현실 치료를 통해 사람들은 현실에 대한 정확한 관점을 가지게 되고 그로 인해 존엄성과 인격을 회복할 수 있다.

현실 치료는 자녀들에게도 유익하다. 다음은 몇 가지 예다.

- 자녀가 나흘 연속으로 도시락을 깜빡 잊고 학교에 안 가져 갈 때 바로 학교로 달려가지 말라. 다음에 또 잊어버리면 배고프게 된다는 것을 자녀가 스스로 깨닫게 하라. 한 끼 굶는다고 당장 배고파 죽지는 않는다. 점심 도시락을 잊고 간 것은 당신이 아니라 자녀다. 자녀에게 귀중한 교훈을 깨우쳐준다고 해서 당신이 나쁜 부모가 되는 것은 아니다. 점심을 못 먹게 되는 것, 그것이 바로 현실 치료다.
- 아들이 감옥에서 나올 수 있도록 보석금을 치르는 것보다 치르지 않는 것이 더 애정에 찬 행동일 수 있다.
- 십대 자녀가 이제 막 운전면허를 따서 초보 운전자일 때는 부모가 자동차 보험료를 내주지만, 교통 위반 딱지를 받을 경우 보험료 전체를 스스로 지불해야 한다고 말해주는 것, 즉 매달 200달러의 보험금을

직접 내게 하는 것이 현실 치료다.
- 적당한 나이가 되었다고 생각되면 아들에게 자명종을 맞추어놓고 아침에 스스로 일어나라고 말하라. 처음 두 주 동안은 혹시 스스로 일어나지 못하더라도 깨워주겠다고 하라. 하지만 그후에도 혼자 일어나지 않으면 그는 학교에 못 가게 될 것이다. 학교를 하루 빠지는 것이 어떤 학생들에게는 싫은 부담이기보다는 좋은 동기가 될 수 있으므로, 그를 학교까지 차로 데려다주면서 교통비를 내게 할 수도 있다. 학교에 빠지게 되는 것과 교통비 부과, 두 가지 모두 현실 치료의 예들이다.

훌륭한 지도자들이 그러한 것처럼 부모들은 자녀들의 현실을 정확히 바라보아야 한다. 설령 현실이 멋지거나 유쾌하지 않을 때에도 그러하다. 현실을 똑바로 보게 하는 것은 사랑의 선물이다.

자녀가 이해하지 못할지라도 부모의 '교육 방침을 학습 현장에 적용' 하고 타협을 거절할 때보다 더 자녀 양육에 책임을 다하는 때도 없다. 이런 부모야말로 선을 지키는 어머니, 즉 귀가 시간과 한계선, 결과를 정하는 강건한 어머니다. 이런 부모야말로 용기 있게 "안 돼"라고 말할 줄 알고 영원한 가치와 개인의 확신에 기반을 둔 도덕적 기준을 지키는 아버지다.

적절한 훈계가 사실은 사랑에서 비롯된 행동이라는 것을 실제로 믿는다면 가정에서 훈계로 인한 스트레스는 크게 완화될 것이다. 그런 사실을 받아들일 때 우리는 뽀빠이가 시금치를 먹은 것처럼 내적인 힘이 강해질 것이다. 우리의 자녀들 역시 그런 사실을 받아들일 수만 있다면 그들도 더욱 강해질 것이다.

존엄성

'난-널-무조건-사랑해' 가 갖는 각각의 기회들 – 한계선, 협상, 결과, 현실 – 은 자녀의 존엄성과 보호, 향상에 도움을 준다. 그 각각의 방식으로 우리는 자녀들에게 사랑을 보여줄 수 있다.

- 한계선을 설정할 만큼 너를 사랑한다.
- 때로는 그러한 한계선을 너와 협상할 만큼 너를 사랑한다.
- 너의 부적절한 행위에 대한 결과들을 설정할 만큼 너를 사랑한다.
- 네가 현실을 눈으로 보고, 맛보고, 느끼게 할 만큼 너를 사랑한다.

이런 환경 속에서 나온 부모의 훈계는 가정의 존엄성을 높인다. 훈계와 처벌이 선을 넘을 때 그것은 분노, 자만 또는 생색으로 드러나는데, 그럴 때 자녀의 자아 가치는 상실되고 만다. 부모의 목소리나 눈길 또는 부주의하게 사용하는 말들로 자녀의 가치가 상실될 때 그 훈계는 이미 도를 지나쳐 파괴적인 행위로 변질된다.

언어적이든 비언어적이든 파괴적인 훈계는 우리에게 언젠가 깊이 후회할 일을 남긴다. 그러한 훈계는 다음과 같은 말들을 포함한다.

- 분노나 자만, 무감각에서 나온 말
- "너는 멍청해" "너는 패배자야" "네 주제에 무슨 괜찮은 사람이 되겠니?"와 같은 메시지를 비언어적으로 전달하는 우월적인 태도
- '바보' '멍청이'와 같은 욕
- "네 언니처럼 될 수는 없니?" 또는 "네 나이였을 때 나는 절대로 그렇지 않았어"와 같은 부당한 비교
- "너는 형편없는 학생이야" "네가 무슨 좋은 성적을 받겠니?" "너는 음악에 재능이 없어" "회사나 계속 다닐 수 있겠니?" 등 저주처럼 부

정적인 생각을 심는 부정적인 특징화

건설적 훈계와 파괴적 훈계 사이에는 존엄성이라는 선이 있다. 우리의 말과 태도, 얼굴 표정, 행동은 자녀에게 존중과 영예, 가치를 전달하거나 아니면 무례, 치욕, 무가치함을 전달할 수 있다. 무슨 훈계를 하고, 무슨 한계선을 긋고, 무슨 결과를 받게 하느냐는 중요하지 않다. 중요한 것은 훈계를 통해 우리의 자녀가 어떤 메시지를 받고 있느냐다. 우리는 스스로에게 질문해야 한다. 나는 아들에게 존엄성을 전달하고 있는가? 딸의 개성을 존중한다는 것을 딸이 느끼는가? 그렇지 않다면 이런 기분 좋지 않은 상황에서 나는 자녀의 존엄성을 어떻게 회복하고 세우고 보호하고 증진시킬 수 있는가?

이것은 우리의 십대 자녀들이 이 시기에 정체성의 위기를 맞는 동시에 도덕적, 윤리적으로 무너질 수 있는 순간들을 맞이하기 때문에 더욱 중요한 문제다. 이미 그들은 자기가 누구인지에 대한 자신감이 결여되어 있으며, 자신이 가치 있는 사람이라는 확신이 훨씬 줄어든다. 이즈음 자녀들은 호기심으로 마약에 손을 대고 임신을 하거나 백화점에서 구두를 훔치기도 한다. 이때 화가 나서 드러난 상처에 알코올을 들이붓듯이 아픈 말을 해대는 부모는 자녀에게 아무 도움이 되지 않는다.

안드레아가 경기에서 진 후 농구 코트 한가운데 서 있을 때, 그녀에게 필요한 것은 다음 번에 이기려면 무엇을 해야 할지에 대한 훈계가 아니었다. 그녀는 사랑이 필요했다. 그것은 '난-널-사랑해-왜냐하면' 의 사랑이 아니다. 그것은 '난-널-무조건-사랑해' 의 사랑이다. 그것은 참되고 상대를 깊이 존중하며 삶을 변화시키는 사랑이다.

C. S. 루이스는 어려운 문제들을 우리가 이해할 수 있는 말로 간결하게 표현하는 능력이 있다. "우리의 느낌은 오락가락하지만 우리를 향한 하나님의 사랑

은 그렇지 않다는 위대한 사실을 기억하라. 그 사랑은 우리가 죄를 짓고 무관심하다고 해서 지치지 않는다. 우리가 어떤 희생을 치르든, 그분이 어떤 희생을 치르시든 그 사랑은 우리를 그러한 죄에서 회복시킬 것이라는 결단에 있어 아주 가차 없다."[2]

이것이 우리 한 사람 한 사람을 향해 하나님이 품고 계신 사랑이며, 그분은 우리가 이런 극단적인 사랑을 가정에서 경험하기를 원하신다. 나는 지금 과장하거나 종교적인 말을 하고 있지 않다. 부모라면 모두 이 극단적인 사랑을 할 수 있다. 자녀 역시 마찬가지다.

앨리스 스미스(Alice Smith)는 그녀의 책 「베일 너머로(Beyond the Veil)」에서 이와 같은 '난-널-무조건-사랑해'의 무조건적 사랑이 삶에 어떤 변화를 일으키는지 선명하게 보여주는 이야기를 한다.

얼굴에 심한 화상을 입은 한 여인이 있었다. 그녀는 화상을 너무 심하게 입어 한때 꽤 아름다운 여인이었다는 것을 믿기 어려울 정도였다. 그녀와 남편 사이에는 딸이 하나 있었는데, 그 아이는 얼굴에 흉측한 화상 자국이 있는 어머니를 창피하게 생각했고 그래서 불행해했다. 놀랄 만큼 무정한 그 아이는 어머니의 모든 애정을 거부했다. 그녀는 어머니와 함께 있는 모습을 사람들에게 보이는 것이 부끄러워 친구들을 집에 데려오지도 않았다.

딸은 자라면서 더욱 잔인해지고 어머니와 거리를 두었지만, 어머니는 딸과의 관계를 가슴 아파했다.

딸이 대학에 진학해 집을 떠난 지 얼마 되지 않아 어머니는 심하게 아파 거의 죽게 되었다. 아버지는 무남독녀인 딸을 불러 어머니에게 작별 인사를 하라고 했다.

딸이 이를 못마땅하게 여겨 골이 나 있는 것을 안 아버지는 딸이 병실에 들어서기 바로 전에 그녀를 불렀다. 아버지는 말했다. "이젠 네가 모든 것을 알 때가 되었다고 생각한다. 네 엄마는 항상 인자했고 자신의 모습을 네가 어떻게 생각하는지 이해했단다. 네가 엄마와 함께 있는 것을 창피해한다는 것도 안다. 그동안 네 엄마는 얼굴의 흉터에 대한 진실을 네게 알리지 말라고 신신당부했지만 이젠 네가 알 필요가 있다고 나는 생각한다. 네가 태어난 지 여섯 달이 되었을 때 우리 집에 불이 났다. 그때 너는 네 엄마가 한때 그랬던 것처럼 아주 예뻤단다. 엄마는 너를 잃는다는 생각에 견딜 수 없었다. 그래서 너를 구하기 위해 소방관들이 말리는 것을 뿌리치고 불타는 집 안으로 들어가 너를 구했단다. 그 지옥 같은 불길을 뚫고 너를 안고 나타났을 때 네 엄마는 심한 화상을 입었지만 일그러진 얼굴 위로 눈물을 흘리고 있었단다. 네 엄마는 네가 안전하고 아무런 해를 입지 않았다는 것을 몹시 기뻐했다. 이젠 왜 네 엄마가 자신의 상한 얼굴을 보고 네가 죄책감을 느끼면서 자라지 않기를 바랐는지 이해할 수 있을 거야."

슬픔에 잠긴 딸은 죽어가는 어머니의 병실 문 밖에서 떨며 서 있었다. 그동안 그녀가 퍼부은 잔인한 말들이 떠올랐다. 그녀는 어머니를 무시하고 다른 사람들 앞에서 비웃기까지 하며 그녀에게 고통을 준 기억을 지울 수 없었다. 난생 처음으로 딸은 어머니가 그녀를 위해 얼마나 고통 받았는지 이해했다.

딸이 병실 안으로 들어섰을 때 어머니는 병원 침대 시트만큼이나 창백해 보였다. 딸은 애통한 마음으로 어머니에게 몸을 던졌다. 그녀는 울부짖었다. "엄마, 정말 죄송해요! 절 용서해줄 수 있으세요? 엄마가 나 때문에 얼마나 고통 받았는지 난 몰랐어요. 제 자신이 너무 부끄러워

견딜 수가 없어요!"

딸은 어머니의 얼굴에 키스를 퍼부었다. 20년 동안 어머니는 인내하며 딸의 사랑을 기다려왔다. 기쁨으로 희미한 미소를 띠며 어머니는 속삭였다. "얘야, 나는 널 오래 전에 이미 용서했단다."[3]

이 이야기에는 강력한 자녀 양육의 원리가 들어 있다. 우리 아이들은 잔인할 수 있다. 아이들이 자기에게 살과 피를 준 부모들에게 잔인한 말을 퍼붓는 것을 들은 적이 있다. 아트 린크레터(Art Linkletter)는 고전적인 TV 쇼 〈아이들은 터무니없는 것들을 말한다(Kids Say the Darndest Things)〉를 진행했다. 그 쇼에서 아이들이 한 말들은 사실이다. 그들은 다음과 같은 잔인한 말도 서슴지 않았다.

"나는 당신을 좋아하지 않아요."
"우리는 공통된 것이 하나도 없어요."
"당신과 같이 있는 걸 사람들이 보는 것이 창피해요."
"당신은 나를 사랑하지 않아요."
"나는 당신을 사랑하지 않아요."
"날 그냥 내버려두세요."
"더 이상 당신과 이 집에서 같이 살고 싶지 않아요."
"당신이 미워요!"

우리는 단순히 부모라는 깊은 함정에 내던져져 혼자 힘으로 일을 꾸려가야 하고 자녀들의 애정을 불러일으키려고 헛되이 애쓰는 처지에 있지 않다. 우리는 언제든지 공급받을 수 있는 초자연적인 사랑의 저수지를 갖고 있다. 우리와 자녀를 향한 하나님의 사랑은 우리 부모들이 계속 공급받을 수 있는 사랑의 원천이다.

여동생을 안고 농구 코트에 서 있던 아들의 마음이 아팠던 이유는 오직 하나였다. 그는 마음이 아픈 여동생을 사랑한 것이다. 우리는 사랑할 때 상처 받는 위험을 감수한다. 고통과 사랑은 같이 간다. C. S. 루이스는 이렇게 말한다. "어떤 것이든 사랑하라. 그러면 당신의 마음이 지치고 아플 수 있다. 마음 아픈 것이 싫다면 아무에게도, 심지어 동물에게도 사랑을 주어서는 안 된다."[4]

다음은 '난-널-무조건-사랑해' 가족의 특징이다.

- '난-널-무조건-사랑해' 가족은 가족 중 한 사람이 상처 받거나 이에 노출되었을 때는 특히 서로의 존엄성과 자아 가치를 보호해준다.
- '난-널-무조건-사랑해' 가족은 서로에게 민감하고 따뜻하다.
- 부모는 자녀들에게 '난-널-무조건-사랑해'를 표현할 기회를 찾는다.
- 부모는 자녀를 처벌하기 위해서가 아니라 구제하기 위해 훈계한다.
- 부모는 도덕적인 절대 기준을 지키면서도 훈계에 유연성을 보인다.
- 때로 부모는 "절대 안 돼" 또는 "반드시 해야 돼"를 감행한다.

특히 용기 있게 십대의 아들과 딸을 훈계하는 부모는 이 때문에 힘든 대가를 치르게 될 수도 있다. 제임스 돕슨 박사는 그의 책 「자녀 양육은 겁쟁이들을 위한 것이 아니다(Parenting Isn't for Cowards)」에서 그 점을 확인해준다. 어떤 시점에 이르면 부모들은 의문을 품는다. "이럴 가치가 있을까? 도덕적인 한계선을 두고 싸울 가치가 있을까? '절대 안 돼' 또는 '반드시 해야 돼'를 감행해서 이렇게 감정적이고 심리적인 스트레스를 받을 가치가 있는 걸까?"

다음 장에서 이러한 진솔한 질문들에 답하겠다.

자녀의 마음으로 들어가는 창
보호

어머니가 학교 복도를 지나가시는 것을 보자 마음이 무겁게 가라앉았고, 얼굴은 백짓장처럼 하얗게 변했으며, 입 속은 사막처럼 타들어갔다. 왜 어머니가 학교에 오셨는지 그 이유를 나는 알고 있었다. 어머니는 내가 받은 F학점 때문에 영어 선생님과 의논하러 오신 것이다. 내가 낙제하지 않고 통과하는 데 불과 1점이 부족했기 때문에 어머니는 부모가 조금만 잘 말씀드리면 선생님이 점수를 올려줄 것이라고 확신하셨다. 하지만 나는 내 성적이 단순한 산술적인 계산에서 나온 결과가 아니라는 것과, 단 1점이라도 선생님이 점수를 올려주지 않으실 것을 알고 있었다. 나는 어머니께 내 성적이 왜 그런지 이유를 말씀드리지 않았다.

학기가 시작될 때 선생님은 여름 방학 동안 읽기 숙제를 얼마나 잘했는지 보려고 시험지를 돌리셨다. 방학 동안 책을 읽지 않은 나는 자포자기하는 심정으로 옆에 앉은 친구의 답을 베꼈다. 다음 날 채점한 답안지를 나누어주기 전에 선생님은 어제 시험이 세 가지 유형으로 출제되었다고 말씀하셨다. 그래서 학생 몇 명이 커닝한 사실이 들통났다. 선생님의 머리가 얼마나 좋으신지…. 내가 베껴 쓴 친구의 시험지는 내 시험지와는 전혀 달랐다.

선생님은 우리가 자백하면 커닝한 사실을 부모님에게 전하지 않겠다고 하셨다. 나는 앞에 나가 죄를 인정하고 그 자리에서 0점을 받았다. 어머니는 그날 내가 무슨 일을 저질렀는지 전혀 모른 채 나를 보호하려고 영어 선생님을 만나러 오신 것이다. 내가 커닝한 사실을 안 어머니는 넋이 나가신 것 같았다. 그 순간 나는 어머니의 사랑과 보호를 받을 가치가 없다고 느꼈다. 그리고 그때 내 인생에 변화를 가져다준 영혼에 대한 탐구를 시작했다.

프레드 4세

7장
내가 너를 지켜줄게

당신이 어머니나 아버지라면 당신에게 가장 중요한 일은
자녀를 온 마음과 온 영혼을 다해 사랑하는 것입니다…
자녀를 둔 행운을 잡았다면 우리는 모두 자녀 양육에 다시금 헌신해야 합니다.

조지 W. 부시(George W. Bush)

관계 속에서 이루어지지 않는 지배는 반항으로 이어진다.

조쉬 맥도웰(Josh McDowell)

레이첼 레비(Rachel Levy)는 전형적인 열일곱 살 소녀였다. 어린 시절 그녀는 캘리포니아 주 실리콘 밸리에서 자랐다. 그녀는 운동과 다이어트 펩시, 핑크 플로이드와 크리스티나 아길레라의 노래를 좋아했다. 또 토미 걸 향수와 크리니크 화장품 그리고 빅토리아 시크릿의 과일향 바디로션을 발랐다. 가장 좋아하는 영화는 〈프리티 우먼〉과 〈타이타닉〉이었다. 그녀는 보통 십대들의 문제인 치아 교정과 몸무게, 친구에 대해 고민했고, 그녀의 일기장에는 인생과 사랑에 대한 시들이 가득 들어 있었다.

부모가 이혼한 후 그녀는 어머니와 세 형제들과 함께 이스라엘로 이주해 예루살렘의 한 작은 아파트에서 살았다. 2002년 3월 28일 목요일 밤, 그녀는 예루살렘 쇼핑몰에서 밤늦게까지 놀다가 새벽에 집으로 돌아왔다. 금요일 아침 그녀는 느지막이 일어나 어머니와 함께 커피 한 잔을 여유 있게 마시고 나서, 그날 저녁에 있을 유월절 음식 준비에 필요한 파슬리와 홍고추, 고수풀을 사러 슈퍼마켓에 갔다 오겠다면서 집을 나섰다.

열아홉 살의 아야트 알-아크라스(Ayat Al-Akhras)는 레이첼이 사는 동네에서 7킬로미터도 떨어지지 않은 곳에서 자랐다. 이 두 소녀는 한 번도 만난 적이 없지만 다른 환경에 있었더라면 친한 친구가 되었을지도 모른다. 그들은 둘 다 매력적이고 활달하며 아주 지성적이었다. 그들의 얼굴이 나란히 「뉴스위크」 지의 표지에 등장했을 때, 그들의 길고 검은 머리와 어두운 눈동자 색 때문에 이들은 자매가 아닐까 하는 생각이 들 정도로 놀랍게 서로 닮은 모습이었다.

레이첼이 파슬리와 양념들을 사가지고 슈퍼마켓 출구를 걸어 나가는 순간에 아야트는 그곳에 들어오고 있었다. 두 사람의 눈이 마주쳤는지, 아니면 서로에 대해 알아차리기라도 했는지는 알 수 없다. 다만 경비원이 아야트의 헐렁하도록 큰 셔츠를 의심해 "거기 섯!" 하고 외쳤다는 사실만 알 수 있다. 그러고 나서 1초도 지나지 않은 오후 1시 49분에 아야트는 연결 코드를 잡아당겨 자신이 입고 있던 폭탄이 장착된 조끼를 폭발시키면서 2002년 성금요일 이스라엘의 베들레헴 외곽 지역에서 레이첼과 함께 죽음을 맞이했다.

세계의 모든 뉴스 매체는 이 두 소녀의 어이없는 죽음을 전 세계에 전했다. 전 세계는 충격을 받았으며 이 사건에 대한 답을 모색했다. 십대의 순수함에 무슨 일이 일어났던 걸까? 이렇게 무자비한 폭력에 대한 답을 당신은 어떻게 찾겠는가? 조지 W. 부시 대통령은 이 사건을 듣고 안타까워했다. "열아홉 살의 팔레스타인 소녀가 자폭을 하고 그 과정에서 열일곱 살 이스라엘 소녀를 죽이는 일이 일어난다는 것은 미래 자체가 죽어가고 있다는 뜻입니다."

레이첼과 아야트의 비극적인 죽음을 다룬 표지 기사 뒤에는 그 이야기의 나머지 부분인 한 무고한 죽음에 관한 이야기가 이어졌다. 아야트의 부모는 1948년 전쟁 이후 텔 아비브 근처 아랍 마을로 도망쳐 와서 가자 지구의 천막 캠프에서 살았다. 그녀의 아버지는 이스라엘 건설 회사의 감독관이 되었고 열한 명의 자녀들을 위해 3층짜리 콘크리트 집을 지을 수 있을 만큼 평균 이상의 재력이 있었다. 그러나 아야트는 감당할 수 없는 증오와 폭력, 포격, 폭탄, 학대에 노출되었다.

그녀의 오빠는 이스라엘 군의 총에 맞아 부상을 입었다. 그녀의 가족과 가까운 한 친구는 유대인 정착지 부근의 길가에 폭탄을 설치하다가 총에 맞고 죽었다. 3월 8일에 그녀의 집 앞 거리에서 이스라엘 군의 총성이 울려 퍼졌을 때 아야트는 큰 충격을 받았다. 이스라엘 군인들이 아파트 앞에서 딸과 함께 블록 놀이를 하던 팔레스타인 이웃을 총으로 쏘아 죽이는 것을 보고 그녀는 소름이 돋았다. 오빠가 그 시체를 매고 계단을 내려오는 모습을 아야트는 차마 감당할 수 없었다. 그녀의 감성적인 영혼은 갈가리 찢겨나갔다. 그녀는 더 이상 견딜 수가 없었다.

그 다음 주에 그녀는 아무도 모르게 급진 팔레스타인 단체에 연락을 하여 자폭 훈련을 받은 후 동의 서약서에 서명을 하고 사건이 난 후에 전국 뉴스 네크워크에 공표된 발표문을 녹화했다. 그 불행한 금요일 오전 7시 30분에 그녀는 평소 학교에 가듯이 책들을 챙겼다. 그리고 "오늘 시험을 잘 볼 수 있게 빌어주세요"라고 어머니에게 말했다고 한다. 부모의 말에 따르면 그녀는 자녀들 중에서 가장 영리했다. 예리한 정신과 민감한 영혼으로 인해 그녀는 소녀다움을 포기하며 어린 나이에 정치 활동에 뛰어들었던 것이다. 그녀는 "이제 더 이상 엄마, 아빠를 못 보겠네요"라는 마지막 말을 남겼다고 한다. 부모도 그 말이 이상하다고 생각했다. 그녀는 군사 검문소를 피해 들판을 가로질러 예루살렘에 무사히 들어갔다. 도중에 그녀는 테러리스트들을 만나 폭발물이 장착된 조끼를 받아 입고 그 슈퍼마켓으로 들어갔다.

연기가 사라지고 쓰레기 더미를 치웠을 때 사람들은 폭력으로 목숨을 잃은 십대 소녀 둘을 발견했다. 그들 중 한 명은 이미 순수함을 잃은 채였다.[1]

이렇게 코끝이 찡한 사건을 읽으면서 우리는 우리와는 거리가 먼 이야기라고 생각하기가 쉽다. 우리는 이렇게 생각하고 싶어 한다. '아, 그것은 저 먼 세상의 일이야. 중동에서는 정신 나간 일들이 일어나고 있지. 미국 중산층의 부모인 나와는 아무 상관이 없어.' 섣불리 결론짓지 말라. 스스로를 속이지 말라. 우리 문화야말로 부주의하게 자녀들의 순수함을 말살하고 있다. 할리우드는 자녀들의 순수함을 헐값으로 팔아넘기고 있다. 고등학교들은 그 순수함을 쓸모없게 된 CD케이스 비닐 포장지처럼 구겨 쓰레기통에 집어 던진다. 그리고 워싱턴의 입법자들은 계속해서 악화되는 이런 비극을 극적으로 돌리기 위해 무엇을 해야 할지 모른다.

중동의 테러리스트들만 우리 세대의 악당은 아니다. 백인들이 사는 교외 지역에 위치한 콜럼바인 고등학교의 총격 사건은 어떻게 된 것인가? 오클라호마 시의 트럭 폭탄 테러는? 여성 다섯 명 가운데 한 명은 대학을 졸업하기 전에 데이트 강간을 당한다는 통계는? '뚱보', '돼지', '짐승', '괴짜', '꼬마' 라고 불리며 아픔을 당하는 수많은 중학생들의 훼손된 존엄성은? 살인, 상해, 혼전 성관계, 가학주의로 흠뻑 젖은 충격적인 폭력 영화와 비디오의 누적 효과는? 평균적으로 우리의 자녀들은 고등학교를 졸업할 즈음에 TV에서 이미 1만 8천 건의 살인을 본다고 한다. 지금 우리 자녀들의 순수함이 습격당하고 있다. 우리의 문화가 거리에서 순수함을 살해하는 동안 우리는 침묵을 지키며 길가에 서 있다. 이제 순수함은 당연히 멸종 위기에 처한 종으로 분류되어야 하는데, 이를 보호할 사람은 누구인가?

다시 정의하는 순수함

내가 십대였을 때 어머니는 얼굴이 빨개지지 않는 소녀와는 절대로 데이트를 하지 말라고 말씀하셨다. 어떤 상황에서도 당황하지 않는다면 그 소녀는 아마 순수함을 잃은 것일지 모른다고 어머니는 설명하셨다. 웹스터 사전에 따르면, '순수함(innocence)'이란 '죄, 악이나 범죄 행위로부터 자유로운 상태, 호기심 또는 미련함으로부터 자유로운 것, 타락시키거나 해칠 능력이 없음, 도덕적으로 잘못된 일을 아무것도 하지 않음, 죄 없음'으로 정의된다.

성경은 우리에게 권고한다. "너희가 선한 데 지혜롭고 악한 데 미련하기를 원하노라"(롬 16:19). 필립스 역(The Phillips translation)은 이를 "나는 너희가 좋은 일에는 전문가가 되지만 악한 일에는 초보자조차 되지 않기를 원한다"라고 번역한다. 예수님도 그분을 따르는 이들에게 '비둘기같이 순결하라'(마 10:16)고 촉구하셨다. '순결한(innocent)'으로 번역된 헬라어는 'akeraious'로 '파괴되지 않은, 상처입지 않은, 여전히 원 상태로 있는 것, … 손대지 않는, 완전한 도덕적 순수'[2] 또는 '요소를 방해하는 외부의 것으로부터 자유, 도덕적 본질의 완전, 최상의 순수함, 유혹적인 가르침은 본능적으로 쫓겨남'[3]을 의미한다.

순수함은 마음속에 새겨진 도덕적인 면역 체계다. 그것은 우리 부모와 자녀가 건강한 것에서 해로운 것을 걸러내고, 성스러운 것과 그렇지 않은 것을 구분하며, 잠재적으로 해를 끼칠 질병을 격퇴할 수 있게 한다. 우리는 자녀들이 도덕적, 윤리적으로 타협할 상황에 처할 것을 알고 있으며, 그들이 유혹에서 벗어나 현명한 선택을 하기를 원한다. 자녀에게 생명을 주는 '난 널 사랑해'를 표현하는 방법 가운데 하나는 그들의 순수함을 지키는 수호자가 되는 것이다. 많은 부모들이 다양한 이유로 이 사명을 포기했지만 우리는 이제 그것을 되찾아야 한다. 자녀의 무한한 잠재성이 내가 이행하지 않은 이 한 가지 문제에 달려 있다.

우리는 컴퓨터에 바이러스 백신 프로그램을 설치해 하드 드라이브가 당할지 모르는 공격에 대비한다. 그렇다면 자녀의 양심을 공격해올 바이러스로부터 도덕성이라는 하드 드라이브를 보호하기 위해 더욱 주의를 기울여 대책을 마련해야 하지 않을까? 자녀들은 그 순수함을 청소년기나 청년기 즈음에 잃어버릴 수 있는데, 부모의 통제를 벗어나 그들 스스로 선택한 경우가 너무나 빈번하다. 그럼에도 불구하고 부모인 우리는 자녀들이 악한 의도를 가진 외부 침입자들의 예상치 못한 공격을 받아 순수함을 잃어버리지 않도록 그들을 보호하기 위해 가능한 한 모든 일을 해야 한다.

어느 부모인들 자기 아들이 파괴되지 않고, 상처입지 않고, 손 타지 않고 원상태로 보존된 도덕적인 순수함을 갖기를 원하지 않겠는가? 어느 누가 자기 딸이 이질적이거나 혼란을 주는 것들에서 자유롭게 되기를 원하지 않겠는가? 어느 부모인들 자기 자녀가 유혹의 손길을 본능적으로 몰아내기를 원하지 않겠는가? 자녀들이 원하는 인생을 살 수 있도록 부모는 반드시 훈계할 줄 알아야 한다. 자녀의 순수함을 가치 있게 여긴다면, 당신은 얼마나 많은 관계상의 대가를 치러야 할지라도 그 순수함을 보호하기 위해 기꺼이 대가를 치를 용의가 있을 것이다.

당신은 자녀에게 주의 깊게 설정된 한계선이란 선물을 줄 것이다. 또한 협상이란 선물로 자녀를 존중할 것이다. 자녀의 실수가 그 자신보다 당신에게 더 많은 희생을 요구할지라도 당신은 자녀에게 결과를 대면할 특권을 허용할 것이다. 현실이라는 선물을 줌으로써 궁극적으로 존엄성이라는 선물을 주는 것이다.

성경은 아버지 하나님에 대해 이렇게 말한다. "주께서 그 사랑하시는 자를 징계하시고 그의 받으시는 아들마다 채찍질하심이니라"(히 12:6). 하나님은 처벌하기 위해 사랑의 징계를 내리지는 않으신다. 그 사랑의 징계에는 분노와 가혹함, 보복, 교만, 학대, 무감각은 전혀 없다. 그것은 자비와 사랑, 친절, 염려, 축복, 혜택으로 가득하다. 애정과 – '그 사랑하시는 자' – 수용이 – '그의 받으시는 아들마다' – 연결되어 있음에 주목하라. 훈계에서 애정과 수용은 자녀 양육의 다른 어떤 면들보다 밀접하다. 훈계는 말한다. "너의 순수함을 보호하기 위해 내가 할 수 있는 일들을 할 정도로 나는 너를 사랑한다. 그것 때문에 네가 잠깐 나를 미워할지라도 그 선을 그을 만큼 나는 너를 사랑한다."

다시 발견하는 순수함

이런 생각을 하는 사람이 있을지 모른다. '좋다, 순수함은 싸워서 지킬 가치가 있는 덕목이다. 하지만 어디서부터 손을 대야 하는가?' 싸우기는 해야 하지만 우리는 이길 수 없을 것 같은 강적 앞에서 위협을 느끼기 쉽다. 우리는 과연 오늘의 문화와 대결할 수 있을까? 설령 대결한다 하더라도 자녀를 건강하지 않은 방식으로 주류에서 떨어뜨려 놓거나, 또래 친구들로부터 소외당하게 만드는 것은 아닐까?

수세기 동안 유대인 부모들은 자녀들의 순수함을 보호하는 부모의 역할을 진지하게 받아들여왔다. 그것 때문에 큰 대가를 치른다 하더라도 아들과 딸이 지닌 이 덕목을 보호하기 위해 무엇이든 할 용의가 있었다. 승리로 이끄는 전략적인 3단계 계획에 따라 그들은 자녀들에게 광범위한 영향력을 행사했다. 신앙인이든 아니든 이 계획이 당신에게 도움이 되리라고 확신한다.

1단계: 부모들이 먼저 개인적인 윤리와 도덕을 지키며 산다. 어머니와 아버지의 생활양식에 따라 자녀들은 가족의 가치를 어떤 속도로 모방하고 따라할지 결정한다. "오늘날 내가 네게 명하는 이 말씀을 너는 마음에 새기고"(신 6:6).

2단계 : 부모들은 일상생활의 우연한 순간들을 통해 자녀들에게 가치를 가르친다. "네 자녀에게 부지런히 가르치며 집에 앉았을 때에든지 길에 행할 때에든지 누웠을 때에든지 일어날 때에든지 이 말씀을 강론할 것이며"(7절).

3단계 : 부모들은 형식적이고, 의도적이며, 계획적이고, 구조화된 가르침의 순간들을 통해서도 자녀들에게 가치를 전달한다. "너는 또 그것을 네 손목에 매어 기호를 삼으며 네 미간에 붙여 표를 삼고 또 네 집 문설주와 바깥문에 기록할지니라"(8-9절).

이 3단계 멘토링을 따른다고 해서 반드시 성공이 보장되는 것은 아니지만 부모의 효율성이 증가되는 것만은 확실하다.

그 다음에 할 수 있는 논리적인 질문은, 다음세대에게 본이 되고 멘토가 되며 가르칠 만한 가치가 무엇이냐는 것이다. 유대인들에게는 준비된 답이 있었다. 그들이 죽고 살 만큼 가치 있게 여겼던 열 가지가 있다. 그들은 이러한 가치들이 순수함을 촉진한다고 보았다. 이 가치들을 위반하는 것은 곧 순수함을 깨뜨리는 것이었다.

그렇다면 순수함을 촉진하는 열 가지 가치들은 무엇인가?

1. 한 분이신 진정한 하나님을 인정하는 가치

일상생활에서 하나님을 공경하는 법을 배우면서 우리는 순수함을 파괴할지도 모르는 것들을 막아낼 궁극적인 보호막을 설치한다. 하나님의 선하심과 인자하심을 감사하는 가족들은 서로에 대한 감사 또한 더욱 잘 표현한다. 그리고 하나님을 인식하는 가족들은 보다 높은 판단 기준을 갖고 있기 때문에 보다 성공적으로 순수함을 지킬 수 있다. 결국 하나님이 순수함의 궁극적인 원천이

시고 일차적인 보호자이신 것이다. "나 외에는 위하는 신들을 네게 있게 말지 니라"(신 5:7).

2. 하나님을 향한 우리의 최고의 사랑을 보호하는 가치

자녀들에게 보이는 것보다 보이지 않는 것을 더욱 귀중하게 여기라고 가르칠 때 우리는 쾌락주의, 물질주의 그리고 이기주의로 끌어당기는 중력으로부터 그들의 마음을 지킬 수 있다. 고급 자동차, 새 옷, 큰 집, 비싼 장난감이 좋기는 하지만 그것들로 인해 마음이 아주 산란해질 수 있다. 비물질적인 것들 – 덕목, 영예, 존엄성, 양심, 순결, 순수, 거룩함 그리고 틀림없는 하나님 그분 – 은 위에 있는 반면 물질적인 것들은 아래에 있다. "너는 자기를 위하여 새긴 우상을 만들지 말고 위로 하늘에 있는 것이나 아래로 땅에 있는 것이나 땅 밑 물 속에 있는 것의 아무 형상이든지 만들지 말며 그것들에게 절하지 말며 그것들을 섬기지 말라 나 여호와 너의 하나님은 질투하는 하나님인즉 나를 미워하는 자의 죄를 갚되 아비로부터 아들에게로 삼사 대까지 이르게 하거니와 나를 사랑하고 내 계명을 지키는 자에게는 천대까지 은혜를 베푸느니라"(신 5:8-10).

3. 하나님 이름을 명예롭게 보존하는 가치

하나님은 최고의 가치를 지니신 분이기 때문에 우리는 그분의 이름을 결코 부주의하게 사용하기를 원하지 않는다. 우리 어머니의 이름이 부주의하거나 수치스럽게 사용되는 것은 듣고 싶지 않고 하나님의 이름이 품위 없이 사용되는 것은 괜찮단 말인가? 온 우주 가운데 비난할 게 전혀 없는 것이 있다면 그것은 하나님의 이름이다. 실제로 하나님의 이름을 순수하게 지킬 때 순수함 자체를 보호하는 능력이 크게 증가될 것이다. "너는 너의 하나님 여호와의 이름을 망령되이 일컫지 말라 나 여호와는 나의 이름을 망령되이 일컫는 자를 죄

없는 줄로 인정치 아니하리라"(신 5:11).

4. 하나님의 날을 명예롭게 보존하는 가치

우리는 자녀들에게 인생의 중심을 자신보다 더 큰 근거에 두고, 가끔은 멈춰 서서 이에 대해 깊이 생각하고 하나님께 감사드려야 한다고 가르쳐야 한다. 그럴 때 우리의 자녀들은 유대인들이 '안식일'과 '샬롬'이라고 부르는 휴식과 평안, 두 가지 선물을 즐길 수 있다. 결국 하나님은 우리가 즐기는 모든 좋은 것의 원천이시다. 그분은 노동이 건강한 것이며, 그렇기 때문에 진정한 휴식이 필요하다는 것을 우리가 알기 원하신다. "여호와 너의 하나님이 네게 명한대로 안식일을 지켜 거룩하게 하라 엿새 동안은 힘써 네 모든 일을 행할 것이나 제칠 일은 너의 하나님 여호와의 안식인즉 너나 네 아들이나 네 딸이나 네 남종이나 네 여종이나 네 소나 네 나귀나 네 모든 육축이나 네 문 안에 유하는 객이라도 아무 일도 하지 말고 네 남종이나 네 여종으로 너같이 안식하게 할지니라 너는 기억하라 네가 애굽 땅에서 종이 되었더니 너의 하나님 여호와가 강한 손과 편 팔로 너를 거기서 인도하여 내었나니 그러므로 너의 하나님 여호와가 너를 명하여 안식일을 지키라 하느니라"(신 5:12-15).

5. 부모를 공경하는 가치

명예롭게 살고 적절한 존경심을 보일 것을 자녀들에게 가르치면서 부모들은 가족 구성원들 사이의 상호 민감성, 존중과 축복에 대한 속도를 설정한다. 2001년 9월 11일 자신들이 타고 있던 비행기가 워싱턴 D. C.의 국가 기념물로 날아가도록 내버려두지 않은 토드 비머(Todd Beamer)와 그밖에 몇 사람들의 영웅적인 행동이 알려진 후, 그런 고귀한 사람들은 어떤 자질을 갖고 있는가에 대한 연구가 많이 발표되었다. 대부분의 영웅들에게는 한 가지 공통점이 있다.

그들은 부모가 친절을 보여주고, 순수함을 보호하며, 민감성을 길러주고, 자녀들이 서로 존중하도록 가르친 가정에서 자랐다. "너는 너희 하나님 여호와의 명한대로 네 부모를 공경하라 그리하면 너의 하나님 여호와가 네게 준 땅에서 네가 생명이 길고 복을 누리리라"(신 5:16).

6. 모든 생명의 가치

모범을 보여주면서 모든 사람들에게 명예와 존엄성이 있다는 것을 가르칠 때 우리는 자녀들에게 연민과 민감함, 친절함을 심어줄 수 있다. 가난한 사람들에게 물자를 주고, 태아들의 권리를 보호하며, 교도소 수감자들을 방문하고, 늙어가는 부모들을 보살핌으로써 우리는 인생에서 가진 것에 상관없이 모든 개인은 가치 있는 존재라는 사실을 자녀들에게 명확히 전달할 수 있다. "살인하지 말지니라"(신 5:17).

7. 성(性)의 가치와 신성함

나는 내 딸을 한 남자만의 여인이 되도록 키우며, 내 아들을 한 여인만의 남자로 키우기를 원한다. 모든 부모가 포르노를 절대 불허하는 것은 좋은 생각이다. '포커스 온 더 패밀리(Focus on the Family)'의 제임스 돕슨 박사는 21세기에 가족 순결을 장려하다가 이 문제가 아킬레스건이라는 사실을 발견했다. 이 대목에서 적당한 선에서 너그럽게 봐주면 자녀들이 극단으로 밀어붙이게 될 것이라는 원리에 주의를 기울여라. 음주와 마약과 성적 활동에 관한 영역에서도 같은 원리가 적용된다. "간음하지도 말지니라"(신 5:18).

8. 개인 소유물의 가치

우리가 가진 것을 감사하고, 다른 사람의 것을 존중하며, 내 것과 남의 것을 구별하는 지혜를 가르칠 때 우리는 수많은 고통으로부터 자녀를 보호할 수 있다. 절도는 현대의 유행병이며 질투는 남의 성취를 도둑질하는 것이다. 너무나 많은 십대들이 현재 자기가 갖고 있는 것에 만족하지 못한 나머지 질투와 탐욕을 일으켜 거짓말하고 속이고 절도를 하고 있다. "도적질하지도 말지니라" (신 5:19).

9. 정직한 대답의 가치

취약성과 투명성, 민감성, 정직성을 함양함으로써 우리는 가족 간의 신뢰를 현명하게 지키는 동시에 자녀의 안정감을 향상시킬 튼튼한 구조물을 세울 수 있다. 우리는 어떤 상황에서도 부정이나 사기 또는 거짓말을 그냥 넘겨서는 안 된다.

몇 년 전 아들의 열세번째 생일에 나의 정직성을 시험당하는 일이 있었다. 우리는 예배 후 한 사람당 20달러나 하는 비싼 '어머니날 특선 뷔페'에 갔다. 반값만 지불해도 되는 어린이의 나이 제한은 열두 살이었다. 종업원이 아이들의 나이를 묻자 그날 생일을 맞은 아들은 '이거 재미있겠는 걸. 아빠는 어떻게 대답하실까?'라고 말하듯 나를 쳐다보았다. 잠시 나는 생각했다. 10달러를 아낄 것인가 나의 정직성을 지킬 것인가? 나는 종업원의 눈을 보고 미소 지으며 대답했다. "이 아이는 오늘 열세번째 생일을 맞았어요." 앤드류는 '좋아요 아빠! 아빠의 정직성을 팔지 않아 고마워요'라고 말하듯 자랑스러운 눈길로 나를 돌아보았다. 내가 나 자신에 대해 실망했다는 것을 인정해야겠다. 나는 그 시험을 통과하긴 했지만 그에 대한 갈등도 하지 말아야 했다. 잠시 후 종업원이 눈을 찡긋하며 "아이가 많이 먹을 것 같아 보이진 않네요. 또 오늘이 생일이기도 하니까 그냥 반값만 내세요"라고 말했을 때 정말 기분 좋았다. 야호! "네 이웃에 대하여 거짓 증거하지도 말지니라"(신 5:20).

10. 감사의 가치

가진 것에 감사하고, 가진 게 없어도 만족하며 사는 법을 자녀들에게 가르칠 때 우리는 부패한 탐욕으로부터 그들을 보호할 수 있다. 우리 집 크리스마스트리 아래에 놓인 선물들을 본다면 우리 부부가 믿기 어려울 정도로 자녀들에게 그들이 요청하는 모든 것을 사주지 않는다는 사실을 알게 될 것이다. 우리는 그들에게 많은 것을 사주기는 하지만, 원하는 것을 가지는 것보다 갖고 있는 것을 감사하는 데 진정한 만족이 있음을 깨닫도록 돕는 데서 늘 가치를 찾는다. "네 이웃의 아내를 탐내지도 말지니라 네 이웃의 집이나 그의 밭이나 그의 남종이나 그의 여종이나 그의 소나 그의 나귀나 무릇 네 이웃의 소유를 탐내지도 말지니라"(신 5:21).

열 가지 가치들

지금쯤 당신은 이 열 가지 가치들이 통상 십계명으로 불리고 있음을 알아차렸을 것이다. '십계'는 오래 된 찰톤 헤스톤(Charlton Heston)의 영화 제목 이상의 의미를 지닌다. 그것은 온 가족을 이롭게 하며 생명을 주는 가치들이다. 그것은 역사를 통해 최상의 순수함을 촉진시켜왔다.

어릴 때 나는 병에 해골과 뼈 그림이 있는 라벨이 붙어 있으면 그것이 무엇인지 애써 알아볼 필요가 없다고 배웠다. 경고 라벨만으로도 충분하다. 이와 같이 우리 자녀들이 쓸데없이 시험해보지 않기를 바라며 인생의 경험에 붙이는 특별한 경고 라벨들이 있다. 부모들은 그 열 가지 가치들을 지지하면서 가족을 매일의 독소로부터 보호한다. 그 경고 라벨은 우리의 손 안에 있다. 그것들을 적절하게 적용하는 것은 바로 우리 부모들이다.

우스꽝스러운 하얀 거위가 항상 적절한 장소, 적절한 시간에 나타나 정답인 "애플랙(AFLAC)!"이라고 외치는 AFLAC 추가 보험 TV 광고를 나는 아주 좋아한다. 각 광고에는 추가 보험이 과연 필요한지 활발한 토론을 벌이는 사람들이 등장하는데, 그들은 그 보험을 제공하는 회사의 이름을 기억하지 못한다. 그때 혜성처럼 거위가 나타나 "애플랙!"이라고 외친다.

우리가 자녀들 곁에 항상 붙어 있지 않더라도 우리 자녀의 순수함을 문화적 병폐로부터 보호해줄 추가 보험을 들 수 있다면 얼마나 좋을까? 불행하게도 그런 상품을 파는 보험 회사는 없다. 그것은 가정이 맡은 독특한 역할이다. 우리의 아들이나 딸이 자라면서 마주칠 도덕적인 적으로부터 그를 보호하기 위해 가능한 한 모든 일을 하는 것이 부모의 책임이다. 이 열 가지 가치는 사전에 자녀들의 순수함을 보호할 수 있는, 그들을 위한 열 가지 실제 방법들이다.

레이첼과 아야트는 갔지만 그들의 기억은 순수함, 특히 우리 자녀들이 지닌 순수함의 가치에 대해 여전히 경종을 울린다. 자녀들의 순수함을 보호하는 것은 '난-널-사랑해' 자녀 양육과 깊은 관계가 있다.

다음은 자녀의 순수함을 보호하는 것과 관련해 당신이 생각해볼 질문들이다.

- 당신의 가정에는 순수함이 아직도 건재한가? 그것은 얼마나 손상되었는가?
- 부모인 당신의 인생에는 순수함이 남아 있는가? 당신은 정직한 사람인가? 당신은 타협을 거부하는 윤리적, 도덕적 한계선을 갖고 있는가?
- 당신의 과거 실패담을 자녀에게 말할 용의가 얼마나 있는가?
- 당신은 순수함을 지키기 위한 싸움에서 이기고 있는가?
- 자녀가 나쁜 행실과 은폐 공작을 자백하고 인정할 때와 같이 강한 효과가 일어나는 순간이 오면 당신은 어떻게 반응하고 싶은가?

3부

지지의 필요 채우기

나는 너로 인해 기쁘단다

지지는 상사의 격려, 배우자가 보내는 찬탄의 미소, 같은 팀원과의 하이파이브, 잘 처리된 일에 보내는 박수 또는 기립 박수 형태로 드러난다.

수용과 애정은 단지 자녀들의 존재 그 자체에 무조건적인 영예를 표현하는 것이다. 하지만 지지는 그들이 한 행위에 영예를 표현하는 것이다. 이 부분에서 자녀 양육은 새로운 국면으로 들어선다. '존재'가 '행위'보다 우선한다는 것은 사실이다. 그러나 일단 그에 대한 견고한 기초가 선 후 우리는 잘한 일을 진심으로 칭찬할 때 나타나는 힘의 영역에 들어갈 필요가 있다. 자녀에게 그런 기쁨을 전해주는 것은 그의 영혼의 캬뷰레터에 고급 휘발유를 넣는 것과 같다.

아버지 하나님은 아들의 눈을 똑바로 보며 "내가 너를 인하여 기뻐하노라"고 똑똑히 말하며 예수님을 감격케 하는 격려를 해주셨다. 하나님은 다른 사람들도 들을 수 있을 만큼 큰 소리로 "이는 내… 아들이니"라고 선언하셨다. "너는 내 아들이라"는 말씀으로 예수님을 수용하고 "사랑하는 (아들)"이라는 말씀으로 애정을 확실하게 표현한 아버지는 이제 아들의 삶을 전심으로 지지하고 있다는 것을 표현하기 원하신다. 아버지는 아들이 부딪히게 될 모든 반대와 비난을 잘 알고 계셨다. 그분은 아들의 영혼을 날카롭게 찌를 거친 말들에 대해 아셨으며, 아들의 신념을 더럽히고 정도에서 벗어나도록 유혹하는 감언이설에 대해 이미 아셨다. 동시에 아버지 하나님은 적절한 시기에 "내가 너를 기뻐하노라"고 아들을 지지할 때 일어나는 힘과 영향력에 대해서도 아셨다.

우리는 지지를 통해 자녀의 기술과 재능, 행위, 성취를 조명한다. 다음의 세 장에서 살펴보겠지만 우리가 보내는 지지는 어느 정도 자녀의 성공에 영향을 미친다. 더 많게는 자녀가 얼마나 성공한 느낌을 갖는지에 영향을 끼칠 것이다. 자녀들은 어쩌면 부모가 알고 있는 것보다 훨씬 더 진정한 지지 표명에 굶주려 있는지 모른다.

자녀의 마음으로 들어가는 창

긍지

작년에 나는 지역 육상 대회에 학교 대표 선수로 참가했다. 주(州) 토너먼트에 나가려면 잘해야 하는 중요한 대회였다. 개인적으로 나는 400미터 계주를 할 때 나의 최고 기록에서 2초를 줄이고 싶었다.

경기 중 배턴을 받았을 때 내 옆에 있던 선수가 나를 지나쳐 날듯이 달렸지만 나는 그가 앞서 가는 것을 내버려두지 않을 작정이었다. 나는 한계에 이르도록 최선을 다해 몸을 밀었지만 다리 근육의 힘이 마음을 따라가지 못했다. 기절할 것 같았다. 무슨 일이 일어났는지 인식하기도 전에 나는 트랙에 얼굴을 박고 쓰러졌다.

결승점을 10미터 남겨두고 배턴을 놓치고 만 것이다. 나는 재빨리 배턴을 주워들고 다시 뛰었지만 다음 주자에게 배턴을 넘겨주었을 때는 너무 늦어버렸다. 우리 팀은 4등으로 그 경기를 마쳤다.

나는 땅바닥에 얼굴을 대고 울기 시작했다. 비참했다. 최선을 다했지만 나 때문에 우리 팀이 진 것이다. 내가 고통 속에서 엎드려 있을 때 누군가 내 등에 손을 대고 우는 것을 느꼈다. 아버지였다. 내가 일어서자 아버지는 나를 아주 깊이 안아주셨다. 그렇게 우리는 얼싸안고 함께 울었다. 아버지는 계속해서 나를 '크루저', '프린스'라고 불러주셨다. 내가 그런 실망스런 경기를 펼친 후에도 어떻게 나를 프린스라고 부르실 수 있는지 모를 일이었다. 아버지는 내가 그렇게 열심히 달리는 것을 처음 봤다고 하시면서 나더러 챔피언이라고 하셨다.

나는 다음 날 학교에서 친구들이 무슨 말을 할까 걱정하면서 그날 밤

잠자리에 들었다. 친구들 대부분은 내가 넘어지는 것을 보았으며, 직접 보지 못한 친구들도 그에 대해 들었을 것이다. 놀랍게도 다음 날 아침 나는 거울에 붙어 있는 메모지 하나를 발견했다. 그것은 어려움 가운데서도 굳건하게 서는 것에 대해 언급한 전 대통령 테디 루즈벨트(Teddy Roosevelt)의 인용구였다. 아버지는 나를 격려해줄 인용구를 찾기 위해 전날 밤 늦게까지 주무시지 않았던 것이다. 그것은 내게 큰 의미가 되었다!

스테판

8장

나는 네가 자랑스러워

> 지금은 안락과 편안함을 위한 때가 아니다. 도전하고 인내할 때다.
> **윈스턴 처칠(Winston Churchill)**

> 모든 사람들은 죽는다. 정말로 살아 있는 사람은 거의 없다.
> **영화 〈브레이브하트(Braveheart)〉**

> 인생의 비극은 그가 살아 있는 동안 내면이 죽는 것이다.
> **알버트 슈바이처(Albert Schiweitzer)**

어머니와 아버지여, 신실하고 적절한 칭찬의 힘을 절대 과소평가하지 말라. 칭찬의 말을 천 가지나 다른 방법들로 구성할 수 있겠지만, 우리의 아들이나 딸은 우리가 "나는 너 때문에 정말 기쁘다"라고 말하는 것을 너무나도 바란다.

애리조나 다이아몬드백스의 커트 쉴링(Curt Schilling)은 2001년 월드시리즈의 일곱번째 경기에서 그의 멘토이자 상대 팀 포수인 뉴욕 양키스의 로저 클레멘스(Roger Clemens)를 맞아 마운드에 들어서면서 어린 시절의 꿈 그 이상을 성취했다. 경기장은 입추의 여지없이 들어찼고 열기로 가득했다. 미국의 모든 스포츠팬들의 관심은 그의 시구에 고정되었다. 그것은 대부분의 어린 소년들이 꿈꾸는 순간이었다. 쉴링은 말했다. "주님이 1월에 내게 올해 꿈꾸는 시즌이 어떤 것인지 적어보라고 하셨다면 나는 이런 상황을 생각해내지 못했을 겁니다. 로저 클레멘스와 맞붙는 월드시리즈의 마지막 게임, 믿을 수 없습니다! 어떤 수준에서 야구를 하든 모든 야구인들은 한 번쯤은 손에 위플볼을 들고 '나는 지금 월드시리즈 일곱번째 게임에서 공을 던지고 있다'라고 말해본 적이 있을 겁니다. 이 얼마나 근사한 일인가요?"[1]

다이아몬드백스가 수비 위치에 있고 심판이 "플레이 볼!"이라고 소리쳤다. 쉴링은 그 딱딱한 공을 글러브 깊숙이 넣고, 모자를 벗은 다음, 이마를 닦고, 3루석 쪽에 앉아 있는 아내를 보았다. 그녀의 바로 옆은 빈 자리였다. 말할 것도 없이 그 경기장에서 유일하게 빈 자리였다. 그것은 커트가 볼티모어에서 메이저리그를 처음 시작했는데 그의 첫번째 시즌이 시작되기 바로 직전인 1988년 1월에 돌아가신 아버지인 클리프 쉴링(Cliff Schilling)을 위한 자리였다. 그동안 커트는 290게임에 선발 투수로 나왔으며 모든 경기마다 아버지를 위한 자리를 마련해놓았다. "내가 이런 상황에 있을 때마다 아버지는 절대로 멀리 떨어져 계시지 않았습니다. 내가 이런 일을 맞이했다는 것을 상당히 자랑스러워하시며 웃으셨을 거예요."

자랑스러워하는 것, 그것이 이 장이 말하려는 모든 것이다. 아버지가 "네가 정말 자랑스럽구나" 또는 어머니가 "나는 너 때문에 진짜 기쁘다"라고 말하는 것을 간절히 듣고 싶어 하는 모든 어린 자녀와 커트 쉴링처럼 성인이 된 자녀의 내면에 간직된 소망에 대해 말하고자 한다. 야구, 미식축구, 농구나 다른 어떤 경기에서든 어머니나 아버지가 어디에 앉아 계신지 찾기 위해 스탠드를 흘끗 쳐다보지 않는 선수는 없을 것이다. 시상식, 학교 연극이나 중요 행사에서 부모가 참석했는지 안 했는지 신경 쓰지 않는 참가자는 아마 없을 것이다.

그런 사실은 우리에게 무엇을 말해주는가? 단순하지만 깊은 진리가 여기에 있다. 자녀들은 부모와 아무리 멀리 떨어져 있어도 내면 깊은 어딘가에서 항상 부모의 지지를 받기 원한다. 겉으로는 전혀 그렇지 않은 것처럼 보여도, 상황적으로 드러나는 증거에도 불구하고 자녀들은 모두 그들의 부모에게 기쁨을 안겨주기를 갈망한다.

강철 같은 심장을 가진 사내들도 부모의 기쁨을 느낄 때 무너진다. 피트 로즈(Pete Rose)는 무자비한 경쟁가로 유명하다. 그는 게임에서 결승 득점을 하려고 메이저리그 야구 역사상 가장 많은 포수들을 슬라이딩으로 넘어지게 했을 것이다. 평생의 안타 부문에서 메이저리그 야구 기록을 깨던 날 밤 그는 주저앉아 어린아이처럼 엉엉 울었다. 팬들은 로즈가 공을 외야로 치고 1루를 밟았을 때 환호했지만 강철같이 강한 야구계의 우상은 감정에 벅차 무너졌다.

"왜 그랬습니까?"라고 경기가 끝난 후에 기자들은 물었다. 로즈는 기록을 깬 순간 눈앞에 스치는 한 이미지가 있었다고 했다. 그는 하늘나라 관중석에서 그의 경기를 보고 계실 아버지를 떠올린 것이다. 로즈는 1루에 무사히 도착하고 나서 머리를 들어 밤하늘을 올려보았는데 그때 그 이미지가 사라졌다. 피트는 그때까지 한 번도 아버지의 사랑과 지지를 느끼지 못했다고 한다. 그러나 그 순간 그는 난생 처음으로 아버지가 "아들아, 네가 자랑스럽구나. 피트야, 나는 너무 기쁘단다"라고 말하는 것을 들었다.

부모의 부재로 인해 자녀들은 끊임없이 엄청난 노력을 기울이지만 언제나 쉴링과 로즈가 경험한 것만큼 긍정적인 결과만 오는 것은 아니다. 어떤 경우에는 자녀들에게 깊은 상처와 불안, 혼란만 남는다. 에르마 봄벡(Erma Bombeck)은 평소에 재미있는 여성이었다. 현대의 예언자와 같이 그녀는 사람들이 쉽게 긍정할 수 있는 이야기를 하며 통찰력 있게 우리의 심금을 울렸다. 그러나 그녀가 아버지의 부재에 대해 말하는 것을 들어보면 그녀의 고통이 어떠했는지 느낄 수 있다.

어느 날 아침 아버지는 자리에서 일어나 일하러 가지 않으셨다. 아버지는 병원에 가셨고 그 다음 날 돌아가셨다. 나는 그 전에는 아버지에 대해 그리 많이 생각하지 않았다. 아버지는 그냥 집에 왔다 갔다 하시며 우리 모두를 보는 것을 즐거워하시는 것 같았다. 아버지는 아무도 열지 못하는 피클 병뚜껑을 열어주었다. 아버지는 우리 집에서 유일하게 혼자 지하실에 가는 것을 무서워하지 않는 사람이었다. 내가 집에서 인형 놀이를 할 때마다 엄마 인형은 할 일이 많았다. 하지만 아빠 인형으로는 무엇을 해야 할지 몰랐기 때문에 나는 "이제 일하러 가겠어"라고 말하고는 그 인형을 침대 밑에 집어넣었다.
장례식은 우리 집 거실에서 치러졌고 많은 사람들이 맛있는 온갖 음식과 케이크를 가지고 왔다. 그렇게 많은 사람들이 집에 온 것은 처음이었다. 나는 내 방으로 가서 아빠 인형을 찾기 위해 침대 밑을 더듬었고, 마침내 그 인형을 찾아 먼지를 떨고 침대 위에 올려놓았다. 아버지는 아무것도 한 게 없으셨다. 하지만 그분이 떠나는 것이 그렇게 많이 마음 아플지는 몰랐다.[2]

얼마나 많은 다른 소년, 소녀들이 영혼 깊숙한 곳에 나 있는 이런 구멍을 느꼈을지 궁금하다. 어머니나 아버지가 실제로 돌아가시고, 그것에 대처하는 편이 더 쉬울 수도 있다. 그러나 부모가 아직 살아 있는데도 선택에 의해, 아니면 어쩔 수 없이 자녀를 방치할 때, 부모는 쉽게 치유될 수 없는 상처를 자녀들에게 입히게 된다.

특별한 말들

로즈와 쉴링 두 사람에게는 환호하는 팬들, 매스컴의 과대 보도, 인터뷰, 사인, 기록 책, 두툼한 연봉 수표에 이르기까지 모든 것이 부모의 지지에 비하면 아무것도 아니었다. 그들의 부모와 비교해 부모인 당신과 내가 가지고 있는 그나마 유리한 점은 우리가 아직 살아 있다는 것이다. 유사점은 우리가 기뻐하며 자녀에게 고개를 끄덕이고 미소를 지어주기를 그들이 간절히 바란다는 것이다. 자녀가 한 일에 놀라고 기뻐하며 한번 머리를 흔들어보라. 자녀에게 최고라는 표시로 엄지손가락을 들어보라. 자녀로 인해 당신이 느끼는 완전한 기쁨과 성취감을 어떤 식으로든 자녀에게 전달하면 그 단순한 몸짓으로 인해 그가 더 큰 성취를 이루는 모습을 보며 그 영향력에 놀라게 될 것이다.

우리는 아들이나 딸의 인생에서 유일하며 전략적인 역할을 수행한다. 아버지 하나님께서 아들에게 하신 "내가 너를 기뻐하노라"는 말씀은 이땅의 모든 딸과 아들이 간절히 듣고 싶어 하는 말이다. 자녀들은 모두 마음 깊은 곳에서 성취감을 느끼기를 원한다. 자신이 공헌할 수 있다는 것을 알기 원하며, 부모가 그것을 알아주기를 원한다.

아버지 하나님은 지지의 말씀으로 아들의 영혼의 캬뷰레터에 휘발유를 부어주셨다. 그분은 "너는 내 아들이라"고 수용하는 말씀을 하심으로써 아들의 가치와 존엄성에 영예를 부여하셨다. 이미 말한 바와 같이 존재의 가치는 행위의 가치에 우선한다. 무언가를 해야 승인을 얻을 수 있다면 우리는 모두 고문 도구 같은 다람쥐 쳇바퀴에 올라간 것이나 다름없다. 자아 가치가 성취에 달려 있다면 우리는 항상 어느 정도는 성취하지 못했다고 느낄 것이고, 다음에는 또 어떤 실패를 할지 두려워하며 살게 될 것이다. 아버지 하나님은 행위가 아니라 존재에 기초를 둔 아들의 가치를 확인하시면서 그러한 속박으로부터 아들을 해방시키셨다. "사랑하는 (아들)"이라는 말씀은 "나는 너와 함께 있는 것만으로 즐겁다. 그것은 네가 어떤 일을 성취하는 것과는 상관없는 일이다"라는 의미다. 존엄성의 굳건한 기초가 다져진 다음에야 아버지는 비로소 아들의 능력에 대해 말씀하신다. "내가 너를 기뻐하노라."

지지는 수용이나 애정과는 다르지만, 이 세 가지는 확실히 서로 연관되어 있다. 가족 구성원들처럼 이 세 가지는 각각 나름의 영역이 있지만 서로 관계를 맺으면서 더욱 건강해진다. 그들은 서로에게 양분을 주고 격려한다.

"**내가**" – 이는 네 하나님의 말씀이다. 내 생각과 지지가 네게 얼마나 큰 의미인지 알기에 나는 뚜렷하고 분명하게 이것을 표현하기 원한다.

"**너를**" – 예수는 나의 아들, 나의 친구, 내가 사랑하는 자, 나의 기쁨, 나의 왕관이다. 너는 많은 사람들 가운데 하나가 아니다. 너는 내 하나밖에 없는 고유한 존재다. 내가 그러한 다정함과 기쁨을 품은 사람은 너 말고는 아무도 없다. 네가 그것을 느끼기를 원한다. 내 말이 네 머리와 몸에 흘러내리는 기름같게 되기를 원한다. 네 생각과 말, 태도, 행동 모두가 내 눈에는 즐겁구나. 너를 보면 나는 일어나 춤을 추고 싶어진다.

"**아주**" – 이것은 선언하고 설명하며 강조하기 위해 내가 특별히 덧붙이는 말이다. 나는 이만저만 기쁜 게 아니다. 너를 보노라면 놀라움으로 고개가 끄덕여지고 미소가 떠오른다. 너는 놀랍고 훌륭하며 나를 숨막히게 한다.

"**기뻐**" – 나는 너를 기뻐한다. 나는 네게 빠져 있다. 우리 사이의 지리적인 거리는 중요하지 않다. 너와 나 사이에는 오직 기쁨, 즐거움, 선함과 좋음만 있다. 내 생각이 너를 향할 때마다 (네가 상상하는 것보다 훨씬 더 많이) 나는 뿌듯해진다. 너는 내 삶을 가치 있게 만든다. 나는 너를 세상에 공표한다! 너는 내가 아들에게 원했던 모든 것 그 이상이다.
"[기뻐]하노라" – 너를 보는 것이 즐겁다. 지금 너를 보노라면 억누를
수 없는 기쁨이 솟아오른다. 내가 지금 너를 어떻게 느끼고 있는지 네
게 알려주고 싶다.

지지의 생수를 한번 마시고 나면 다른 어떤 물도 구정물같이 느껴질 것이
다. 수정같이 맑은 물을 마실 수 있는데 왜 더러운 설거지물에 만족하겠는가?
아들 예수는 영적 이온 음료수 같은 말씀을 들이키셨다. 그 말씀으로 인해 예
수님은 자신감과 확신, 용기, 용맹, 비전, 초점, 완전함, 건강한 야망을 얻으셨
다. 아버지의 기쁨이 예수님의 내적 생명 계기판의 가장 큰 게이지가 되었다.
나침반의 바늘처럼 아버지의 지지는 당연히 북쪽을 향했고, 예수님은 자주 그
것으로 위치를 찾으셨다. 예수님은 자주 아버지를 기쁘시게 하려고 의식적인
노력을 하며 아버지의 기쁨을 자신이 끊임없이 인식하고 있다는 것을 말씀하
셨다.

- 나는 스스로는 아무것도 할 수 없다. 아버지가 행하시는 것을 나도 같이 행한다(요 5:19).
- 아버지는 내게 지지하는 인을 치셨다(6:27).
- 나는 아버지가 주시는 말만 한다(8:28).
- 나는 항상 아버지를 기쁘게 하는 일만 한다(29절).
- 아버지는 나를 사랑하신다(10:17).
- 나는 아버지가 하시는 것을 한다(37절).
- 내가 기도할 때 아버지께서 항상 들으신다는 것을 나는 안다(11:41-42).

커트 쉴링과 같이 예수님은 아버지의 미소를 찾는 삶을 살았다. 매일매일은 큰 경기와 같으며 예수님은 여기에 훨씬 더 높은 것을 거셨다.

아버지 하나님이 아들 하나님에게 하신 다른 말씀이 있다. "이는 내 사랑하는 아들이요 내 기뻐하는 자니 너희는 저의 말을 들으라"(마 17:5). 3인칭으로 되었다는 점만 제외하면 이 말씀은 예수님이 세례를 받으실 때 하신 말씀과 거의 비슷하다. 이것은 아들에게 하시는 말씀이라기보다는 그 아들을 따르는 이들에게 아들에 대해 하신 말씀이다. 여기에는 "저의 말을 들으라"는 권고가 추가되어 있다. "그는 유익한 말을 하는 사람이다. 그의 말에 깊은 관심을 기울이는 것이 가치 있다"라고 실제적으로 말씀하시면서 아들을 더욱 지지하고 계신 것이다. 이것은 예수님에게 직접 하신 말씀은 아니지만 그분에게 기쁨이 되었을 것이 확실하다. 개인적으로 진정한 칭찬을 받는 것보다 공적으로 진정한 칭찬을 받는 것, 즉 나의 영예와 가치와 성공을 다른 사람들이 들을 때가 더 좋지 않은가.

칭찬

자녀의 인생의 관중석에는 우리뿐만 아니라 다른 팬들 그리고 비평가 몇 명도 함께 앉아 있다는 사실을 우리는 때때로 잊는다. 팬들을 기쁘게 하고 비평가들을 달래는 것은 자녀의 인생에서 우리가 인정하는 것보다 더 큰 동기가 될 수 있다. 팬클럽이라고 부르기에는 좀 과장이 될 수도 있지만 자녀들은 모두 이런저런 형태로 자신만의 갤러리, 즉 그를 알고 그와 함께 걸어가고 그가 하는 것을 비평하는 무리를 가지고 있다. 그들은 자녀의 인생에 끊임없이 찬성 또는 반대를 보낸다. 그 무리 속의 다양한 개인들을 알아두는 것은 자녀 양육을 하는 데 큰 자산이 될 수 있다.

친구들 : 3학년이 된 아들이 똑같은 데님 카고 바지를 학교에 매일 입고 가겠다고 고집을 부려 부모를 화나게 할 수도 있다. 하지만 조금 더 잘 관찰해보면, 통학버스에서 그의 옆자리에 앉는 6학년짜리 데릭이 그에게 그 바지가 멋지다고 말했다는 것을 발견하게 될지 모른다.

남자친구 또는 여자친구 : 7학년이 된 딸이 다리에 문신을 하겠다고 고집을 피울 때, 그녀의 8학년 남자친구 제이드가 벌써 다리에 문신을 했다는 것을 발견할 수 있다.

교사들과 코치들 : 아들이 갑자기 장래에 정치 과목 교사가 되고 싶어 한다면, 현재 정치 과목 교사의 영향을 받았을 가능성이 높다.

사역자들과 종교 지도자들 : 딸이 갑자기 종교심이 많아지고 시간만 나면 교회에 가고 싶어 한다면 능력 있는 영적 멘토를 만났기 때문일 수 있다.

작가, 배우, 작사가, 가수, 스포츠 스타, 여론 조성자들 : 역할 모델들은 다양한 형태와 정도로 자녀들에게 영향을 미친다. 자녀가 좋아하는 스타를 선택해줄 수 없다는 사실을 우리는 받아들여야 한다.

하나님 : 신기하게도 많은 아이들은 하나님의 영에 민감하다. 우리 아들이나 딸은 하나님의 칭찬에 영적인 주파수를 맞추고 있을 수 있다. 하나님을 기쁘시게 하려는 동기가 그의 인생에 큰 역할을 할 수도 있다. 그렇다. 눈에 보이지 않는 하나님이 자녀의 관중석에 임재하고 계시는지 모른다.

이런 다양한 목소리들에 겁먹거나 화를 낼 필요가 없다. 대신 그러한 것들로 인해 그 영역에서 우리의 목소리를 지켜야겠다는 동기를 부여받아야 한다. 위에서 말한 것과 같이 부모의 일차적인 역할은 자녀가 현실을 정확하게 정의

하도록 돕는 거울이나 공명판이 되는 것이다. 동등한 조건 아래에서 부모들은 다른 누구보다 자녀들에 대해 잘 안다. 우리는 자녀들이 자아상을 형성하고 대학, 직업, 인생의 동반자, 가치 체계와 신앙과 관련된 인생의 선택을 할 때 다른 누구보다 먼저 일차적으로 목소리를 내야 한다.

자녀의 주된 응원자로서의 역할을 감히 포기해서는 안 된다. 자녀들의 객장에서 우리의 주가가 일시적으로 내려갈 수도 있다. 부모라는 자금이 부족한 것처럼 느껴질 수도 있다. 자녀들의 갈팡질팡하는 태도 때문에 반신반의할 때도 있지만 현실에 대한 정확한 관점을 그들에게 주는데 우리 부모만큼 적절한 능력을 갖추고 자격이 있는 사람은 없다는 게 확실하다. 정체성 형성과 지지의 일차적 역할은 우리에게 있다. 자녀의 인생에서 우리만큼 그것을 잘할 수 있는 사람은 없다. 지지와 칭찬, 그것은 우리가 항상 기억해야 할 자녀 양육의 원칙이다. 자녀들의 객장에 늘 당신의 목소리가 울리도록 하라. 칭찬은 우리 부모들이 아낌없이 사용해야 할 강력한 자석이다.

하나님을 찬양하라

자녀를 칭찬하는 것보다 더 강력한 것은 무엇일까? 믿음의 사람들에게는 칭찬보다 더욱 강하고 적절한 것이 있는데, 그것은 바로 자녀 앞에서 자녀로 인해 하나님을 찬양하는 것이다. 하나님이 자녀에게 주신 은사와 재능, 자질, 열정에 대해 하나님을 찬양하는 것은 타당한 일이며 자녀들은 이러한 모습을 자주 보아야 한다.

오니 키틀(Oni Kittle)은 자녀의 좋은 친구이자 훌륭한 부모다. 그녀는 아들이 사업에서 큰 성공과 부를 거두고는 있지만 영적으로 소홀해지는 것을 알았다. 아들에게 주신 하나님의 축복은 확실히 감사한 일이지만 그 아들이 성공의 근원이 하나님이신 것을 깨닫지 못하는 것에 부담을 느끼던 차에, 크리스천인 오니는 성경에서 생명을 주는 자녀 양육의 원리를 발견했다. 성경은 그녀의 아들과 유사한 사람들에 대해 언급하면서 다음과 같이 말하고 있었다. "하나님을 알되 하나님으로 영화롭게도 아니하며 감사치도 아니하고 오히려 그 생각이 허망하여지며 미련한 마음이 어두워졌나니"(롬 1:21).

이 말씀을 읽을 때 그녀의 마음속에 반짝하고 불이 켜졌다. 하나님은 정말 그녀의 아들을 축복하고 계셨고, 그녀는 아들의 성공에 대해 하나님과 함께 기뻐하기를 원했다. 동시에 번영과 성취의 궁극적인 근원인 하나님께 아들을 인도하고 싶었지만, 어설픈 경건이나 종교적인 모습은 피하고 싶었다. 그녀는 아들이 스스로 하나님께 감사를 드리게 될 때까지 자신이 먼저 그를 위해 감사드릴 수 있다는 것을 깨달았다. 아들에게 설교하거나 정죄하는 손가락을 들이대지 않아도 그녀는 아들의 성공을 지지하는 동시에 하나님을 찬양할 수 있었다.

그녀는 아들에게 이런 말을 하기 시작했다. "너는 정말 머리가 좋구나! 하나님께서 축복하셔서 네게 놀라운 머리를 주셨구나. 네 아버지와 나는 네가 정말 자랑스럽단다. 우리가 기대한 것 이상으로 하나님께서 너를 축복하셨어. 사업에서 성공한다는 것은 하나님께서 주신 은사를 네가 잘 사용하고 있다는 증거란다."

이렇게 하나님 중심이지만 아들을 지지하는 말을 시작한 지 몇 달 후 그녀의 아들은 우선순위들을 다시 짜기 시작했다. 그는 하나님과 사랑의 관계를 추구하고 맺어가기 시작했다. 다시 꾸준히 교회에 다니기 시작했고 교회를 통해 상당한 수입의 십일조를 필요한 곳에 쓰기 시작했다.

자녀를 칭찬하는 힘은 강력하다. 하지만 자녀로 인해 우리 하나님을 찬양하는 것은 훨씬 더 강력한 힘을 발휘한다.

지지는 수용과 사랑에서 흘러나온다

부모가 자녀의 재능과 은사, 열정을 정확히 파악하는 것은 효율적인 지지에 매우 중요한 일이다. 반면 잘못 알고 한 칭찬은 사담 후세인(Saddam Hussein)의 스커드 미사일과 같이 쓸모없고 역생산적인 것이 될 수 있다. 우리는 현명하고 시기적절하며 바른 방향으로 말하기 원한다. 이를 위해선 우리가 먼저 자녀를 있는 모습 그대로 수용해야 한다.

수용하는 것이 먼저다. 이 순서를 뒤집으면 우리의 아들이나 딸을 잘못된 방향으로 인도하는 결과를 초래할 수 있다. 예를 들면, 6학년 자녀의 몸무게가 100킬로그램이나 나가는데 그에게 높이뛰기나 허들을 시키는 것은 최선책이 아닐 것이다. 하지만 투포환 던지기는 알맞은 분야일 수 있다. 자녀가 전국 대회에서 메달을 따는 포부를 갖도록 키우는 것이 적절한 양육일 수는 있지만 종목은 그에게 맞아야 한다.

수용이 지지의 선행 조건인 것과 마찬가지로 애정도 그러하다. 자녀들은 부모가 그들에게 얼마나 마음을 쓰는지 알기 전에는 그들을 얼마나 아는지에 마음을 쓰지 않는다. 이것은 단순한 말장난이 아니라 아주 확실한 자녀 양육의 원리다. 사랑은 부모 자식 간의 관계를 조성하는 환경을 형성한다. 일단 자녀가 부모의 수용과 사랑을 느끼면 부모가 하는 지지의 말에 무게를 둘 것이다. 하지만 부모는 자녀를 있는 그대로 수용하고 그에게 흠뻑 사랑을 주면서도 성장에 필수 요소인 지지를 하지 못할 때가 있다. 모든 자녀의 마음에는 부모가 "네가 자랑스러워"라고 말하는 것을 듣고자 하는 갈망이 있다. 당신과 나는 그 갈망에 반응할 수 있는 특권을 가지고 있다.

자녀들은 최대의 칭찬, 또는 그가 최고로 여기는 칭찬에 끌릴 것이다. 칭찬의 근원들은 다양하며 자녀의 인생을 지켜보는 관중석에서 우리의 박수갈채만 나오는 것은 아니다. 어떤 면에서 우리는 자녀가 우리의 칭찬을 다른 사람들의 것과 비교하며 평가하는 것을 통제할 수 없다. 하지만 자녀가 우리의 수용과 사랑을 확신하는 만큼 우리의 지지에도 가치를 두는 것만은 확실하다. 동시에 우리는 자녀가 커나가면서 우리의 칭찬 주가가 복잡하고 다양한 변수에 따라 나스닥 주식 시장처럼 오르락내리락할 수 있음을 받아들여야 한다.

누가 했는지는 모르지만 떠돌아다니는 이런 말들을 들어본 적이 있을 것이다.

네 살 : 우리 아빠는 뭐든지 다 하실 수 있어!
일곱 살 : 우리 아빠는 정말 많은 걸 알고 계셔.
여덟 살 : 아버지라고 모든 것을 알고 계시지는 않아.
열두 살 : 당연히 아버지는 그것도 모르시지.
열네 살 : 아버지? 절망스러울 만큼 구식인 분이야.
스물한 살 : 아, 그 분, 그 분은 시대에 뒤떨어졌어.
스물다섯 살 : 아버지는 그것에 대해 아시는 게 별로 없어.
서른 살 : 아버지가 어떻게 생각하시는지 알아봐야 해.
서른다섯 살 : 결정하기 전에 아버지 생각을 여쭤봐야지.
쉰 살 : 그것에 대해 아버지는 어떻게 생각하셨을까?
예순 살 : 아버지는 정말로 모든 것을 아셨어!
예순다섯 살 : 아버지와 그것에 대해 다시 한 번 말해봤으면….

노골적인 유머로 유명한 마크 트웨인은 정곡을 찔러 말했다. "열세 살일 때 나는 아버지가 세상에서 가장 멍청한 사람이라고 생각했다. 열일곱 살이 되어서는 그분이 4년 동안 그 많은 것들을 배웠다는 사실을 믿을 수 없었다." 자녀가 지금 당신의 칭찬 주식에 투자하지 않는다고 해도 그것을 팔아버리거나 그에 대해 염려하지 말라. 시간은 당신의 편이다. 조만간 당신의 주식은 올라가게 되어 있다.

다음은 자녀에 대한 자부심을 표현하는 것과 관련해 생각해볼 질문들이다.

- 당신은 자녀의 개인 응원단이 되어주고 있는가? 자녀의 이름을 연호하는 당신의 목소리를 자주 들려주고 있는가?
- 딸의 인생의 관중석에 있는 다른 목소리들을 인식하는 법을 배우고 있는가?
- 자녀의 포트폴리오에서 당신의 칭찬 주식은 현재 상승하고 있는가, 아니면 하락하고 있는가?

자녀의 마음으로 들어가는 창

자유

어느 크리스마스 날, 방학을 맞아 대학에서 집으로 돌아왔을 때 우리 가족은 저녁 식탁 앞에 둘러앉아 지난 해의 기억들을 나누었다.

저녁 식사 후 아버지는 형제들과 내게 친필 편지가 들어 있는 봉투를 하나씩 주셨다. 나는 아버지의 선물이 내 인생에 어떤 영향을 미치는지 잘 알지 못했다. 그 크리스마스에 아버지는 자유라는 선물을 내게 주셨다. 그것은 예쁘게 포장되어 크리스마스트리 아래에 놓인 어떤 선물보다 더 좋은 것이었다. 그것은 지지와 권한 부여라는 선물이었다. 그 선물은 나의 존재를 인정해주고 내가 더 크게 되도록 내게 힘을 실어주는 것이었다. 그로 인해 나는 큰 꿈을 꾸고, 위기 앞에 설 줄 알며, 나 자신이 되고, 용감하고 모험적으로 살며, 하늘 아버지의 음성만 들을 수 있었다.

아버지는 내가 성인으로서 하나님이 원하시는 삶에 발걸음을 떼도록 나를 격려하셨다. 그 분의 사랑에 찬 말씀과 나에 대한 확신은 모든 자녀가 간절히 받고 싶어 하는 선물이었다.

안드레아

9장

너를 떠나보낼게

> 내 조국은 경주를 시작만 하라고 5천 마일 떨어진 곳에 나를 보내지 않았다.
> 끝까지 완주하라고 5천 마일 떨어진 곳에 나를 보냈다.
>
> 존 스테판 아크화리(John Stephen Akhwari), 1968년 올림픽 마라톤 주자,
> 피가 흐르는 상처를 붕대로 감싼 채 마지막으로 경주를 마친 탄자니아 선수

> 이러므로 남자가 부모를 떠나 그 아내와 연합하여 둘이 한 몸을 이룰지로다.
>
> 창세기 2장 24절

책의 서두에서 나는 맏아들의 결혼식에서 베스트 맨이 된 이야기를 하면서 자녀 양육을 하는 가운데 성취의 생수를 한 모금 마시는 것에 대해 말했다. 이제 책의 막바지에 이르러 결혼을 아들의 아버지 관점이 아닌 신부의 아버지 관점에서 생각해보고 싶다.

코미디언 스티브 마틴(Steve Martin)은 확실히 영화 〈신부의 아버지(Father of the Bride)〉에서 신부의 아버지에 대한 새로운 의미를 보여주었다. 신부의 아버지로서 그가 내려야 할 결정은 오직 언제 결혼식 비용을 치러야 하는가였다. 다른 모든 문제에 관한 결정에서 그는 그리 중요하지 않은 사람으로서 의사 결정 순

위 열여덟번째에서 스무번째 사이 어딘가에 위치했다.

영화에서 신부의 아버지는 거의 비극적으로 그려지고 있다. 유일한 영광의 순간이라고 할 수 있는, 사람들로 가득 찬 식장의 중앙 통로를 자신의 긍지요 기쁨인 신부와 팔짱을 끼고 걸어가는 동안에도 그를 주목하는 사람은 아무도 없었다. 모든 사람의 눈은 신부에게 가 있었다. 그리고 단상 앞에는 그를 대신해 딸의 팔을 잡기를 간절히 바라는 어리고 경험 없고 천박하며 세상 물정 모르는 소년이 서 있었다. 그는 빌린 턱시도 옷깃에 묻은 침 자국을 자신의 매력으로 생각하는 철부지였다. 단상에서 세 걸음 떨어진 곳에 있던 그 어린 청년은 장인이 그에게 신부를 넘기고 옆으로 물러설 때까지 기다리지 못했다.

그는 장인이 이 순간을 위해 얼마나 많은 것을 투자했는지 전혀 개념이 없었고, 신부 아버지의 가슴에 뚫린 구멍 안에 무엇이 있을지 도무지 상상할 수 없었다. 그가 귀가 시간을 넘긴 딸을 기다리며 며칠 밤을 샜는지, 대학 등록금을 얼마나 지불했는지 가늠이나 하겠는가? 결혼식장 중앙 통로를 딸과 함께 걷는 그 짧은 순간이 오기까지 얼마나 조용히 연민의 눈물을 흘렸는지, 얼마나 기도했는지, 얼마나 밤늦게까지 대화를 했는지 아무도 모른다.

서구 스타일의 결혼식에서 신부의 아버지는 그 자리에서 "누가 이 여인을 이 남자에게 결혼하도록 내어줍니까?"라는 대담하고도 형식적인 질문에 한두 마디로 간략하게 답해야 한다. 젊은 목사인 나 역시 이 질문을 생각 없이 무의식적으로 했음을 인정한다. 그러나 이제는 더 이상 그렇지 않다. 내 딸이 나이를 먹을수록 그 말은 무게를 더해가고 날카롭게 다가온다. 때로 그것은 이런 질문으로 바꾸어볼 수도 있을 것 같다. "정신이 똑바로 박힌 사람이라면 누가 자기 딸을 이 남자에게 결혼하도록 내어줍니까?" 서구 사회 어느 분야에서도 그렇게 소중한 것에 대해 그렇게 별 생각 없이 질문하지 않는다. 언젠가 그런 질문을 한다고 어떤 아버지가 소매를 걷어붙이고 나를 한 대 친다고 해도 나는 그를 비난하지 않을 것이다.

희극적으로 보일지 모르지만 이 장면은 우리 모두가 명심할 중요한 자녀 양육의 원리를 드러내준다. 잡은 손을 놓는 것은 효과적인 자녀 양육에 상당히 중요한 일이다. 자녀 양육이란 것이 대부분 자녀에게 손을 대는 것이지만 정작 중요한 지점에서 손을 떼야 할 때가 있다. 언제 손을 대고 언제 뗄지 알기 위해서는 지혜가 필요하다.

손 떼는 자녀 양육

수용은 근본적으로 손을 대는 것이며 사랑도 마찬가지다. 하지만 지지는 다소 위협적이고 어색하며 미지의 영역인 '손 떼는' 자녀 양육으로 우리를 인도한다. 손 떼는 자녀 양육이 부모의 본능에 거슬리는 게 놀라운 일은 아니다. 영아기에는 아이들을 안고, 어르고, 기저귀를 갈아주고, 트림시키고, 젖을 먹이고, 목욕시키고, 옷을 갈아입히는 등 모든 일들이 '손을 대는' 것과 관련되어 있다. 아동기에도 아이들을 안아주고, 지도하고, 인도하고, 책 읽어주고, 씨름하는 등 주로 손을 대는 일들이 많다. 청소년기에는 상담해주고, 보내주고, 차로 데려다주고, 데려오고, 음식을 해주고, 지켜봐주고, 응원하는 등 손을 댈 일이 꽤 자주 있다.

우리의 자녀들은 독수리처럼 둥지 속에서 평생을 보내도록 결코 의도되지 않았다. 효과적인 손 떼는 자녀 양육이 어떻게 체계적으로 이루어지는지 살펴보자.

1. 수정, 바로 그 자체가 떠나보내는 행위를 수반한다. 아내는 자궁으로 난자를 보내고 남편은 열심히 헤엄치며 질을 거슬러 올라가도록 정

자를 보낸다. 마흔여섯 개의 염색체 결합은 그 자체가 생명으로 즉시 스스로 가동하기 시작한다. 모두가 최초의 떠나보냄으로 일어나는 일이다.

2. 출생은 부모가 자녀를 떠나보내는 또 다른 순간이다. 엄마와 태아 사이의 친밀한 유대감에도 불구하고 아기를 뱃속에 두는 것보다 내보내는 것이 훨씬 더 나은 순간이 온다. 비록 그 과정이 엄청나게 고통스럽지만 그것은 자연스러운 선택이다.

3. 아기를 아기 방의 요람에 눕히는 것은 손 떼는 자녀 양육의 한 단계다.

4. 영아기에는 아이에게서 손을 뗄 기회들이 보다 더 많다. 아내와 나는 좋은 자녀 양육 지침을 배웠다. 아이가 너무 어릴 때 혼자 울다가 지쳐 잠들게 두면 불안정해지겠지만, 어느 정도 자란 후에는 혼자 울다가 잠들게 놔두지 않으면 오히려 더 불안정해질 것이라는 사실이다.

5. 손 떼는 자녀 양육은 아기를 처음 보모에게 맡기면서 한 단계 더 나아간다.

6. 그런 다음 아이를 유아원이나 놀이방에 데려다준다.

7. 우리는 아이에게 자전거 타는 법을 가르치고 그가 혼자서 탈 수 있도록 자전거에서 손을 뗀다.

8. 아이가 처음으로 학교 버스에 올라타는 것을 지켜본다.

9. 자녀가 친구 집에서 하룻밤 자고 오거나 첫 파자마 파티에 가도 좋다고 허락한다.

10. 자녀에게 자동차 열쇠를 주고 그가 도로로 나가는 것을 지켜본다.

11. 딸과의 데이트를 허락해달라는 고등학교 소년의 청을 들어준다.

12. 자녀를 대학에 데려다주고 온다.

그리고 이 목록은 계속된다.

떠나보내는 순간들이 각각 가지고 있는 공통점은 무엇인가? 그 각각의 순간들은 우리가 자녀를 강력하게 지지하고 있음을 선언한다. 그 각각의 순간들은 "너는 할 수 있어. 네가 발걸음을 떼며 네게 필요한 것들을 이루어낼 것이라고 나는 완전히 확신해. 너는 잘할 거야. 너는 도전하는 데 필요한 것들을 모두 갖고 있어"라고 웅변한다. 자녀에게 철두철미한 지지를 보내는 것이다.

목사인 나는 병원에 입원한 많은 아이들의 침대 옆에서 "너는 해낼 수 있어"라는 자녀 양육 설교를 하곤 한다. 응급실 간호사라면 누구나 아이가 생명의 위협을 받을 때 의사나 간호사 그리고 어떤 의학적 치료보다 가족의 확신이 아이를 이끌어간다고 말할 것이다.

자녀를 처음 유치원이나 대학에 보낼 때든, 자녀가 처음 도로 운전하러 나가는 것을 지켜보는 때든, 결혼식장 중앙 통로를 걸어 들어가는 것을 보는 때든 떠나보내는 것은 자녀 양육의 중요한 기술이다. 그것은 다음과 같은 많은 말들을 포함한다.

너를 믿어.
너는 네 자신이야.
너 혼자 할 수 있지만, 필요하다면 내가 그곳에 있어줄게.
너를 신뢰해.
너는 남자야!
너는 솜씨가 있어.
너는 똑똑해.
너는 능력이 있어.
너는 충분한 자격이 있어.

나는 네게 확신이 있어.

너는 그것에 필요한 것을 가지고 있어.

너는 할 수 있어.

나는 네가 할 수 있다는 걸 알아.

배턴 넘기기

고등학교 때 나는 1,600미터 릴레이를 했다. 나는 열심히 훈련했고 오랜 시간 연습했다. 경주의 승패는 속도뿐만 아니라 손 떼기에도 달려 있다는 것을 배웠다. 배턴을 실수로 놓치거나 전하는 타이밍을 놓치면 아무리 빠르게 뛰는 팀이라도 금메달을 딸 수 없다.

효과적인 손 떼기 자녀 양육은 효과적인 손 대기 자녀 양육만큼이나 중요하다. 갑자기 불안정해지고 결단하지 못하거나 주저하고 머뭇거리면 너무나 쉽게 배턴을 놓치거나 떨어뜨릴 수 있다. 배턴을 너무 빨리 놓아서도 안 되고 너무 오래 붙들고 있어도 안 된다.

자녀 양육은 릴레이와 같다. 배턴을 넘겨받은 우리 부모들은 어느 순간이 오면 자녀들에게 그것을 넘겨야 한다. 거리는 1,600미터 이상으로 한 세대에 걸쳐 있다. 걸려 있는 상은 금, 은, 동메달이 아니라 그보다 훨씬 더 귀중한 유산이다. 잘하는 릴레이 팀처럼 좋은 자녀 양육을 하려면 배턴 넘기는 연습을 여러 번 해야 한다.

신앙을 가진 부모들에게 자녀와 하나님과의 관계보다 더 중요한 문제는 없다. 자녀의 영적 생활에도 손 떼는 자녀 양육이 필요한 경우가 많다. 취침 시간의 기도, 가족 성경 읽기, 위대한 크리스천 위인 전기 읽기, 주일학교와 교회 출석, 기독교 교리 수업 등 그 목록은 죽 이어진다.

부모가 아무리 최선을 다해도 자녀와 하나님과의 관계는 어머니와 아버지로부터 독립된, 즉 자발적인 선택이 있어야 한다. 하나님께는 손주가 없다는 말이 있다. 그것은 영적 릴레이에서 부모가 자녀를 대신해 뛰어줄 수 없고 그를 위해 배턴도 갖고 갈 수 없음을 의미한다. 자녀가 직접 믿음의 배턴을 잡아야 하며 그 자신만이 그의 믿음의 경주를 할 수 있다.

어떤 사람이 살아계신 하나님에 대해 개인적인 신앙을 갖게 되었다면, 하나님은 그에게 자신을 밝히셔야 하며 그는 하나님의 계시에 반응해야 한다. 이것이 의미하는 바는 상당히 깊다. 부모가 아무리 자녀를 하나님과 사랑을 나누는 관계에 들어가게 하려고 최선을 다해 손대는 자녀 양육을 해도, 자녀의 반응은 우리가 아닌 그의 선택에 달려 있다. 따라서 영원한 결과를 가져올 궁극적으로 중요한 이 순간은 결국 손 떼는 자녀 양육의 순간인 것이다.

지난 해 네 자녀들을 위해 기도하면서 나는 가장 엄중한 자녀 양육의 원리 가운데 하나를 깨달았다. 자녀들에게 내가 가진 신앙을 거절할 선택의 기회를 주지 않는다면, 진정으로 그들에게 그 신앙을 받아들일 기회를 주는 게 아니라는 생각이 갑자기 들었다. 숨을 깊게 쉬고 이 말을 다시 한 번 생각해보라. 심란하게 들릴 수도 있겠지만, 자녀들은 우리의 하나님을 받아들이거나 거부할 선택을 스스로 할 수 있어야 한다. 내 인생에서 이보다 더 나를 겸허하게 하는 거부는 없었다고 본다. 우리 자녀가 그의 하나님을 선택하는 것보다 더 중요하고 원대한 결정을 할 일은 없을 것이다. 그것은 그의 세계관과 가치 체계, 인생의 목표, 운명의 기초가 된다. 그것은 또한 자녀 양육의 궁극적인 시험대가 될 것이다. 하나님과 자녀를 완전히 확신하는 가운데 이 문제를 선택하도록 자녀를 놓아줄 수 있다면, 우리는 자녀가 인생의 다른 중요한 결정들을 하는 데도 힘을 불어넣어줄 수 있을 것이다.

아내는 장모님이 돌아가시기 며칠 전부터 병실을 떠나지 않았다. 그 며칠은 심오한 결과를 가져다준 귀중한 순간들이었다. 장모님은 당신의 가치, 사랑, 평생토록 이룬 것들, 사위에 대한 기쁨 그리고 하나님과 함께하는 영원한 삶에 대한 기대에 이르기까지 모든 것을 딸에게 말해주었다. 그들은 웃었다. 그들은 기도했다. 그들은 노래했다. 그들은 평생의 기억들을 추억했다. 그들은 울었다. 간호사들은 그 병실이 거룩한 지경임을 알고 조용히 병실을 드나들었다. 잠시 동안 시간이 멈춘 것 같았다. 그것은 쉐리에게 수용과 애정, 지지가 스며나오는 순간이었다.

그 모습을 지켜보면서 장모님이 하셨던 모든 효과적인 손 떼는 자녀 양육에 대해 생각해보았다. 장모님은 열세 명의 손주들 한 명 한 명이 탄생하는 현장에 계셨다. 그분의 손은 손주 하나하나를 위해 스웨터와 털신을 뜨셨다. 그분은 새로 태어난 아기들 하나하나를 안으시고, 먹이시고, 트림시키시고, 기저귀를 갈아주시고, 재우시고, 목욕시키시고, 다시 기저귀를 채우셨다. 그 분은 수많은 농구, 야구, 축구 그리고 미식축구 경기장 사이드라인에 앉아 응원하시고 손뼉을 치시면서 손주들에게 할머니가 와 있음을 알려주셨다.

병실 밖에는 이별을 손짓하는 듯 샛노란 이파리가 바람에 흔들리는 단풍나무가 서 있었다. 서늘한 11월 초 미시간의 날씨는 가을이 가고 있음을 알리고 있었다. 나는 뜰에 있는 단풍나무와 병실의 장모님을 번갈아 보면서 놀랄 만한 유사점을 발견했다. 식물학자들은 가을 이파리들은 죽어가기 때문이 아니라 내년에 새로운 생명으로 싹트기 위해 떨어진다고 말한다. 장모님은 영원으로 나아가시면서 새 생명을 경험하고 계셨다. 그 분은 배턴을 잘 건네주셨다. 그 분은 자신의 목적을 성취하셨다. 모든 단계에서 축복을 전하셨다. 그 분은 자신을 만드신 분을 만날 준비가 되어 계셨으며, 궁극적으로 손 떼는 자녀 양육의 순간, 즉 죽음을 맞이할 준비가 되셨다.

며칠 후 입추의 여지없이 예배당에 들어찬 사람들은 장모님의 장례식을 치르면서 헨델의 '할렐루야 합창'을 부르기 위해 자리에서 일어났다. 하늘의 지지를 받고 있음을 느끼는 그 분의 자녀들, 열세 명의 손주들 그리고 수백 명에 가까운 친구들의 모습은 장관이 아닐 수 없었다. "잘했다, 나의 선하고 충실한 종아. 너는 잘 살았으며 자녀들을 잘 양육했구나." 장모님은 그 분의 경주를 달리셨고 마치셨다. 이제는 장모님이 배턴을 건네주실 시간이었다. 그것은 우리 모두가 맞이할 순간으로서 손 떼는 자녀 양육의 궁극적인 관문이다.

가장 달콤하고 가장 풍요로운 성취를 조금이라도 다시 받는 일은 우리가 떠나보내는 일을 한 후에야 비로소 찾아온다. 자녀들을 보낸 후에야 그들이 진정한 감사를 가지고 우리에게 자유롭게 돌아올 수 있는 것이다.

손 떼는 자녀 양육과 관련해 다음의 질문들을 생각해보라.

- 당신은 손 떼는 자녀 양육의 어떤 부분이 마음에 드는가?
- 어떤 부분이 막막하게 느껴지는가?
- 떠나보내는 정교한 기술을 지금까지 어떻게 실행해왔는가?
- 자녀들에게 무슨 결정을 할 수 있도록 허락하고 있는가?

몇 년 전 나는 아버지날을 기리며 아버지를 위한 시를 한 편 지었다. 얼마 후 아버지의 스튜디오에 갈 기회가 있었는데, 그때 나는 그것이 액자에 잘 끼워져 벽에 걸려 있는 것을 보았다.

당신이 아니었다면

우리는 항상 분주한 것 같습니다.
그러나 제가 자라면서 가졌던 그 소중한 순간들을
당신께 도로 가져다드릴 수 있는

시간이 왔다는 것에 주님께 감사드립니다.

저는 그런 순간들을 전혀 알지 못했을 겁니다, 당신이 아니었다면….

노 젓는 배를 타고 낚시하는 순간들도 알지 못했을 겁니다.

당신 바로 옆에서 게를 잡는 것,

제가 잡은 반지목 뱀을 보여주는 것,

그 모든 것들이 작은 매듭 하나에 묶여 있습니다.

점수를 제대로 세지 못하는 심판들이 있었던

유소년 야구 경기의 풍성한 재미 같은 것들 말입니다.

맥아분유과 테일러 햄을 만드는 것

그리고 댐에 배수구를 만드는 것도 그런 일들이었죠.

설탕나무의 수수께끼와

잠자리에서 들었던 웅장한 이야기들,

우리를 웃게 만든 뻔한 농담들,

그래도 우리는 배를 움켜쥐고 데굴데굴 굴렀답니다.

우리는 모래사장을 달리기도 했습니다.

글러브를 끼고 공을 잡기도 했죠.

진짜 사람처럼 보이는 눈사람을 만들어놓고는

심드렁하게 "별거 아니야"라고 말하기도 했습니다.

이야기할 시간은 항상 있었습니다.

회의의 나날들을 보내고 있을 때조차
당신이 돌보고 있음을 말해주시는 지지의 미소와
내민 손은 항상 그곳에 있었습니다.

이제 제 아이들은
다른 사람들에게서는 찾아보기 힘든 힘과
하나님의 지팡이와 막대기를 아는 하나님의 사람의 예를
당신 안에서 찾아 본답니다.

예, 아버지, 이제 제가 당신께
"잘하셨어요"라고 말할 때가 왔습니다.
자라면서 저는 항상 알고 있었습니다.
그 모든 것이 당신 덕분이었다는 걸요.

자녀의 마음으로 들어가는 창

권한 부여

나는 지금 인생의 가장 큰 전환기 앞에 서 있다. 두 달 전 나는 대학원을 마쳤다. 4주 전 아내와 나는 첫 아이를 가졌다는 사실을 알게 되었다. 두 주 전에는 입사 면접을 했는데, 나와 아내의 부모님들이 계신 이 나라의 반이나 떨어진 곳으로 이사를 해야 한다는 사실을 제외하고는 이상적인 직장이었다.

이 중요한 시점에 아버지는 우리에게 시기적절한 편지를 보내셨다. 아버지는 우리가 떠날 수 있도록 하나님께서 준비해오셨다고 말씀하셨다. 아내와 나는 둘 다 견고한 가정에서 자랐다. 우리는 표적을 향해 날아가도록 훈련된 화살들이었다. 아버지는 하나님의 계획을 따르는 것이 항상 쉬운 일은 아니라고 하셨다. 이 말씀은 우리에게 큰 격려가 되었고 자신감을 심어주었다.

많은 기도와 탐구 끝에 우리는 그 직장을 잡기로 결정했다. 우리는 바른 방향으로 가고 있다는 확신을 가졌다.

프레드 4세

10장

네게 힘을 실어줄게

이제 나의 사다리는 사라졌다. 나는 모든 사다리들이 시작하는 원점,
마음의 더러운 잡동사니 상점에 누워야만 한다.

윌리엄 버틀러 예이츠(William Butler Yeats)

당신의 신앙에 하나님이 과연 존재하는지에 대한 일말의 의심도 없다면,
당신은 스스로를 속이고 있든지 아니면 잠들어 있는 것이다.
믿음의 길에서 의심은 개미와 같다.
의심은 우리를 계속 깨어 있게 하고 움직이게 한다.

프레드릭 부크너(Frederick Buechner)

권한 부여는 오늘날 비즈니스 공동체에서 관리 전문 유행어가 되었다. 그것은 팀의 한 일원이 다른 팀원의 성공을 허용할 만큼 그를 충분히 신뢰할 때 일으킬 수 있는 긍정적인 영향을 말한다. 권한 부여는 우리의 아들들과 딸들을 잘 자라도록 하는 승리의 자녀 양육 원리이기도 하다.

래비 재커라이어스(Ravi Zacharias) 박사는 뛰어난 기독교 변증학자다. 그는 세상에서 제일가는 아버지이기도 하다. 자녀들이 성장 발달 과정에서 중요한 전환기를 맞이했을 때 아버지로서 그가 자녀들에게 힘을 실어준 편지 두 장을

그의 허락을 받고 여기서 나누고 싶다. 첫째 딸 사라(Sarah)가 대학에 들어가 집을 떠날 준비를 하고 있을 때 그는 딸에게 소중한 편지를 썼다. 다음은 그 편지의 일부를 발췌한 것이다. 이 글에 수용과 애정, 지지가 가득 들어 있음을 주의 깊게 보라. 떠나보내며 권한을 부여하는 모습도 그냥 지나치지 말라.

1993년 8월 21일

앞으로 몇 년 동안 너는 많은 지식을 얻겠지만, 나는 무엇보다 네가 가치 있는 것과 가치 없는 것을 구분하는 지혜를 갖게 되길 바란다. 많은 면에서 우리의 관계는 변하겠지만, 그 시기를 잘 지내면 우리는 서로를 더 깊이 사랑하는 법을 배우면서 더 좋은 관계가 될 거야.

… 얘야, 너는 앞으로 많은 외로운 낮과 밤들을 맞게 될 거야. 짐을 몽땅 싸서 집에 돌아오고 싶은 날도 있을 게다. 대학에서 내가 가장 어렵게 배운 귀한 교훈 가운데 하나는, 내 인생의 목표에 전혀 맞지 않고 중요할 것 같지 않은 과목들과 교수들을 견디는 것이었어. 하지만 원하지 않은 것들을 견디어내는 동안 후에 사역하는 데 필요한 용기와 결단을 잘 준비할 수 있었지. 그 교훈은 다른 모든 삶에도 적용된단다.

네게 몇 가지 약속을 하고 싶구나. 첫째, 너는 네가 상상하는 것보다 더 많이 우리의 사랑을 받고 있으며 앞으로도 받게 될 거야. 그러니 언제 어디서 네가 부르더라도 우리가 너를 위해 거기에 있다는 것을 확신하렴. 둘째, 우리는 너를 위해 매일 몇 번씩 기도할 거야. 하나님께서 이날까지 너를 우리에게 맡겨주셨는데, 지금은 이렇게 중요한 날들을 앞두고 우리는 너를 가장 안전한 그분의 손에 맡긴다.

얘야, 내가 말한 어떤 것보다 너와 내게 가장 중요한 것은 우리 모두에게 하시는 하나님의 말씀이란다. 그분은 "무엇보다 네 마음을 지키라"

고 말씀하셨어. 그것이 너를 위한 나의 기도란다. 너를 하나님으로부터 멀어지게 하려는 모든 사람들과 생각들로부터 네 마음을 지키기를 기도한다… 그러니 긍정적인 태도와 낙천적인 정신을 굳건히 하렴. 그래야 이 도전의 과정을 통과할 수 있을 테니까. 항상 조심하렴. 그리고 너 없이는 불완전한 삶을 살 수밖에 없는 네 명이 여기에 있다는 사실을 잊지 말거라.

더욱 열정적이고 개인적인 두번째 편지는 그의 딸이 결혼한 날 밤에 그가 사위 제레미(Jeremy)에게 준 것이다. 재커라이어스 박사 부부는 그날 결혼식장에서 딸의 손을 그에게 넘겨준 터였다. 여기서 그는 지혜의 말과 함께 권한을 부여하는 모습을 보여준다.

제레미에게

아버지가 딸을 다른 사람의 손에 맡길 때 마음속에 스치는 것들을 말로 다 표현하기란 불가능하네. 하지만 동시에 딸을 맡을 사람이 믿음이 깊고 온유한 사람임을 아는 것이 큰 위안이 된다네.
그래서 우리는 인생의 아주 소중한 날에 사라(Sarah)를 자네에게 맡기네. 물론 우리는 그 아이를 이미 하나님의 손에 맡겼지. 나는 일부러 요 몇 달 동안 충고를 거의 하지 않았네. 왜냐하면 자네가 최고의 조언자인 조 노벤슨(Joe Novenson) 슬하에 있음을 알고 있기 때문이지. 그러나 이제 그날이 왔으므로 두 가지 짧은 격려를 할까 하네.
먼저, 사라를 온 마음을 다해 사랑하고 항상 그 아이에게 친절하길 바라네. 여자의 마음은 아주 강하지만 아주 쉽게 상처받기도 하거든. 사라에게 격려와 평안의 원천이 되어주게. 부드러움을 표현하기 가장 힘들 때 가장 친절하게. 그러면 하나님께서 자네에게 주실 보상을 다 헤아릴 수 없을 걸세. 자네는 그 대신 아내의 따뜻한 사랑을 받을 수 있을 거야. 하나님은 우리를 그러한 필요와 힘으로 만드셨지.

내가 말하고 싶은 두번째는, 자네가 한 서약을 굳건히 지키라는 것이네. 세상의 기준들은 끊임없이 아래로 향하는 나선형이지. 자네는 기준을 높이 유지하여 유혹이나 불명예가 끼어들 여지를 두지 말게. 이 충고를 자네가 진지하게 받아들이기를 온 마음으로 촉구하네. 작은 자유를 취하려다 결과적으로 무참하게 파괴된 삶을 나는 너무 많이 보았지.

마지막으로, 우리는 이제 자네를 우리의 아들로 환영하네. 우리는 제레미, 자네가 자랑스럽네. 지난 몇 달간 지켜보니 자네는 신사이고, 다른 이들을 부드럽게 보살피는 사람이더군. 그것은 자네가 좋은 가정에서 자랐다는 뜻이지. 우리는 자네의 다른 가족들도 알고 싶네. 하나님께서 이제 내 아들이 된 자네를 축복하고 아름다운 가정을 만들어가는 놀라운 나날들을 선사하시길 기도하네.

<small>사랑하는 마음을 담아, 래비 재커라이어스</small>

래비 재커라이어스가 하버드 대학교에서 강사로 초청받아 기독교 신앙을 옹호하게 되어, 또 자녀들에게 신앙의 배턴을 넘기는 모습을 보게 되어 기분이 좋다. 우리를 위해 효과적인 실제 자녀 양육의 본을 보여준 래비에게 감사한다. 그와의 우정으로 인해 나의 인생이 더 풍요로워졌다.

비전을 보여주는 리더십

비전이 없는 자녀 양육은 가족 캠핑을 가면서 천막만 챙기고 폴대는 집에 두고 가는 것과 같다. 천막만 있으면 비에 젖지 않고 살아남기는 하겠지만 그 안에서 움직이기 힘들며 숨이 막힐 것이다. 미래에 대해 이야기하고 우리가 어디로 가고 있는지 그림을 그리는 것은 텐트 안에 폴대를 세우는 것과 같다. 타당한 목표는 모두 우리 등에 휘감긴 인생의 천막을 들어 올려 우리가 거추장스럽지 않게 돌아다닐 수 있게 해주는 폴대와 같다.

지난 봄에 우리는 두 번이나 정화조를 위한 새로운 배수장을 설치하기 위해 앞뜰을 파야 했다. 구두쇠인 나는 경사를 완만하게 하고, 갈퀴로 흙을 긁어내고, 씨를 충분히 뿌리고, 비료 주는 일을 돕도록 아들들에게 뇌물을 주며 그들을 격려했다. 처음 우리가 그 일을 할 때는 지루하고 고통스러웠다. 물집이 스무 군데나 잡혔고 몇 주 동안 온 몸과 영혼마저 쑤셨다. 정말 안 좋은 경험이었다. 두번째 일할 때는 손에서 반란이 일어나는 것 같았다. 아들들도 그만두고 싶어 했다. 우리는 장갑을 꼈다. 손수레는 제자리에 있었다. 쇠스랑, 삽, 물통은 뜰에 준비되어 있었지만 집 안에 있는 우리는 일할 의욕이 도무지 나지 않았다.

이 일을 어떻게 해낼 수 있을지 회의가 들었다. 어쨌거나 잔디는 심을 수 있겠지만 그 과정에서 아들들과의 관계가 나빠지는 것은 원치 않은 일이었다. 갑자기 아침 해처럼 해답이 떠올랐다. "애들아, 우리 집 앞뜰에 깔릴 두껍고 싱싱한 푸른 잔디를 그려보렴. 그 잔디를 깎는다고 한번 상상해봐. 아, 스테판, 그 쇠스랑으로 거기에 있는 돌멩이들을 모두 한군데에 쌓아놓으렴. 나는 너희가 올 가을에 잔디에서 축구하는 모습을 그려보면 좋겠다. 앤드류, 너는 길게 패스하라고 밖으로 더 많이 나갈 테고, 내가 네 왼쪽 어깨 바로 위로 공을 던지면 너는 손을 뻗어 그 공을 잡을 거야! 어쨌든 앤드류, 그 큰 돌멩이를 모두 주워 손수레에 던져 넣으렴. 우리가 여기서 공놀이, 크로켓, 보시볼, 배드민턴하는 모습이 상상이 되니? 나는 올 여름에 너희 모두를 배드민턴으로 눌러줄 작정이야!" 아이들은 미소를 지었다. 아이들의 눈은 그 비전을 바라보면서 열망하는 기대로 반짝였다.

나는 아이들의 눈이 반짝이는 것을 보고, 우리가 먼지와 돌멩이 대신 배드민턴 이야기를 시작했을 때 그들이 나와 함께한다는 것을 알았다. 우리는 조지아 주의 붉고 황량한 흙 위에 서서 배드민턴에 대한 한담을 나누었다. 일상의 일을 비전으로 바꾼 것이다. 우리는 그날 오후 기록적인 시간 안에 임무를 마쳤다. 처음 일할 때보다 더 빠르고 효율적이었으며 사기 또한 최상이었다. 왜냐하면 우리는 목적을 보았기 때문이다. 우리는 그곳에서 미식축구, 위플볼, 크로케, 배드민턴을 맛볼 수 있었다. 어떤 일이든 마무리 된 모습을 그릴 수 있어야 쉽게 할 수 있는 법이다. 그것은 자녀 양육과 가족생활에서도 마찬가지다.

우리의 도전은 변화될 앞뜰의 그림을 그려 스스로 동기 부여를 하는 것뿐만 아니라 사역지, 인생의 목적, 운명에 대한 비전도 만드는 것이다. 아버지 하나님께서 아들에게 하신 말씀은 비전과 사명, 목적 그리고 운명의 말, 즉 열정과 열의가 있는 명료하고 강력한 말씀이었다.

우리 아이들이 가장 좋아하는 연중 활동 가운데 하나가 목표 정하기다. 우리 가족은 그것을 SMART 목표라고 부른다. SMART는 구체적이고(specific), 측정 가능하고(measurable), 성취할 수 있고(achievable), 현실적이며(realistic), 시간이 구체적인(time-specific) 목표를 가리킨다. 매년 나는 아이들 하나하나와 함께 앉아 그의 개인적인 목표 설정을 지도해준다. 설정 과정과 구체적인 목표는 전적으로 아이가 선택한다. 설령 아이들이 이 일에 참여하지 않겠다고 해도 그들은 그로 인해 압력을 받거나 어색함을 느끼지 않는다. 그들은 삶의 각 분야의 목표들, 즉 영적, 학문적, 지적, 사회적, 신체적, 오락적, 재정적 그리고 도덕적 목표들을 고려하라는 도전을 받는다. 자녀들의 존엄성과 사생활 보호를 위해 그들의 목표들을 밝히지는 않겠다. 하지만 그 과정이 항상 가치 있고 보람 있다는 것만은 확실히 말할 수 있다.

2년 전 크리스마스 때 대학을 다니다 방학을 맞아 집에 와 있는 동안 안드레아는 말했다. "아빠, 나는 목표 정하는 일이 너무 좋아요! 그 목표는 내 인생에 방향을 알려주고 항상 인생의 목적을 볼 수 있게 해줘요." 그 말은 내 입술에 와닿은 입맞춤같았다.

열정적으로 사는 것

비전은 열정으로 빠르게 변형된다. 우리 자녀들의 심장은 강력한 비전을 볼 때 더욱 빨리 뛴다. 눈에는 빛이 반짝이고 입술 끝에서 미소가 피어오른다.

열정은 영혼의 열망, 즉 사명을 성취하고 완수하려는 불타는 욕구라고 할 수 있다. 영혼의 열망과 영혼의 건강은 함께 간다. 건강한 몸처럼 건강한 영혼은 자연히 배가 고프게 마련이다. 청소년 때 나는 엄청난 식욕으로 유명했다. 어머니는 내가 아프거나 사랑에 빠졌을 때 배고프지 않다고 말하는 것을 아셨다. 고등학교 시절 저녁 식탁에서 더 먹으라는 권고를 거절할 때 아버지는 씩 웃으면서 "그 여학생의 이름이 뭐니?"라고 묻곤 하셨다. 이와 비슷하게, 우리의 청소년 자녀가 자신의 미래에 대해 배고프지 않거나 인생에 열정적이지 않다면, 그는 어떤 면에서 영혼이 아픈 것이다. 우리는 자녀의 영혼에 열정의 불을 붙일 수는 없지만, 그 불꽃에 부채질은 할 수 있다. 지지와 비전 제시가 바로 그 부채질이다.

건강한 사람들은 열정적이다. 그들은 열정적으로 인생의 목적을 완수하고자 한다. 에릭 리들(Eric Liddell)이 좋은 예다. 영화 〈불의 전차(Chariots of Fire)〉에서 그의 여동생이 중국 선교사가 되겠다는 에릭의 의도가 무엇인지 날카롭게 묻자 그는 대답했다. "제니, 하나님은 어떤 목적을 위해 나를 만드셨어. 그분은 중국을 위해 나를 만드신 것 같아. 동시에 나를 빠르게 달리는 사람으로 만들기도 하셨지. 달릴 때마다 나는 그분이 기뻐하시는 것을 느껴."

짐 엘리엇(Jim Elliot)은 건강한 선교의 열정으로 인생을 대면했던 사람이다. 휘튼 대학교 학생 시절 카페테리아에서 음식을 먹을 때 그는 선교 봉사에 적합한 몸을 만들어줄 음식을 선택해서 먹었다. 그는 인생의 목적을 성취하기 위해 정신적일 뿐 아니라 신체적으로도 스스로를 훈련하여 레슬링에서도 두각을 나타냈다. 그는 기록했다. "나는 인생의 결단을 했다. 내가 어디에 있든 나의 모든 것이 거기에 있고, 내가 무엇을 하든 나의 모든 것을 거기에 넣고, 내 인생을 향한 하나님의 뜻이라면 그것이 무엇이든 철저하게 살겠다고."[1]

정말이지 철저하게 살라! 대학 졸업 후 그는 거의 알려지지 않은 아우카 인디언 족에게 하나님의 사랑을 구체적으로 표현하겠다는 평소 인생의 사명을 따라 친구들과 팀을 만들어 에콰도르에 들어갔다. 위험과 위기의 징후가 뚜렷하고 경고가 있었음에도 불구하고 그들은 아우카인들의 영원한 생명을 바라는 진정한 연민 때문에 기도로 계속 나아갔다. 젊은 개척 선교사들인 짐 엘리엇과 선교 팀의 다른 네 명은 그들이 다가가려고 애썼던 사람들에게 잔인하게 살해되어 주검으로 발견되었다. "이 얼마나 아까운 죽음인가!"라는 탄식이 나오기 전에 그 이야기의 후일담을 말해주겠다.

지난 여름, 에콰도르에 있는 기독교 공동체에 방문하는 동안 나는 수백 명의 아우카 신자들이 사용하는 최신 번역의 아우카 성경 한 권을 보았다. 사실 아우카 인디언들은 자기 종족 몇 명을 복음이 전파되지 않은 다른 종족들에게 선교사로 보냈으며 그들도 그 과정에서 순교했다. 그들은 인생을 궁극적인 가치가 있다고 믿는 것에 온전하게 투자한 한 사람의 가르침을 제대로 받았던 것이다. 인생의 의미는 그것의 존속 기간이 아니라 중요성에 있다.

열정은 클린트 이스트우드(Clint Eastwood)처럼 적의 눈을 보면서 도전적으로

"계속해, 덤벼!"라고 말한다. 열정은 도전하는 얼굴에 깃든 미소요, 사명감에 불타는 눈이며, 기회를 향해 탄력적으로 다가가는 큰 걸음, 목적의 혈관에 용솟음치는 아드레날린이다. 열정은 장애물 앞에서 "한번 해보는 거야"라고 말한다. 열정은 말한다. "내가 할 수 없다고 말해봐. 나를 욕해봐. 네가 무슨 말을 하든 상관없어. 나는 네가 잘못 알고 있다는 것을 증명할 테니까. 내가 어떤 사람인지 보여주겠어. 나는 극복할 수 있어. 나는 이길 거야."

짐 엘리엇은 순교하기 전에 인생의 소명에 대한 열정을 다음과 같이 표현했다.

> 저는 불이 붙기 쉬운 사람입니까? 하나님은 '다른 것들'이라는 무서운 석면으로부터 저를 구해주셨습니다. 활활 타오르도록 성령의 기름을 제게 부어주옵소서. 그러나 불꽃은 순간적이고 생명이 짧습니다. 내 영혼아, 너는 그 짧은 생명을 견딜 수 있는가? 제 안에는 하나님의 집을 향한 열정에 불타는 위대한 성령님이 거하십니다. 저를 당신의 연료, 하나님의 불꽃이 되게 하옵소서.[2]

이와 유사하게 C. S. 루이스는 많은 믿음의 사람들이 미지근하게 헌신하는 것을 염려했다. "주님은 우리의 욕구들이 너무 강한 게 아니라 너무 약하다는 것을 발견하신다. 우리는 냉담한 피조물이다. 우리는 너무 쉽게 만족해버린다."[3] 동시대의 신학자 존 파이퍼(John Piper)도 똑같은 염려를 하고 있다. "죄는 소멸되지 않는 우리 영혼의 갈증을 하나님이 아니라 다른 곳에서 해소하려는 것이다. 그렇지 않으면 좀더 미묘하게 바른 방향에서 갈증을 해소하되 미지근하고 냉담한 애정으로 하는 것이다. 냉담하고 정중하고 의무적인 종교성은 이젠 없어져야 한다!"[4]

1세기 전 마크 트웨인은 당 세대에게 도전했다. "지금으로부터 25년 후 당신들은 당신들이 했던 것보다 하지 않았던 것 때문에 더 실망하게 될 것이다. 그러니 밧줄을 끄르고 안전한 항구에서 빠져 나와 항해하라. 바람을 타고 항해하라."5

열정은 우리의 자녀들을 모니터할 올바른 미터기다. 그것을 '열정 미터기'라고 부르면 어떤 사람들은 좀 어색해할지 모르겠지만 당신에게 맞다면 그것을 사용하라. 여하튼 인생에 대한 열정은 우리가 모니터할 자녀의 내면세계를 가리키는 가장 중요한 게이지일 것이다. 그것은 우리 자녀의 탱크가 수용과 애정, 지지로 가득 차 있다는 것을 한꺼번에 보여주는 유일한 게이지다.

미국 역사상 가장 위대한 사상가들 가운데 한 사람인 조나단 에드워즈(Jonathan Edwards)는 젊었을 때 그의 인생을 통합시키는 원리가 될 일련의 결의들을 적었다. 그 중 하나는 다음과 같다. "제6번 : 살아 있는 동안 내 모든 힘을 다해 살기로 결심한다." 우리의 모든 힘을 다해 사는 것, 그것이 열정의 전부다.

자녀의 수용, 애정, 지지의 탱크가 가득 차 있을 때 그것의 복합적인 효과가 인생 목적을 추구하는 그들의 열의에서 나타날 것이다. 수용은 안심을 가져오고, 애정은 안정을 가져오며, 지지는 성공을 가져오고, 그것들은 결합하여 의미를 가져온다.

수용 → 안심

애정 → 안정

지지 → 성공

───────────

의미

하나님께서 우리의 인생을 '열정 미터'로 평가하신다는 좋은 증거가 있다. 그분은 빈혈기가 있는 열의 없는 추종자들에게 이렇게 말씀하셨다. "내가 네 행위를 아노니 네가 차지도 아니하고 더웁지도 아니하도다 네가 차든지 더웁든지 하기를 원하노라 네가 이같이 미지근하여 더웁지도 아니하고 차지도 아니하니 내 입에서 너를 토하여 내치리라"(계 3:15-16). 미지근한 헌신은 하나님께 모욕이 될 뿐 아니라 역겨운 것이다. 반면 그분이 기대하는 온전한 수준인 헌신은 유대인들이 거룩하게 여기며 중심으로 삼는 말씀에 잘 나타나 있다. "너는 마음을 다하고 성품을 다하고 힘을 다하여 네 하나님 여호와를 사랑하라"(신 6:5). 그리고 다시 신약 저자들도 비슷하게 열정을 호소한다. "무슨 일을 하든 마음을 다하여"(골 3:23).

예수님은 열정적인 삶을 보여주셨다. 그에 대한 말씀이 있다. "주의 전을 사모하는 열심이 나를 삼키리라"(요 2:17). 예수님은 내면의 탱크들이 항상 가득 차 있는 삶을 사셨으며, 아버지 하나님은 그것이 항상 차 있도록 확인하셨다. 그 결과 비록 짧았지만 예수님은 열정적인 삶을 사셨다.

그리스도의 초기 추종자들도 그와 비슷하게 온전한 마음이었다는 사실이 놀라운가? 너무나 많은 경우 그들은 사역에 열렬히 헌신했다(행 1:14, 2:42, 46, 6:4을 보라). '헌신된(devoted)'으로 번역된 헬라어 'proskartereo'는 헬라어에서 헌신이란 의미를 가진 말 중 가장 강한 말이다. 그것은 자신의 모든 가치를 위해 꼭 붙잡고 놓기를 거절하는 것, 완강하게 고수하는 것, 가차 없이 추구하는 것을 의미한다. 그것은 육군특전부대, 해군특전부대, 뉴욕 시 소방관이 헌신하는 수준이다. 날고기 조각에 이빨을 박고 절대 놓지 않는 불독처럼, 목표물에 날아가 맞을 때까지 코스를 이탈하지 않는 열 추적 미사일같이 그것은 아버지 하나님께서 독생자에게 적절하고 효과적으로 심은 헌신이었다. 그것은 오늘날 건강한 그분의 추종자들에게 심어놓은 헌신이기도 하다.

그리고 그것은 건강한 우리의 자녀들이 인생의 목적을 열정적으로 추구할 때 우리가 간절히 보기 원하는 헌신이다. 우리는 자녀들이 단지 좋은 일들만 하는 착한 사람으로 크기를 원하지 않는다. 우리는 운명 지어진 목표물을 맞히는 하나님의 자녀들, 수용과 애정과 지지라는 연료를 공급받는 자녀들로 그들을 키우기 원한다.

다음세대에 영향 끼치기

이 책을 마무리하기 전에 우리 가족에게 할머니, 할아버지가 가지고 있는 중요한 역할에 대해 말해야겠다. 어머니와 아버지 다음으로 그 분들은 자녀들에게 수용과 애정과 지지를 보낼 능력을 가지고 있다. 할머니의 한 걸음이 보통 보모의 열 걸음을 능가한다.

나는 자라면서 내 삶을 풍요롭게 해준 조부모와 외조부모 모두와 가까운 곳에 살았다. 그 분들은 나를 양키스타디움에서 하는 야구 경기나 연어 낚시, 바다낚시 그리고 사냥에 데리고 다니셨다. 우리는 휴가를 함께 보내고 주말을 같이 보냈다. 내가 유소년 야구 경기를 할 때면 그분들은 종종 오셔서 내가 공 던지는 모습을 보셨다. 그분들의 사랑과 뒷받침은 내 영혼에 연료가 되었다.

1년 전 나는 부모님의 60회 결혼기념일을 축하하기 위해 십대 아들 둘과, 숙모와 삼촌 그리고 부모님과 함께 점심 식탁에 앉았다. 삼촌이 말을 시작하셨다. "할아버지는 미국 의회에서 열 차례 임직하셨어. 지금까지 선출된 의원 중 가장 젊은 의원이셨지. 그 분은 스물네 살밖에 되지 않았을 때 처음 선출되셨어. 그후로도 그보다 더 적은 나이에 선출된 사람은 없었어! 의원이 되려면 실제 법적 나이가 스물다섯 살이 되어야 하는데 그 분은 의원 선서를 하기 바로 며칠 전에 그 나이가 되었단다."

아버지가 이어 말씀하셨다. "젊은 의원인 할아버지는 노동위원회에 임명되셨어. 그 당시 우리나라의 역사를 보면 산업혁명 이후 노동자들을 보호하는 노동조합의 힘이 너무 강해 노동자와 관리자 사이에 힘의 균형을 위해 무언가 조치가 필요한 때였단다. 많은 선배 위원들은 보통 노동위원회 의장으로 임명되면 다음 선거에서 패할까봐 그 어려운 자리를 사양했지. 그래서 그들은 할아버지에게 노동위원회 의장을 맡을 용의가 있는지 물었던 거야."

삼촌이 다시 말을 이으셨다. "그 분은 이 임무가 어떤 결과를 가져올지 생각하셔야 했어. 그리고 그 일로 인해 막대한 희생을 치르게 될 것도 아셨지. 할아버지는 나라에 봉사하기를 원하셨단다. 그래서 위험을 감수하고 그 도전을 받아들이셨어. 그 분은 진실로 헌신적인 공복이셨어. 그 분이 '삶의 기쁨은 봉사하는 인생에서 발견할 수 있다'라고 말씀하신 게 기억나는구나. 그 분은 정말 그 말씀대로 사셨어."

아버지는 덧붙이셨다. "어떤 면에서 그것은 정말 행운의 선택이었어. 그 분은 가장 막중한 책임 가운데 하나를 맡은 가장 젊은 의원이셨지."

"그로 인해 그 분은 막대한 희생을 치르셨어." 삼촌의 눈에는 물기가 어렸다. 목소리는 갈라졌다. 나는 그때 처음으로 아버지와 삼촌이 할아버지의 공직 시절에 느꼈던 고통을 깨달았다. "그 분은 온갖 종류의 혐오 우편물을 받으셨어. 노동조합 사람들과 함께 엘리베이터에 타면 그곳에서 숨이 붙어서 내리게 될 지 아무도 모를 정도였단다. 믿기 힘들 정도의 커다란 용기가 필요했지. 그 때는 내게도 아주 두려운 시기였어. 아버지 없이 자라야 했거든. 그 분은 의회가 열려 있을 때는 워싱턴에 계셨어. 그 분은 집에 들어오는 날이 거의 없으셨는데 그나마 집에 오실 때면 사람들이 그 분과 말하기 위해 문 앞에 줄을 서서 기다리고 있었지."

아버지는 설명하셨다. "실제로 그때 우리나라는 전체 경제 구조가 위기에 처해 있었단다. 그러니 누가 자유 기업 회사들과 노동조합들 사이에서 협상을 하려고 하겠니? 회사 사장들과 소유주들과 노동자 사이에 적절하고 정당하게 힘의 균형을 잡아줄 법안이 필요했다. 그래서 테프트-하틀리 법이 생기게 되었단다.

할아버지는 훌륭한 토론자였어. 토론에서 그를 이길 수 있는 사람은 아무도 없었단다. 어마어마한 관중들 앞에서 논쟁할 때 그 분은 상대방의 말을 이용해 주장을 펼치셨지. 그에게 반대하는 사람들의 말은 어리석게 들렸어. 그 분은 누구보다 더 빨리 사람들의 말문이 막히게 할 수 있었고 냉정을 잃는 법이 없었지. 게다가 유머 감각이 뛰어나 공개 토론이든, 마이크가 설치된 수천 명의 청중들 앞이든, 라디오든 그 분은 그것들을 득이 되게 사용하실 수 있었단다. 그때는 아직 텔레비전 시대는 아니었단다. 일단 명성이 나자 그 분은 공화당의 대변인이 되셨어. 주말마다 공화당을 위한 전국 라디오 방송을 오랫동안 하셨지.

우리는 너희 할아버지와 함께 있을 때 트루먼 대통령과 다른 세계 지도자들을 백악관의 대통령 집무실에서 만난 적도 있단다. 할아버지는 거의 매주 대통령의 초청을 받았거든. 나도 그 집무실에 아마 열 번도 넘게 그 분과 함께 갔던 것 같아."

그 모든 이야기들을 전에는 한 번도 들은 적이 없어 나는 놀랐다. 그리고 밀레니엄을 마감하는 2000년도에 주요 전국 신문들 중 하나가 우리 할아버지를 왜 지난 100년 간 가장 영향력 있는 50인 중 한 명으로 투표했는지 비로소 알게 되었다. 사실 그 명단에 의원은 둘뿐이었는데 그 중 한 사람이 할아버지였다. 아버지와 삼촌이 할아버지에 대해 이야기하시는 것을 들으면서 나는 내 영혼 깊숙이 숨 쉬는 정체성과 목적, 안정감 그리고 깊고 심오한 확신을 경험했다. 나의 할아버지이자 그들의 아버지의 초상화에서 나 자신의 영상을 보는 것 같았다. 내 이름은 그 분의 이름과 같으며, 다른 점은 그 분은 2세이고 나는 3세라는 것이다. 우리의 이름인 프레드 알랜(Fred Allan)은 '평화로운 지도자'를 의미한다. 리더십을 발휘하는 현장은 다르지만 우리의 소명과 은사는 비슷하다.

지난 토요일 할머니의 100번째 생일 축하 장소로 할머니를 모시고 갈 기회가 있었다. 운전을 하고 가는 45분은 내 인생에서 가장 풍요로운 순간들 중 하나였다. 할머니는 노래를 부르셨고, 할머니의 삶과 결혼, 타개한 남편에 대한 깊은 사랑과 찬탄, 하나님과의 설레는 관계 그리고 거듭난 순간을 보여주셨다. 할머니는 셰익스피어의 「오델로」에 나오는 대사 몇 구절을 인용하기까지 하셨다. 그것이 생각난 나는 파티에서 할머니에게 모든 사람을 위해 그 구절을 인용해달라고 요청했으며 할머니는 기쁘게 응답하셨다. 그때 녹화한 비디오테이프를 다시 돌려보면서 내가 가지고 있는 책과 비교해보았는데, 할머니는 그 대사를 완벽하게 낭송하셨다.

> 장군님, 명예는 남녀를 불문하고 영혼의 값진 보배입니다.
> 지갑이야 도난당한들 별겁니까, 큰돈이라도 그렇죠.
> 내 것이 다른 사람의 수중에 들어간 것밖에 없지요.
> 원래 돈이란 돌고 도는 것이 아닙니까.
> 그렇지만 명예라는 것은 도둑맞으면
> 훔친 사람에게는 별 볼일 없지만
> 빼앗긴 쪽은 큰 손실을 보게 됩니다.

나는 이 대사를 대학 시절 교재에서 읽었지만 그 당시 그 말은 내게 별 의미가 없었다. 하지만 지금 100세가 된 할머니 옆에 앉아, 며칠이면 내가 50세가 될 것을 알며, 명예의 소중함에 대해 할머니가 말하는 것을 들으며, 할머니가 가장 존경했던 사람의 이름을 내가 가지고 있다는 것을 알고 나니 그 메시지를 마음으로 받아들이지 않을 수 없었다.

그날 저녁 파티가 끝난 후에 할머니를 양로원에 모셔다 드리고 할머니의 휠체어를 방에까지 밀어드린 다음 작별 인사를 한 후, 나는 고개를 숙여 할머니의 뺨에 입맞추며 할머니의 말씀대로 명예라는 보물을 지키겠다고 맹세했다.

할머니는 명예를 물려주는 것이 어떤 힘을 지녔는지 내게 메시지를 주셨고, 그것은 곧 이 책의 전하는 메시지이기도 하다. 이 이상으로 우리 부모들이 받은 고귀한 소명은 없다.

이것이 바로 가장 훌륭한 자녀 양육이다!

Timothy Publishing House

「마더와이즈 - 지혜」
삶의 다양한 관계 안에서 어머니들을 성숙하게 세워주는 말씀의 원리

정보의 시대에 살고 있는 우리는 새로운 기술과 새로운 지식을 배우고 습득해야하는 거대하고 끊임없는 중압감 속에 눌려 있다. 엄마의 역할도 예외는 아니다. 좋은 엄마가 되고 싶고, 아이들에게 최고의 것을 주고 싶기 때문에 그것을 위해 시간과 재정, 에너지를 투자한다. 이 책은 결혼과 자녀, 직업, 사역에 있어서 제기되는 중요한 질문에 대한 성경적인 해답을 찾는 데 도움을 주기 위한 10주간의 성경 공부 과정을 담고 있다. 이 책의 주제인 지혜를 향한 흥미진진한 탐구는 하나님의 말씀을 통해 다양한 관계 속에서 관계에 관한 진리를 발견함으로 여성들의 삶의 우선 순위를 결정하도록 도와준다.

드니스 글렌 지음 / 원혜영 옮김 / 390쪽 / 값 14,000원

「마더와이즈 - 자유」
어머니들을 진리 안에서 자유케 하는 다섯 가지 원리

자녀 양육, 결혼 생활 그리고 바쁜 일과 등으로 인해 어머니들은 완전히 소진되고 공허한 느낌을 갖게 될 때가 있다. 이런 상태에서 삶의 여러 가지 도전에 직면한다면 어떻게 될까? 예수 그리스도 안에서 완전한 자유를 누릴 때 가장 가까이 있는 사람들에게 조건 없는 사랑을 표현할 수 있다. 그들이 그런 사랑을 받을 만한 자격이 전혀 없는 상황에서도 말이다. 요한복음 15장에 나오는 포도나무의 원리를 공부해나가면서 사랑으로 가족을 양육할 수 있는 참된 자유를 누리는 어머니가 되기 위한 열쇠를 발견하라.

드니스 글렌 지음 / 마더와이즈 코리아 번역팀 옮김 / 384쪽 / 값 14,000원

믿음을 세워주는 도서출판 디모데의 책들

그리스도인 가족의 경건 훈련
풍성한 영적 유산을 물려줄 실제적인 아이디어

이 책은 자녀 양육에 대해 일관되고 창의적이며 사랑으로 가득 찬 태도로 접근한다. 네 자녀의 부모이자 열여덟 명의 손주들의 할아버지, 할머니인 저자 부부는 경건한 가족을 만들기 위한 그리고 그 과정에서 즐거움을 만끽하게 해주는 간단하고 실제적인 아이디어들을 사용해본 풍부한 경험을 갖고 있다. 그들은 성경과 자녀를 양육해온 그들 자신의 삶에서부터 나온 많은 내용을 이 따뜻하고 친밀한 책에서 나누고 있다.

켄트 & 바바라 휴즈 지음 / 김현회 옮김 / 286쪽 / 값 10,000원

결혼 생활의 압력을 극복하는 쉼표 하나
결혼 생활에 활력을 더하는 가정 클리닉

결혼 생활을 관리하는 방법에는 두 가지가 있다. 하나님이 중심에 계시든지 아니면 우리가 하나님 대신 중심에 있는 것이다. 중심에 하나님이 계실 때는 쉼, 계획의 시간, 여유, 핵심, 가치관, 목적이 이끄는 삶이 있다. 우리가 중심에 있을 때는 끝없는 활동과 피곤함, 생각할 시간의 부재, 과도한 일정, 불규칙한 감정을 기반으로 하는 가치관, 공허한 삶이 있다. 결혼은 100미터 달리기가 아니라 마라톤이다. 이 책에서 제시하는 여섯 가지 용기 있는 선택들을 통해 수많은 결혼 생활의 압력을 이해하고 대처할 수 있게 될 것이다. 부부로서 같이 팔짱을 끼고 나란히 걷는 모습으로 최고의 결혼 생활을 누릴 수 있도록 우리를 인도할 것이다.

데니스 & 바바라 레이니 지음 / 양대모 옮김 / 118쪽 / 6,000원

Timothy Publishing House

영적으로 건강한 가정 만들기
우리 가정을 행복하게 하는 10가지 영적 씨앗

믿음이 날마다 자라나는 가정을 원하지만, 그러면서도 어떻게 하면 그렇게 할 수 있을지 확신이 서지 않는가? 우리는 모두 가정이 영적으로 크게 성장하기를 원한다. 그러나 이 세상에서 뻗어오는 가라지와 가시를 막아내는 작업은 너무도 벅차기만 하다.
데니스와 바바라 레이니 부부가 밝히는, 당신의 가정을 영적으로 번성하게 만드는 열 가지 비결에 동참하라. 하나님께 영광을 돌리고, 놀랍도록 풍성한 영원의 수확을 거둘 수 있는 씨앗을 뿌리기 위한 현실적이고 유용한 전략들을 배우라. 당신도 영적으로 활력이 넘치고, 성장하는 기쁨을 누릴 수 있다

데니스 & 바바라 레이니 지음 / 김창동 옮김 / 127쪽 / 값 6,000원

남편과 아내가 기도의 손을 잡을 때
하나 됨을 이루어가는 부부 기도

결혼 생활에 친밀함이 부족한가? 결혼 생활에 갈등이 있는가? 결혼 생활이 더 투명해지기를 바라는가? 하나님이 멀리 계신 것처럼 느껴지는가? 두렵고, 낙심되고, 실망되고, 소망이 없는 가운데 있는가? 죄의 문제로 몸부림치고 있는가? 이혼이 멀지 않았다고 생각하는가? 만일 결혼 생활을 끝까지 유지하고, 하나님이 원하시는 가정을 이끌고 싶다면 날마다 함께 기도하는 부부가 되라. 그것이야말로 결혼의 중심에 하나님을 모시는 축복을 체험하는 첫걸음이다. 갓 결혼한 신혼부부이든, 아니면 이미 중년에 접어든 부부이든지 간에, 부부가 손을 잡고 함께 기도하는 훈련은 놀랍게도 부부의 마음을 하나로 만들어준다. 이 책을 통해 남편과 아내가 기도의 손을 잡을 때 찾아오는 사랑과 생명의 풍성함을 체험하라

데니스 & 바바라 레이니 지음 / 김창동 옮김 / 167쪽 / 값 6,000원

믿음을 세워주는 도서출판 디모데의 책들

하나님의 방식으로 자녀 키우기
자녀 양육의 관점을 형성해주는 4가지 성경적 원리

"한 세대가 나무를 심으면 다음 세대는 그 그늘을 얻게 된다" 이혼, 성 전환, 낙태, 간통, 동성연애, 아이들의 권리 주장, 미화된 반항… 사회의 생식세포인 가정이 도처에서 무너져내리고 있다. 그 어느 때보다 그리스도인들이 자녀 양육에 관한 성경의 가르침을 알고 생활에 적용해야 할 때이다. 이 책은 아동 심리에 관한 책은 아니다. 아동 심리학은 자녀 양육과 가정 생활에 대한 실제적인 접근 방법이 될 수 없다. 그렇다고 어떤 새로운 방식을 제안하는 것도 아니다. 그보다는 성경을 기초로 한 자녀 양육의 원리를 가능한 한 분명하게 제시하고 하나님 앞에서 부모들이 지켜야 할 의무들을 이해할 수 있도록 돕고자 한다.

존 맥아더 지음 / 마영례 옮김 / 278쪽 / 값 8,000원

성경적인 자녀양육 (학생, 교사용)
자녀양육은 부담이 아닌 기쁨이 되어야 한다.

부모의 역할의 중요성을 절대 가볍게 여기지 않으면서도, 말씀은 (현대의 많은 아동 심리학자들과 다르게) 자녀를 기르는 것을 정신적인 위험과 감정적인 위험으로 도사리고있는 질 뢰밭으로 묘사하지 않는다. 오히려, 큰 기쁨과 풍성한 축복의 약속이 자녀와 함께 주어진다. 하나님의 디자인에 따르면 자녀 양육은 크리스챤 부부의 마음에 공포를 불어넣는 것이 아니라, 풍성한 복의 원천이 되게 하는 것이다. 하나님의 디자인에 따르면 자녀 양육은 크리스챤 부부의 마음에 공포를 불어넣는 것이 아니라, 풍성한 복의 원천이 되게 하는 것이다.

학생용 - 존맥아더 지음/ 양성경 옮김/ 158쪽 / 4,500원
교사용 - 존맥아더 지음/ 양성경 옮김/ 186쪽 / 6,000원

주

1장 나는 너를 내 마음에 품고 있단다

1. Richard Hoffer, "What Bo Knows Now," Sports Illustrated, 1995년 10월 30일자, 56쪽.
2. 같은 책 같은 쪽.
3. 같은 책 같은 쪽.
4. 같은 책 같은 쪽.

2장 나는 너를 이해한단다

1. William Manchester의 The Last Lion (Boston: Little, Borwn, 1983)에서 인용.
2. 같은 책 209쪽.

3장 나는 너를 존중한단다

1. Rick Reilly, "The Real Super Bowl Winner," Sports Illustrated, 2001년 2월 3일자, 108쪽.
2. 같은 책 같은 쪽.
3. 같은 책 같은 쪽.
4. Gary Smalley와 John Trent, The Blessing (Nashville: Thomas Nelson, 1986).
5. 같은 책 43쪽에서 인용.
6. Dotson Rader, "A Chance to Go to the Distance," Parade, 1997년 7월 6일자, 4-5쪽.
7. Tracey Stewart, Payne Stewart: The Authorized Biography (Nashville: Broadman and Holman, 2000).
8. Smalley와 Trent, The Blessing.
9. James Dobson, What Wives Wish Their Husbands Knew about Women (Wheaton, Ill.: Tyndale, 1975), 156-58쪽.

10. The DISC Personal Profile System (Carlson Learning Co., 1994)는 Walk Thru the Bible에서 구할 수 있다. 주소는 4201 N. Peachtree Road, Atlanta, GA 30341이 며 전화번호는 1-800-868-9300이다.
11. Franklin Graham, Rebel with a Cause (Nashville: Thomas Nelson, 1997), 313쪽.

4장 나는 너를 좋아한단다

1. James Collins와 Jerry Portras, Built to Last: Successful Habits of Visionary Companies (New York: Harper Business, 1994).
2. Archibald Hart, Adrenaline and Stress (Dallas: Word, 1995).

5장 나는 너를 사랑한단다

1. Gary Chapman, The Five Love Languages (Chicago: Northfield, 1992).
2. Jay Kesler, Parents and Teenagers (Wheaton, Ill: Victor, 1984), 259쪽에서 인용.
3. 같은 책 285-86쪽.
4. Jarrett Bell, "Buoniconti Honored as Player, Dad," USA Today, 2001년 8월 6일자, 8C면.
5. C. S. Lewis, The Four Loves (New York: Harcourt, Brace, 1960), 68쪽.

6장 나는 너를 무조건 사랑한단다

1. Kesler의 Parents and Teenagers, 40쪽에서 인용.
2. C. S. Lewis, An Anthology of C. S. Lewis: A Mind Awake, Clyde S. Kilby 편저 (New York: Harcourt, Brace and World, 1968), 73쪽.
3. Alice Smith, Beyond the Veil (Ventura, Calif.: Regal, 1997), 117-118쪽.
4. John Eldredge, Wild at Heart (Nashville: Thomas Nelson, 2001), 32쪽.

7장 내가 너를 지켜줄게

1. MSNBC.com/news 4.10.02를 보라.
2. Gerhard Kittle, The Theological Dictionary of the NT, vol. 1 (Grand Rapids, Eerdmans, 1974), 209쪽.
3. W. R. Nicoll, Expositor's Greek Testament, vol. 2 (Grand Rapids: Eerdmans, 1960). 722쪽.

8장 나는 네가 자랑스러워

1. Hal Bodley, "Co-MVP Schilling's Dream Comes True," USA Today, 2001년 11월 5일자, 4C면.

2. Erma Bombeck, Family-The Ties That Bind…and Gag! (New York: Fawcett Crest, 1987), 2-3쪽.

10장 네게 힘을 실어줄게

1. Jack Hayford의 2001년 6월 10일자 개인 편지에서 인용.
2. William McDonald, True Discipleship (Kansas City: Waltrick, 1962), 27쪽에서 인용.
3. John Piper, God's Passion for His Glory (Wheaton, Ill: Crossway, 1998), 81쪽에서 인용.
4. 같은 책 같은 쪽.
5. 같은 책 같은 쪽에서 인용.

자녀의 마음에 주어야 할 가장 중요한 3가지

1쇄 인쇄 / 2006년 2월 27일
1쇄 발행 / 2006년 3월 6일

지은이 / 프레드 A. 하틀리 3세
옮긴이 / 오현주
펴낸이 / 양승헌
펴낸곳 / 주)도서출판 디모데 〈파이디온선교회 출판 사역 기관〉

등록 / 2005년 6월 16일 제319-2005-24호
주소 / 서울 동작구 사당동 1045-10
전화 / 영업부 031)908-0872
팩스 / 영업부 031)908-1765
홈페이지 / www.timothybook.com

값 8,500원
ISBN 89-388-1222-7
Copyright ⓒ 주)도서출판 디모데 2003 〈Printed in Korea〉